ソーシャル・キャピタルの経済分析

「つながり」は地域を再生させるか?

要藤正任 YODO Masato

慶應義塾大学出版会

はしがき

　筆者は、1995年に建設省（現国土交通省）に入省し、道路や空港といった交通インフラや下水道、公園のような生活関連インフラなど、いわゆる社会資本に関わる仕事に携わってきた。社会資本の整備は、社会の利便性や安全・安心、暮らしやすさを高め、また、人や企業の経済活動の効率性を高めることを目的としている。そして、わが国では、豊かな社会を目指して全国的に社会資本の整備が進められてきた。特に、地方においては、戦後の成長期には国土の均衡ある発展を目指して、また、バブル崩壊後には長期化する地域経済の低迷からの脱却に向けて、社会資本整備が進められてきた。しかし、社会資本の整備が相当程度進んできた現在においても、やはり大都市と地方での地域間格差は大きく、さらに地方の中でも、活力のある地域もあれば、必ずしもそうでない地域もある。

　どうしてこのような違いが生まれるのだろうか？　社会資本整備が進んだ現在においても、地域間の経済的パフォーマンスの違いが生じている以上、交通インフラや生活インフラを整備すること以外にも、地域のパフォーマンスを分ける要因があるはずである。その要因は一体何だろうか。インフラが充足しつつある現在、私たちは、地域の活性化に向けて、これまでとは違う政策手段を見つけなければならないのかもしれない。あるいは、インフラ整備を目標にする段階からさらに進んで、インフラをより賢くマネジメントする方策を考えなければならないのかもしれない。そのためには、ハードだけではなくソフトの側にも、より注意深く目を向けるべきではないだろうか。

　こうした問題意識から、筆者は、近年関心が高まってきている「ソーシャル・キャピタル」（Social capital）、すなわち「人への信頼」や「協調の規範」、

「ネットワーク」といった人と人との関係やコミュニティ内で共有される価値観が経済社会にもたらす影響に関心を持つようになった。また、筆者は、地域づくり、まちづくりを担う様々な人の話を見聞きする貴重な経験を持った。そして、成功事例や将来性が期待される事例の多くでは、これらの取組みを担う人のアイディアやモチベーションもさることながら、それを支えよう、サポートしようとする地域の人々の信頼関係や連携・協調しようとする意識が重要な役割を果たしているように感じてきた。それは、地域の全員が共有・利用するコモンズ（共有地）である空間・社会を、地域コミュニティの厚生がより高まるように活用しようという意識・規範であり、ソーシャル・キャピタルそのものである。同時に、筆者は経済学の知識や分析手法を学ぶ機会を得て、そこから得られる知見をできるだけ政策の立案に活かしたいと考えてきた。こうした思いが、ソーシャル・キャピタルの重要性についても個人的な感覚で終わらせるのではなく、客観的なデータに基づいて検証し明らかにしたい、その結果を政策の立案・遂行に役立つ情報・知見として提供したい、という意識につながり、現在の筆者の研究の大きなモチベーションとなっている。

　よりよい経済・社会をつくるためには、社会のインフラを整えることが必要である。そして、社会資本とソーシャル・キャピタルは、一方はハードそのものであり、もう一方はソフト的なものであるが、ともに社会を豊かにするために必要不可欠な資本である。前者は目に見える形で将来世代に引き継がれ、後者も目には見えにくいが将来世代に引き継がれる（この点を明らかにすることは、本書の重要なテーマの１つである）。このため、豊かで持続可能な地域社会をつくり、それを将来の世代に引き継いでいくためには、ソーシャル・キャピタルというソフトな資本についての意識を高め、それを考慮した政策を立案・実行することが必要である。同時に、ソーシャル・キャピタルに対する人々の関心・認識を高め、その蓄積を積極的に促進するための社会的合意を形成しなければ、より次元の高い真の豊かさに向けた取組みは生まれないだろう。それを欠いては台（社会資本）の上の荒廃した共有地だけが残る空虚な将来が待っている。そのような社会にならないようにするためにも、

ソーシャル・キャピタルを豊かにすることを考えるべきではないか。これが、現時点での筆者の考えであり、思いでもある。

　本書は、筆者がこれまでソーシャル・キャピタルについて研究してきた成果をまとめたものであり、ソーシャル・キャピタルが地域経済においてどのような役割を果たすのか、また、地域のソーシャル・キャピタルを豊かにするためには何が必要なのかという2つのテーマを取り扱っている。本書の分析から明らかになった政策的インプリケーションは、人口減少や経済の低迷に苦しむわが国の地域社会がより豊かになるために必要なことと考えているし、それが実行に移されていくことを期待している。このため、ソーシャル・キャピタルに関心を持つ研究者だけではなく、自分たち、そして自分たちの次世代が住む社会をよりよいものにしていきたい、持続可能性のあるより豊かな社会にしていきたいと考えている国や地方の行政担当者、地域づくり・まちづくりに携わっている人たちに本書に触れてもらい、ソーシャル・キャピタルについて考え、ソーシャル・キャピタルを豊かにするための取組みを進めるきっかけになることを願っている。

　本書における分析・考察は、筆者が京都大学経済研究所先端政策分析研究センター（The Research Center for Advanced Policy Studies, CAPS）在任中に行った研究がその中心となっている。これらの研究を進めるにあたっては、京都大学経済研究所、特に CAPS に関わる数多くの方々からのご指導・ご助言・ご協力を頂いている。中でも、CAPS センター長であった矢野誠先生（現独立行政法人経済産業研究所（RIETI）所長、京都大学名誉教授）には、研究構想の具体化から、研究の進め方、本書の執筆に至るまで細部にわたり丁寧にご指導いただいた。そして、同氏が研究代表者となっている特別推進研究「経済危機と社会インフラの複雑系分析」プロジェクト（研究課題番号 23000001、実施期間：平成 23 年〜27 年）における各種セミナーやシンポジウムへの参加を通じて、多くのインスピレーションを得ている。研究者としての経験を積んでいない筆者がここまで研究を進めることができたのは、ひとえに矢野誠先生のご指導の賜物であり、矢野先生のご指導なくしてはこのような形で研究をまとめることはできなかった。ここに記して感謝申し上げたい。また、

CAPS の同僚である教員・研究員の方々との議論は、研究を進めるにあたり大きな助けとなった。特に、広田茂先生（現内閣府）、関根仁博先生、井上寛規研究員、高橋勇介研究員、リサーチ・アシスタントの丹羽寿美子さん（現日本学術振興会特別研究員 PD・大阪大学）には、本書の執筆にあたり丁寧な助言・コメントをいただくなど多大なるご協力をいただいている。それぞれ自身の研究がありながら、私の研究にもおつきあいいただいたことに改めて感謝したい。

　このほかにも、本書の執筆にあたっては、数多くの方からのご支援・ご協力をいただいている。第 4 章の分析に用いているエリアマネジメントに関するアンケート調査は、筆者も参画した京都大学経営管理大学院官民連携まちづくり研究会での議論を踏まえたものであり、研究会メンバーをはじめ数多くの研究会関係者の努力の成果である。また、第 5 章、第 6 章の分析に用いたアンケート調査は、日本大学法学部の稲葉陽二先生が実施されたものであり、個票データの利用にあたって多大なご厚意をいただいている。さらに、第 7 章、第 9 章において用いたアンケート調査は、国立研究開発法人科学技術振興機構戦略的創造研究推進事業（社会技術研究開発）の「持続可能な多世代共創社会のデザイン」研究開発領域における「ソーシャル・キャピタルの世代間継承メカニズムの検討」プロジェクトにおいて実施したものであり、プロジェクトの共同研究者である和歌山大学経済学部の足立基浩先生、上野美咲先生をはじめ多くの方にご協力をいただいている。また、「持続可能な多世代共創社会のデザイン」研究開発領域の大守隆領域総括や領域関係者の皆様からも様々なご助言をいただいた。改めて感謝の言葉を述べさせていただく。

　本書の出版に際しては、慶應義塾大学出版会出版部編集三課の木内鉄也さんに大変お世話になった。木内さんには、本書の企画段階から校正作業・出版に至るまで、単著での出版が初めてとなる筆者に、数々のご助言と励ましの言葉を頂戴した。木内さんのサポートなしでは決して本書が世に出ることはなかったはずである。この場を借りてお礼の言葉を申し述べさせていただきたい。

最後に、人生のパートナーであり本書の執筆作業を暖かく見守り支えてくれた妻・かおりに感謝したい。一読者としての視点から、本書の内容については貴重なコメントを数多くもらっている。そして、筆者を育て、筆者自身のソーシャル・キャピタルの形成に大きな影響を与えてくれた父・徹夫と母・充子、また父母とともに小さい頃の筆者に地域とのつながりの重要性を教えてくれた亡き祖父・太二郎と祖母・ときに、本書を捧げたい。

2018 年 11 月 20 日

要藤　正任

ix

目　次

はしがき　*iii*
図表一覧　*xvi*

第1章　なぜ、今、ソーシャル・キャピタルなのか？　*1*
　　　1．はじめに　*1*
　　　　　　私たちを覆う「不安」感　*2*
　　　　　　何が「豊かさ」をもたらすのか　*4*
　　　2．ソーシャル・キャピタルとは？　*7*
　　　　　　パットナムと集合行為問題　*8*
　　　3．ソーシャル・キャピタルの歴史とその概念　*9*
　　　　　　コミュニティとネットワーク　*10*
　　　　　　義務と期待　*12*
　　　　　　信頼と互酬性　*12*
　　　4．経済活動とソーシャル・キャピタルとの関係　*13*
　　　　　　市場の質を支えるインフラ　*13*
　　　　　　地域社会を支える　*16*
　　　　　　人を支える　*17*
　　　5．政策対象としての第3の資本　*19*
　　　　　　新しい公共とエリアマネジメント　*20*
　　　　　　定量化への挑戦　*21*
　　　6．本書の構成　*23*
　　　〔コラム1〕　レガタム繁栄指数　*25*

第2章　ソーシャル・キャピタルをどう測るか？
　　　　　──OECDの取組みの紹介　*27*
　　　1．はじめに　*27*

2．ソーシャル・キャピタルをどう測るか？　*28*

　　　　一般的な信頼　*28*

　　　　活動への参加　*29*

　　　　ネットワーク　*29*

3．各国政府によるソーシャル・キャピタルの計測　*30*

　　　　欧米での取組み　*31*

　　　　わが国での取組み　*31*

4．OECD における取組み　*32*

　　　　ソーシャル・キャピタル計測の経緯　*32*

　　　　概念整理──ソーシャル・キャピタルの4つの側面　*33*

　　　　計測の方法　*35*

　　　　　①　個人的ネットワーク　*36*／②　社会的ネット
　　　　　ワーク・サポート　*37*／③　市民参加　*37*／④　信
　　　　　頼と協調の規範　*38*

　　　　OECD の提案を踏まえた取組み　*39*

5．おわりに　*41*

〔コラム2〕「結束型」と「橋渡し型」のソーシャル・キャピタル　*43*

第3章　ソーシャル・キャピタルは地域経済を成長させるか？
　　　　──マクロな視点から眺める　*45*

1．はじめに　*45*

2．ソーシャル・キャピタルと経済成長　*47*

　　　　国別データを用いた検証　*47*

　　　　地域別データを用いた検証　*49*

3．都道府県別データによる実証分析　*49*

　　　3.1．実証分析の方法──Barro Regression とは？　*49*

　　　3.2．ソーシャル・キャピタルの都道府県別データの作成　*50*

　　　　逆の因果関係への対処　*51*

　　　　「個人的ネットワーク」と「市民参加」指標の作成　*52*

　　　　生活関連指標とソーシャル・キャピタルとの関係　*55*

　　　3.3．分析結果　*57*

　　　　他の要因の考慮　*60*

　　　3.4．TFP とソーシャル・キャピタル　*63*

4．まとめ　*65*

〔補論1〕 変数の定義とデータの出典　*66*

第4章　住民主体の活動は地域の価値を高めるか？　*69*

1．はじめに　*69*

2．住民主体の活動の効果の計測方法　*71*

 2.1．ヘドニック・アプローチ　*71*

 2.2．エリアマネジメント活動と地域経済とのつながりを測る　*73*

  エリアマネジメント活動の把握　*73*

  地価データとの組み合わせ　*74*

  分析のためのモデル　*75*

3．エリアマネジメント活動と地価との関係　*78*

  パネル・データによる分析　*80*

4．エリアマネジメント活動の質と効果

  ——商業地における団体特性を考慮した分析　*84*

  団体の特性とその影響　*85*

5．まとめ　*87*

〔補論2〕 地域活動とソーシャル・キャピタルの相互関係　*88*

第5章　新たな指標で地域間の違いを測る　*91*

1．はじめに　*91*

2．わが国におけるソーシャル・キャピタルの計測　*92*

  初期の試み——内閣府調査と市民活動インデックス　*92*

  その後の取組み——日本総合研究所調査と稲葉調査　*94*

  既存調査の課題　*96*

3．OECDの分類に対応した指標の作成　*97*

 3.1．指標化に用いる質問の抽出・分類　*97*

 3.2．指標化の方法　*102*

  指標化のための手法　*102*

  主成分分析　*103*

  主成分の選択　*105*

 3.3．使用する調査データの概要　*105*

  データの記述統計　*105*

  データの地域ブロック別比較　*106*

3.4.　4つの側面をあらわす指標の作成　*111*
　　　　　主成分の選択　*111*
　　　　　新しい指標の概要　*114*
　　4．新しい指標を用いた地域間比較　*115*
　　　　　地域ブロック別比較　*115*
　　　　　都市規模別比較　*115*
　　　　　回帰分析による地域差の確認　*119*
　　5．まとめ　*121*

第6章　ソーシャル・キャピタルはいかに形成されるか？　*123*
　　1．はじめに　*123*
　　2．先行研究　*124*
　　　　　理論に関する先行研究　*124*
　　　　　実証分析に関する先行研究　*125*
　　3．分析の方法　*126*
　　　　　変数の説明と記述統計　*128*
　　　　　個人属性などを考慮することによる地域差への影響　*130*
　　4．形成要因の実証分析　*131*
　　　4.1.　推定結果と考察　*131*
　　　　　年齢の影響　*131*
　　　　　配偶者の有無　*134*
　　　　　職業の違い　*135*
　　　　　教育の違い　*135*
　　　　　持ち家の有無　*136*
　　　　　居住年数による影響　*136*
　　　　　所得の違い　*136*
　　　　　人口流動性、高齢者比率、都市化の程度の違い　*137*
　　　　　所得水準、所得格差の違い　*137*
　　　4.2.　分析結果のまとめ　*138*
　　5．まとめ　*139*
　〔補論3〕　所得とソーシャル・キャピタルとの関係
　　　　　　──内生性を考慮した分析　*141*

目　次　*xiii*

第7章　ソーシャル・キャピタルは世代間で継承できるか？　*147*

1．はじめに　*147*

2．受け継がれるソーシャル・キャピタル　*148*
　　　親子間でのソーシャル・キャピタルの継承　*149*
　　　ソーシャル・キャピタルの形成要因の整理　*151*

3．親子間の継承可能性をどう測るか？　*152*
　　　どのようなデータが必要か？　*152*
　　　内閣府「生活の質に関する調査」　*153*
　　　新たなアンケート調査の実施　*154*

4．何が受け継がれるのか──継承可能性の予備的な考察　*156*
　　　一般的信頼との関係　*157*
　　　利他性との関係　*159*
　　　地域活動参加との関係　*160*

5．まとめ　*163*

第8章　家族内で継承・共有されるソーシャル・キャピタル　*165*

1．はじめに　*165*

2．親子間での影響を測定する　*166*
　　2.1．分析に用いるソーシャル・キャピタルの指標　*166*
　　　他人への信頼と公的な組織・機関への信頼　*166*
　　2.2．分析モデルと考慮する個人属性　*169*
　　　推定において考慮する個人属性など　*171*

3．何がどのように継承されるのか？　*172*
　　3.1．基本推定の結果　*172*
　　　両親からの継承可能性　*177*
　　3.2．本当にソーシャル・キャピタルが継承されているのか？　*177*
　　　両親の学歴、気質による影響の分析　*177*
　　　マルチレベル分析による兄弟姉妹間での親子間継承の検証
　　　　180
　　　分析結果　*183*
　　3.3．親子のソーシャル・キャピタルの相互関係
　　　　──内生性の考慮　*186*
　　　親子間での継承は一方通行か？　*186*
　　　操作変数法による分析　*187*

4．家族内での継承と共有　*190*

　4.1.　父親と母親からの影響の違い　*190*

　　　父親と母親のどちらが重要か？　*190*

　　　父親と母親の相乗効果　*191*

　4.2.　夫婦間での共有　*195*

　　　似たもの同士が結婚するのか、結婚すると似てくるのか？
　　　195

5．まとめ　*198*

第9章　家庭や地域コミュニティが及ぼす影響　*201*

1．はじめに　*201*

2．家庭内での互酬的気質と地域資源の共有意識の継承　*202*

　2.1.　ソーシャル・キャピタルの指標
　　　——互酬性の意識と地域資源の共有意識　*202*

　　　互酬性の意識と地域資源の共有意識の関係　*204*

　2.2.　子どもの頃の家庭内教育・経験の指標　*205*

　　　家庭内経験とその後の意識　*206*

　2.3.　分析モデルと考慮する諸要因　*207*

　　　時間選好　*207*

　　　リスク態度　*208*

3．家庭内での教育・経験の影響　*210*

　3.1.　子どもの頃の家庭内経験の影響　*210*

　3.2.　子どもの頃の活動参加の影響　*212*

　　　子どもの頃に何をしていたか？　*212*

　3.3.　家庭内経験の決定要因
　　　——両親・祖父母のソーシャル・キャピタルの役割　*213*

　　　両親・祖父母のソーシャル・キャピタル　*214*

　　　子どもの頃の余暇時間の使い方　*215*

　　　両親・祖父母のソーシャル・キャピタルが果たす役割　*215*

4．地域コミュニティからの影響　*219*

　4.1.　分析において考慮する新たな諸要因
　　　——地域のソーシャル・キャピタルなど　*219*

　　　地域のソーシャル・キャピタルと地域環境（地域の賑わい）
　　　219

目　次　*xv*

　　　　　居住地の移動　*220*
　　　　　子どもの頃の家庭外での経験　*221*
　　4.2.　ソーシャル・キャピタルの外部効果　*222*
5．まとめ　*224*
〔補論 4〕　ソーシャル・キャピタルと地域活動　*226*
　　　　　他人への信頼、互酬性の意識、地域資源の共有意識と地域活
　　　　　動への参加　*226*
　　　　　地域活動参加者の属性分析　*229*
　　　　　ソーシャル・キャピタルが地域活動への参加に与える影響の
　　　　　大きさ　*232*

第 10 章　豊かで持続可能な地域社会に向けて　*235*
　1．ソーシャル・キャピタルの役割　*235*
　　　　　ソーシャル・キャピタルを豊かにするために　*236*
　　　　　将来世代を考えた意思決定　*237*
　2．政策的インプリケーション
　　　　──ソーシャル・キャピタルを豊かにするために　*240*
　　　　　現在世代への対応──静学的視点　*241*
　　　　　将来世代への対応──動学的視点　*241*
　　　　　地域のステークホルダーとの連携　*242*
　　　　　社会の流動化・多様化　*243*
　3．さらなるエビデンス・ベースでの議論に向けて
　　　　──制度・政策の基盤整備　*244*
　　　　　定量的計測に向けての枠組みづくり──国、地方、研究機関
　　　　　などとの連携　*244*
　　　　　関連指標の定量化　*245*
　　　　　パネル・データ構築の重要性　*246*
　　　　　政策効果の測定　*247*

参考文献　*249*
初出一覧　*259*
索　引　*261*

図表一覧

第1章

図 1-1　各評価項目の国別比較（ノルウェー、米国、日本）　　*5*

図 1-2　ソーシャル・キャピタルの役割　　*19*

表 1-1　繁栄指数ランキング（上位30位）　　*4*

表 1-2　ソーシャル・キャピタルの順位および評価点の推移　　*6*

表 1-3　ソーシャル・キャピタルと繁栄指数、その他の指標との相関　　*15*

第2章

表 2-1　OECDの4分類　　*33*

表 2-2　OECDの提案を踏まえた英国におけるソーシャル・キャピタルの定量的把握　　*40*

第3章

図 3-1　経済成長に対してソーシャル・キャピタルが寄与する経路　　*46*

図 3-2　一般的な信頼と隣近所の人、友人・知人、親戚への信頼との関係　　*54*

図 3-3　個人的ネットワークと市民参加（時点A（1978年、1981年））　　*56*

図 3-4　個人的ネットワークと市民参加（時点B（1996年））　　*56*

表 3-1　ソーシャル・キャピタルの各要素と指標　　*53*

表 3-2　国民生活関連指標とソーシャル・キャピタルとの関係　　*58*

表 3-3　推定結果　　*59*

表 3-4　頑健性の確認（被説明変数：平均経済成長率（1980-2012年））　　*61*

表 3-5　頑健性の確認（被説明変数：平均経済成長率（1995-2012年））　　*62*

表 3-6　産業別TFPの平均伸び率との相関　　*64*

第4章

図 4-1　地点分類のイメージ　　*74*

表 4-1　分析に用いる変数の記述統計　　*76*

表 4-2　推定結果（全国）　　*79*

表 4-3　推定結果（関東）　　*80*

表 4-4　推定結果（近畿）　　*81*

表 4-5　推定結果（パネル分析、商業地）　　*83*

表 4-6　推定結果（パネル分析、住宅地）　　*83*

表 4-7　団体特性を考慮した場合の推定結果　　*85*

表 4-8　エリアマネジメント活動前後におけるソーシャル・キャピタルの変化　　*89*

図表一覧　*xvii*

第5章

図 5-1　個人的ネットワークの指標の地域ブロック別比較　*108*
図 5-2　社会的ネットワーク・サポートの指標の地域ブロック別比較　*109*
図 5-3　市民参加の指標の地域ブロック別比較　*110*
図 5-4　信頼と協調の規範に関する指標の地域ブロック別比較　*111*
図 5-5　スクリー・プロット　*113*
表 5-1　内閣府（2003）において指数化に用いている項目　*93*
表 5-2　内閣府（2003）と日本総合研究所（2008）の比較　*95*
表 5-3　4分類それぞれの質問項目　*98*
表 5-4　分析に用いる指標の記述統計　*106*
表 5-5　各地域ブロックに含まれる都道府県　*107*
表 5-6　主成分分析の結果　*112*
表 5-7　作成した4つの指標の記述統計　*114*
表 5-8　作成した4つの指標間の相関　*114*
表 5-9　地域ブロック別平均の比較　*116*
表 5-10　都市規模別平均の比較　*117*
表 5-11　DID の有無別の比較　*118*
表 5-12　推定結果　*120*

第6章

表 6-1　推定において考慮する要因　*127*
表 6-2　説明変数の記述統計　*129*
表 6-3　推定結果　*132*
表 6-4　内生性を考慮した場合の推定結果　*144*

第7章

図 7-1　世代間での継承の可能性を考慮したソーシャル・キャピタルの形成要因　*151*
表 7-1　アンケート回答者の属性　*156*
表 7-2　両親・祖父母のソーシャル・キャピタルに関する質問　*157*
表 7-3　両親・祖父母の一般的信頼と回答者の一般的信頼とのクロス集計　*158*
表 7-4　両親・祖父母の利他性の意識と回答者の互酬性の意識とのクロス集計　*160*
表 7-5　両親・祖父母の地域活動参加と回答者の地域活動参加とのクロス集計　*161*
表 7-6　両親・祖父母の地域活動参加と回答者の地域活動参加とのクロス集計（現在の居住地が15歳頃までの居住地と異なる回答者に限定した場合）　*162*

第8章

図 8-1　マルチレベル分析のイメージ　*182*
表 8-1　ソーシャル・キャピタルの指標の記述統計　*169*

xviii

表 8-2　ソーシャル・キャピタル指標のデータの分布　*170*

表 8-3　説明変数の記述統計　*173*

表 8-4　推定結果（他人への信頼）　*174*

表 8-5　推定結果（公的な組織・機関への信頼）　*175*

表 8-6　親の属性を考慮した場合の推定結果（他人への信頼）　*178*

表 8-7　親の属性を考慮した場合の推定結果（公的な組織・機関への信頼）　*180*

表 8-8　推定結果（兄弟姉妹を対象としたマルチレベル分析）　*184*

表 8-9　推定結果（操作変数法による推定）　*188*

表 8-10　推定結果（女性ダミーとの交差項）　*192*

表 8-11　推定結果（親の同質性・異質性を考慮した場合）　*192*

表 8-12　推定結果（夫婦間での推定）　*196*

第9章

図 9-1　互酬性の意識と利他性に関する家庭内経験　*206*

図 9-2　地域活動への参加のきっかけ別にみた地域資源の共有意識　*229*

図 9-3　地域活動への参加のきっかけ別にみた一般的な信頼　*230*

表 9-1　地域資源の共有意識に用いる質問項目　*204*

表 9-2　互酬性の意識と地域資源の共有意識との関係　*204*

表 9-3　子どもの頃の家庭内での教育・経験に関する変数　*205*

表 9-4　記述統計　*209*

表 9-5　推定結果　*211*

表 9-6　子どもの頃の活動経験を考慮した場合の推定結果　*213*

表 9-7　利他性に関する家庭内経験の推定結果　*216*

表 9-8　地域活動に関する家庭内経験の推定結果　*217*

表 9-9　居住している地域の状況　*220*

表 9-10　子どもの頃の家庭外経験に関する変数　*221*

表 9-11　地域の状況などを考慮した場合の推定結果　*222*

表 9-12　地域活動への参加頻度別にみた他人への信頼、互酬性の意識、地域資源の共有意識の平均　*227*

表 9-13　推定結果（地域活動参加者の属性分析）　*231*

表 9-14　限界効果の比較において想定するケース　*233*

表 9-15　限界効果の比較　*233*

第10章

表 10-1　一般的な信頼と将来世代への互酬性・利他性　*239*

表 10-2　互酬性の意識と将来世代への互酬性・利他性　*240*

第**1**章

なぜ、今、ソーシャル・キャピタルなのか？

1. はじめに

　昔、ある国から2つの移民団が新天地に向けて船出した。それぞれの移民団の規模は同じであり、みな勤勉な人たちだった。また、同じ技術と知識をもち、新天地に向けて出発する際にもっていた資産も同程度であった。この2つの移民団が向かったのは2つの大きな無人島であるA島とB島であった。この2つの島の地理的環境は同じであり、気候も似通っていた。そして、新天地で導入した社会制度も同じである。つまり、この2つの移民団が新しく建設しようとする新社会のスタート条件は同じであった。

　2つの島に移り住んだ人たちは、それぞれが島の経済社会の発展のために努力をした。それは、次の世代、さらにその次の世代も同様であり、それぞれが豊かな暮らしを追い求めた。そして現在、2つの島を比べたとき、より経済が成長し、より多くの人々が豊かな生活をしていると実感しているのはA島である。2つの島のスタート条件は同じであったはずである。それなのに、なぜA島とB島ではこのような違いが生じているのだろうか。それを探求しようとした一人の人が気づいた。A島の人たちは、互いに他人を信頼し、協調的に行動しようとする規範をもっており、人と人とのネットワークを大切にしている。一方、B島の人たちは、「他人をみたら泥棒と思え」という考

えをもち、他人との協調には消極的・懐疑的で他人とのネットワークに重きを置いていない。そして、調べてみると、最初の移民団にも同じ違いがあったようだ。もしかすると、これが2つの島の現在の違いの原因なのかもしれない……。

　もちろん、この話は空想上のものである。しかし、この話の中には、本書で明らかにしようとしていることが含まれている。1つは、A島とB島に豊かさの違いが生じた原因には、2つの島の人たちの考え方や人間関係の違いがあるのではないかということである。そして、本書のもう1つのテーマは、A島の人たちのように、互いに他人を信頼し、協調的に行動しようとする規範をもち、人と人とのネットワークをもつような人はどのように形成されるのか、ということである。本書の前半は1つ目のテーマを、後半では2つ目のテーマを念頭に置いて分析が進められる。

　この2つの島の違いは、後述するようにソーシャル・キャピタルの違いである。つまり、ソーシャル・キャピタルの豊かな社会とそうではない社会とでは、どちらの社会がより豊かになるのか、また、どうすればソーシャル・キャピタルの豊かな社会をつくることができるのか、というのが本書で明らかにしようとする2つのテーマである。しかし、読者の中にはソーシャル・キャピタルという言葉や概念にあまり詳しくない人もいるだろうし、逆に、今さらソーシャル・キャピタルかと思う人もいるかもしれない。そこで、まず本章では、ソーシャル・キャピタルとは何か、そして、なぜ、今、ソーシャル・キャピタルに焦点をあてるのかを述べ、本書のスタートとしたい。

私たちを覆う「不安」感

　「50年後の日本の未来は現在と比べて明るいと思うか」これは、2014年に内閣府が実施した「人口、経済社会等の日本の将来像に関する世論調査」にある質問である。明るい未来への期待は今を生きるための重要な要素であり、未来への希望がもてない社会は豊かな社会とは言えない。しかし、残念なことに、この質問に対して6割の人は「暗いと思う」と回答している（「暗いと

思う」18.5％、「どちらかと言えば暗いと思う」41.6％）。また、この世論調査には「居住している地域の将来に不安を感じるか」という質問もあるが、5割近くの人が「不安を感じる」と回答している（「不安を感じる」16.6％、「どちらかと言えば不安を感じる」30.2％）。そして、その不安の要素として最も多い回答が「地域を支える担い手の不足」（55.7％）であり、「商店街などのまちの中心部のにぎわいの喪失」（48.0％）、「医療・介護施設の不足」（38.4％）、「地域を支える産業の衰退」（34.2％）といった項目が続く。今後のわが国においては人口減少が進むことが予想されているが、この結果からも分かるように、予想される人口減少は、バブル経済崩壊後のわが国の経済の長期停滞とも相まって、経済規模の縮小、社会保障システムへの不安といった様々な懸念につながっている[1]。そして、その不安は大都市に比べ人口減少がより急激に進行すると予想される地方部においてより深刻である。

　また、同じく内閣府が実施している「国民生活に関する世論調査」によれば、「日常生活」で抱える悩みや不安の上位4項目は、「老後の生活設計」「自分の健康」「家族の健康」「今後の収入や資産の見通し」である[2]。さらに、これからは心の豊かさか、また物の豊かさかを問う質問に対して、近年では約6割の人が「物質的にある程度豊かになったので、これからは心の豊かさやゆとりのある生活をすることに重きを置きたい」と回答している。以上の結果を踏まえると、私たちを覆う不安感は、人口減少が予想される中で、これまでの経済成長によって実現した物質的豊かさを将来にわたって維持できるのかという不安と、心の豊かさを追求しようと思いながら、将来にわたって「より良く生きる」ことに対しての見通しが立てられていないことに起因し

1）　国立社会保障・人口問題研究所が公表している「日本の将来人口推計（平成29年推計）」では、2015年の1億2,709億人から、50年後の2065年には8,808万人（中位推計）と7割以下の規模に減少すると予想されている。

2）　2017年6月に行われた「国民生活に関する世論調査」では、日常生活で「悩みや不安を感じている」と回答した人が63.1％おり、悩みや不安の内容についての質問に対しては「老後の生活について」（53.5％）が最も多く、次いで「自分の健康について」（52.1％）、「家族の健康について」（42.1％）、「今後の収入や資産の見通しについて」（39.7％）となっている。

表 1-1　繁栄指数ランキング（上位 30 位）

総合順位	国・地域	繁栄指数	総合順位	国・地域	繁栄指数
1	ノルウェー	79.85	16	ベルギー	74.24
2	ニュージーランド	78.57	17	シンガポール	73.53
3	フィンランド	78.46	18	米国	72.83
4	スイス	77.64	19	フランス	72.01
5	スウェーデン	77.59	20	スペイン	71.42
6	オランダ	77.33	21	スロベニア	71.31
7	デンマーク	77.06	22	マルタ	70.66
8	カナダ	77.03	23	日本	70.40
9	オーストラリア	76.98	24	香港	69.83
10	英国	76.92	25	ポルトガル	69.55
11	ドイツ	76.41	26	チェコ	69.24
12	アイルランド	76.12	27	エストニア	69.16
13	アイスランド	76.06	28	ウルグアイ	67.40
14	ルクセンブルク	75.71	29	コスタリカ	66.69
15	オーストリア	75.24	30	イタリア	66.20

出典：Legatum Institute（2017）およびレガタム財団 HP（https://www.prosperity.com）をもとに筆者作成。

ていると考えられる。

　では、こうした状況の中で、多くの人が明るい期待をもち、経済的にも生活の豊かさという側面からもより良い経済社会を実現していくには何が必要だろうか。

何が「豊かさ」をもたらすのか

　表 1-1 は、英国のレガタム研究所（Legatum Institute）が公表している世界の国や地域の繁栄指数（Prosperity Index）の上位 30 位を示したものである。この繁栄指数は、GDP だけでは測れない豊かさを国別に指標化し、世界各国が貧困から繁栄に向かうための道筋を明らかにすることを目的として作成されたものであり、「経済の質」「ビジネス環境」「ガバナンス」「個人の自由」「ソーシャル・キャピタル」「安全と安心」「教育」「健康」「自然環境」の 9 つの指標から構成されている。2017 年の順位をみると、日本の総合順位は 23 位であり、アジアの中ではシンガポール（17 位）よりも下位に位置している。1 位はノルウェーであり、北欧各国（フィンランド：3 位、スウェーデン：5 位、

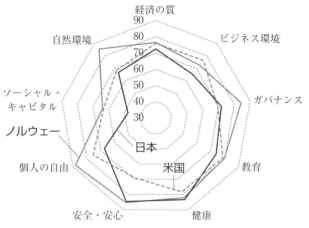

図 1-1　各評価項目の国別比較（ノルウェー、米国、日本）

出典：Legatum Institute（2017）およびレガタム財団 HP（https://www.prosperity.com）をもとに筆者作成。

デンマーク：7位）が上位に並んでいる。そして、欧州やオセアニアの国々が上位に並ぶ。この指標では世界最大の経済規模をもつ米国も18位である。

　では、わが国の順位が北欧や欧州各国と比較して低いのはなぜだろうか。図1-1は、1位のノルウェーと米国、日本の3ヵ国の各指標の評価点をレーダーチャートで示している。これをみると、日本は「健康」「安全・安心」についてはノルウェーと同水準で、米国よりも高い評価となっている。また、「経済の質」「教育」では、両国に比べて若干低いが、それほど劣っているわけではない。「ガバナンス」や「自然環境」ではノルウェーより低いものの米国とは同程度であり、それほど評価が低いというわけではなさそうである。ここから分かるように、わが国と両国とで大きな差があるのは「個人の自由」「ソーシャル・キャピタル」であり、特に「ソーシャル・キャピタル」については、日本だけが低くなっている。

　この「ソーシャル・キャピタル」がいったい何かということは次節で詳しく説明することにして、この「ソーシャル・キャピタル」が低いのは昔からなのか、それとも最近の傾向なのかをみてみよう。レガタム研究所の繁栄指

表1-2　ソーシャル・キャピタルの順位および評価点の推移

	2007 年	2009 年	2011 年	2013 年	2015 年	2017 年
ノルウェー	10 (62.70)	9 (62.65)	12 (62.65)	8 (64.15)	6 (65.06)	5 (64.01)
米国	5 (65.75)	4 (65.24)	6 (65.07)	2 (67.54)	4 (65.45)	9 (63.34)
日本	56 (51.48)	77 (48.38)	54 (51.56)	78 (49.06)	101 (46.98)	101 (47.76)

注：（　）内は評価点。
出典：Legatum Institute（2017）およびレガタム財団 HP（https://www.prosperity.com）
　　　をもとに筆者作成。

数は、評価項目や用いる指標の見直しが随時行われているため、過去に公表されたものと単純に比較できないが、最新の方法で作成された指数については、2007 年まで遡って時系列で比較できるようになっている。そこで、これを使って 2007 年から 2017 年までの 2 年ごとのソーシャル・キャピタルの順位と評価点の推移をみたのが表 1-2 である。これによると、日本の順位は 2011 年の 54 位から 2015 年、2017 年での 101 位と下がっている。一方、ノルウェーは 2011 年の 12 位から 2017 年には 5 位と順位を上げている。米国は 10 位以内を維持しているが、2015 年には 4 位、2017 年には 9 位と順位を落としている。評価点をみると、日本は、2013 年、2015 年と低下傾向にあるものの 40 後半から 50 前後の水準で推移してきており、評価点が急激に下がったというわけではなさそうである。

　詳細は省略するが、この評価点は Distance to Frontier アプローチと呼ばれる手法を用いて計算されており、最も良い状態（Frontier）を上限値、最も悪い状態を下限値として、フロンティアへの近さをあらわす指標となっている。つまり、わが国が急激に順位を落としている背景には、ソーシャル・キャピタルの高まりがみられる国々がある中で、日本では緩やかな低下が続いていることが影響していると考えられる。

　もちろん、この繁栄指数が国別の豊かさをどのくらい的確に捉えているのかという議論はありうる。繁栄を評価するにあたってこのような 9 つの視点

からでよいのか、また、9つの項目のそれぞれの評価に用いられている変数の妥当性や変数ごとの重み付けなど議論もあるだろう。しかし、この繁栄指数からは以下の2つのことが示唆される。

1つは、GDPだけでは測れないその国の豊かさを考えるうえで、経済、教育、健康、安全・安心といった項目と並んで、ソーシャル・キャピタルは重要な項目の1つであるということである。第2章においても紹介するが、GDP以外の要素を考慮した豊かさを測ろうとする取組みが世界的に進められており、OECDでも国別の幸福度（Well-Being）の計測に向けた取組みが進んでいる[3]。そして、その中でソーシャル・キャピタルは未来の幸福のための資源の1つと位置づけられている。ソーシャル・キャピタルは近年の豊かさや幸福度をめぐる議論の中でも重要な要素とみなされているのである[4]。

もう1つは、これからのわが国の豊かさの向上に必要なのは、ソーシャル・キャピタルではないかということである。総合的な豊かさにつながるとみなされている多くの指標において、日本は必ずしも劣位にあるわけではない。しかし、ソーシャル・キャピタルについては明らかにその蓄積が必要であり、日本が心と物の豊かさの両面を追求していくうえで、このソーシャル・キャピタルが重要な鍵を握っているのではないだろうか。

2. ソーシャル・キャピタルとは？

では、ソーシャル・キャピタルとは何か。ソーシャル・キャピタルは、人

---

3) 国別の幸福度を測定しようとする試みとしては、OECDの取組みのほか、国連の潘基文事務総長が設立を発表した「持続可能な開発ソリューション・ネットワーク（Sustainable Development Solutions Network）」が2012年から公表している『世界幸福度報告（World Happiness Report）』がある。

4) ソーシャル・キャピタルと幸福度との関係については、『世界幸福度報告』の作成に関わっているカナダ・ブリティッシュコロンビア大学のジョン・ヘリウェルが様々な研究を行っており、ソーシャル・キャピタルが幸福度に有意な影響をもつことが指摘されている（Helliwell 2003、Helliwell and Putnam 2004、Helliwell 2006、Helliwell and Wang 2010）。また、日本のデータを使った分析としては小塩（2016）などの研究がある。

と人との信頼、互酬性の規範、ネットワークといった人と人との関係に着目した概念であり、目には見えないものである。ソーシャル・キャピタルは、人と人とをつないで集団や社会の結束を作り出す接着剤のような役割を果たすこともあるし、人と人との協調行動を円滑に進めるための潤滑油のような役割も果たす。無人島に流れ着き、自分独りで生きていかなければならないロビンソン・クルーソーの世界では、ソーシャル・キャピタルは機能しないし活用する必要もないかもしれない。しかし、多数の人と多様な相互関係が生じる現実の社会において、このソーシャル・キャピタルの役割は重要である。人と人との信頼が欠如し、助け合いもなければ、人に何かをしてあげてもそれが報いられることのない社会を想像してみよう。人に何かをお願いしてもそれをきちんとやってくれるかどうかは分からない、一緒にやればすぐに終わるような仕事でも他人を当てにすることはできない、何かをするにしても役に立つ情報を提供してもらえない……。現実にはこのような極端な社会は存在しないが、ソーシャル・キャピタルが豊かな社会とそうではない社会があることは十分に考えられる。

パットナムと集合行為問題

　こうしたソーシャル・キャピタルの違いと社会全体のパフォーマンスとの関係に光をあてたのが、ソーシャル・キャピタルの代表的な研究者であるロバート・パットナム（Putnam, Robert）である。彼は1993年の著書『*Making Democracy Work*』（邦訳『哲学する民主主義』）において、イタリアの南北格差の背景にはソーシャル・キャピタルの蓄積の違いが影響していることを指摘した。貧困や経済的後進性をもつ南部イタリアでは、恩顧＝庇護主義的な社会関係が支配的であり、市民文化の発達がみられない。一方、フィレンツェやボローニャといった都市共同体（コムーネ）が中世から発達してきた北イタリアにおいては水平結社組織の伝統が根付き、豊かな市民文化の発達がみられる。そして、そのことは現代のイタリアの経済社会状況にも影響を与えており、州政府を政策過程、政策表明、政策執行という観点から指標化した制度パフォーマンスは南部イタリアでは低く、北部イタリアでは高い。また、

19世紀後半から20世紀初頭の相互扶助組合の会員数や投票率といったデータから作成した市民的関与の指標を用いてその後の州別の社会経済的発展のレベルとの関係をみると、市民的関与の指標は1970年代の社会経済的発展を予測できる重要な変数となっている。パットナムはこのような分析をもとに、市民共同体としての文化が根付いている地域では、その後の社会経済的発展が確認できることを指摘した。

　パットナムがこの著書の中で注目しているのは、ソーシャル・キャピタルが集合行為問題の解決に寄与するという点である。集合行為問題とは、「共有地（コモンズ）の悲劇」や「囚人のジレンマ」のように、人と人との協調の失敗により関係者全体の厚生が低下してしまうことである。パットナムは、18世紀のスコットランドの哲学者デイビッド・ヒュームの『人性論』の一説にある農民の逸話を紹介している。それは、隣りあう農家が相互の信頼を欠くために、お互いの畑の小麦の収穫を手伝わず、協力すれば得られたであろう収穫を失うという話であり、信頼の欠如によってお互いの協力が行われないジレンマを説明している。パットナムは、「自発的な協力がとられやすいのは、互酬性の規範や市民的積極参加といった形態での社会資本を、相当に蓄積してきた共同体である」（邦訳、河田 2001 p.206）と述べており、ソーシャル・キャピタルの蓄積が、集合行為問題を解決・緩和する可能性を強調した[5]。

3.　ソーシャル・キャピタルの歴史とその概念

　ソーシャル・キャピタル（Social capital）を「社会資本」と訳してしまうと道路やダム、上下水道、公園といった物理的な資本、いわゆるインフラストラクチャーと紛らわしくなってしまう[6],[7]。このため、そのまま「ソーシャル・キャピタル」という表現が用いられることも多い。しかし、近年では「社

5）　2009年にノーベル経済学賞を受賞したエリノア・オストロム（Ostrom, Elinor）も、ソーシャル・キャピタルが集合行為問題の解決に寄与する点に着目しており、ソーシャル・キャピタルを「集合行為問題を解決する能力を高める個人や人間関係の属性」と捉えている（Ostrom and Ahn 2009）。

会関係資本」という訳も定着しつつある[8]。インターネットの検索サイト「Google」で「ソーシャル・キャピタル」というワードを検索すると、約135,000件ものサイトがヒットする[9]。ソーシャル・キャピタルという言葉や概念は、わが国でも一般的に認知されるようになってきており、目新しいものではなくなりつつある。しかし、このように広く認識されるようになったソーシャル・キャピタルの歴史は意外と古い。

コミュニティとネットワーク

ソーシャル・キャピタルという言葉を今日のような意味で用いたのは、米国のウェスト・ヴァージニア州の農村学校指導主事であったL. J. ハニファンとされる。彼は、1916年の論文で学校教育とコミュニティとの関わりを考察し、ソーシャル・キャピタルを「善意、友情、共感、そして社会単位を構成する人間間、家族間の社会的交流など」と捉え、その重要性を論じた。このハニファンの考えは、現在広まっているソーシャル・キャピタルの概念に近く、個人や集団相互の結びつきの重要性に着目したものである。また、米国

---

6) 前述のPutnam（1993）の邦訳『哲学する民主主義』では「社会資本」と訳されている。また、米国の政治学者フランシス・フクヤマが1995年に著した『*Trust : The Social Virtues and the Creation of Prosperity*』の邦訳『「信」無くば立たず』においても「社会資本」という訳語が用いられている。

7) 「社会資本」を『広辞苑』第6版で調べると「道路・港湾・鉄道・通信・電力・水力などの公共諸施設のこと。社会的間接資本。社会的共通資本」と説明されている。なお、「社会的間接資本」はアルバート・ハーシュマンが提唱した概念であり、経済の成長に必要な直接的生産活動を円滑に行うため整備が必要なもの、また、直接生産力のある生産資本に対して、間接的に生産資本の生産力を高める機能を有するものとして定義される。具体的には灌漑、排水、法、秩序、教育、衛生、運輸、通信、動力、水道といったものが例として挙げられている（Hirschman 1958）。物理的な資本が中心であるが、法や秩序といったソフトなインフラも含んだ定義となっている。もう1つの「社会的共通資本」は、宇沢弘文により提唱された概念であり「自然環境、社会的インフラストラクチャー、制度資本」を指すものである（宇沢 2000）。どちらも物理的な資本以外を含んだ概念であるが、本書で取り扱うソーシャル・キャピタルとは異なっている。

8) 文献によっては「社会関係資本」という表現が用いられているものもあり、それらの文献を引用する場合においては、そのまま「社会関係資本」という表現を用いる。

9) 2018年6月1日現在。また、「社会関係資本」で検索すると約61,300件のサイトがヒットする。

の都市計画家のジェーン・ジェイコブズは、その著書『*The Death and Life of Great American Cities*』（邦訳『アメリカ大都市の死と生』）において、近隣関係に観察できる親密な社交ネットワークがはらむ価値としてソーシャル・キャピタルという表現を使用した。ジェイコブズはソーシャル・キャピタルという言葉について明確な定義を与えているわけではない。しかし、コミュニティ内でのネットワークが、まちづくりにおいて重要な役割を果たすことを指摘したのである。

　その後 1980 年代に入り、フランスの社会学者ピエール・ブルデューがソーシャル・キャピタルを大きく取り上げた。ブルデューは、ソーシャル・キャピタルを個人にとっての「相互認識（知り合い）と相互承認（認め合い）とからなる、多少なりとも制度化されたもろもろの持続的な関係ネットワークを所有していることと密接に結びついている、現実的ないしは潜在的資力の総体」（Bourdieu 1980（邦訳、福井 1986 p.31））と定義し、ソーシャル・キャピタルのネットワークの側面に着目した。ブルデューは、社会の階層化を説明するものとしてソーシャル・キャピタルを捉えている。集団に組み込まれることにより生じるネットワークは、経済的な側面をはじめとして様々な資源にアクセスできる機会をもたらしてくれる。しかし、そのことが教育機会や雇用機会に影響し、社会階層の固定化につながることをブルデューは指摘した。また、米国デューク大学のナン・リンは、ソーシャル・キャピタル理論の背後にある前提は「市場の場で見返りを期待して社会関係に投資すること」であるとし、ソーシャル・キャピタルを「人々が何らかの行為を行うためにアクセスし活用する社会的ネットワークの中に埋め込まれた資源」と定義した（Lin 2001（邦訳、筒井ほか 2008 pp.24, 32））。ナン・リンのソーシャル・キャピタルの捉え方は、個人はネットワークをもつことが何らかのメリットにつながることを意識し、それに基づいてネットワークを形成することが想定されている。分かりやすい例を挙げると、人脈やコネをもっている人のほうが会社内でも昇進しやすいといったことである。

義務と期待

　ブルデューの議論に続き、ソーシャル・キャピタルを取り上げたのは米国の社会学者ジェームズ・コールマンである。コールマンは、ソーシャル・キャピタルを「社会構造のある側面からなる」ものであり「構造内にいる個人にある種の行為を促す」という属性を共有する「非常に多様な実在」であると定義した（Coleman 1990（邦訳、久慈　2004　上巻 p.475））。コールマンの定義はその言葉だけでは漠然としているが、「他の形態の資本と同じように、ソーシャル・キャピタルは生産的で、それなしでは達成しえないような目的の達成を可能とする」（同上）ものであるとし、その具体例として、学習サークルの母体となる同じ高校、郷里、教会といった人間関係、医師と患者との間の信頼関係、子どもの通学や遊び場を見守る地域社会といった事例を挙げている。また、ソーシャル・キャピタルの諸形態として、義務と期待、情報の潜在的可能性、規範と実効性のある制裁、といった側面を挙げている。例えば、義務と期待は相互の信頼性と関連している。ある人がほかの人に何かをしてあげた場合、将来それに報いてくれると信頼するとき、何かをしてもらった人には義務が、してあげた人には期待が発生する。この義務と期待の強さがソーシャル・キャピタルの1つの側面であり、実際の協調的な行動や規範につながっていく。

　また、コールマンはソーシャル・キャピタルの性質を説明するうえで、物理的資本や人的資本との違いも強調している。人的資本は物理的資本のように目には見えない存在である。しかし、ソーシャル・キャピタルは人的資本よりも可視的ではない。また、物理的資本や人的資本は、これらの資本に投資する個人に対してその利益が生じるが、社会規範を守り共同作業に貢献するという行為は、その個人に主として利益がもたらされるわけではなく、その人が属している社会構造に属する全員にもたらされるものである。このため、ソーシャル・キャピタルはクラブ財や公共財的側面をもっている。

信頼と互酬性

　コールマンの後、ソーシャル・キャピタルを大きく取り上げ、世界的な関

心を高めるきっかけをつくったのが前述のパットナムである。パットナムは、前述の『*Making Democracy Work*』において、ソーシャル・キャピタルを「人々の協調行動を促すことにより社会の効率性を高める働きをする信頼、規範、ネットワークといった社会組織の特徴」と定義した（邦訳、河田 2001 pp. 206-207）。その後、パットナムは米国におけるソーシャル・キャピタルの衰退を取り上げた『*Bowling Alone*』（邦訳『孤独なボウリング』）において、「個人間のつながり、すなわち社会的ネットワークおよびそこから生じる互酬性と信頼性の規範」と定義し直している（邦訳、柴内 2006 p. 14）。これらのパットナムの定義は、信頼と互酬性に焦点をあてたものであり、人と人との協調による集合行為問題の解決という点を強調したものとなっている。

このようにソーシャル・キャピタルに関しては、これまで様々な議論があり、どのような役割からソーシャル・キャピタルを捉えようとするかによって重視する側面も異なっている[10]。しかし、人と人との関係や、それがもたらす何らかのメリットに着目している点は同じであり、信頼や規範、ネットワークといったものを指す概念であることについては、大まかなコンセンサスが得られていると考えられる。

4. 経済活動とソーシャル・キャピタルとの関係

以上のように、これまでソーシャル・キャピタルがどのように論じられてきたかを振り返れば、経済社会の中でソーシャル・キャピタルが重要な役割を持つことにも頷けるであろう。以下では、特に経済活動との関わりの中でその重要性についてさらに考えてみたい。

市場の質を支えるインフラ

経済活動のほとんどは他人との関わりを通じて行われる。財やサービスの取引には供給側と需要側との間に人のつながりがあるし、生産活動、消費活

---

10) ソーシャル・キャピタルがこれまでどのように論じられてきたかをより詳しく理解するには、河田（2015）や稲葉（2016）を参照されたい。

動においても人と人との間の何らかの関係が生じる。財やサービスの取引が人と人との関係において行われるものである以上、相手が信頼できるかどうか——例えば、買い手としては売り手の説明に虚偽がないかどうか、売り手としては買い手が商品を受け取った後に代金を本当に支払うかどうか——は、取引を円滑に行ううえで極めて重要である。このため、経済活動を考える場合にこのソーシャル・キャピタルの役割を無視することはできない[11]。

　毎日顔を合わせる近所の商店と住民との間であれば、相互の信頼は日々の売買の中で形成されていくかもしれない[12]。このような相互の信頼も当然重要であり、それが欠けるコミュニティでは経済活動が円滑に行われないだろう。しかし、交通インフラやITの発達によりこれまで以上に見知らぬ相手との接点が増えている現代社会では、自分が知らない相手とでも同じように取引できるかどうかがより重要になる。本来信頼できる相手であるにもかかわらず、どちらかが相手を信頼できないと考える場合、取引に際して本来必要のない追加的なコストが発生し、それが本来実現しえたはずの経済活動を阻害してしまう可能性が生じる[13]。

　わが国は「安心社会」ではあるが「信頼社会」になっていないとする山岸（1999）は、開かれた信頼、つまり知らない人への信頼の重要性を指摘している。そして、山岸は、「安心社会」と「信頼社会」の違いが分かるよう、山深い小さな村から江戸に出てきた農民のストーリーを提示する。農民は、誰が信頼できて誰が信頼できないかが分かるこれまでの世界から、見知らぬ人ばかりの世界に移り、「人をみたら泥棒と思え」と考えて生きていくか、積極的

11）　ソーシャル・キャピタルが経済的なパフォーマンスにどのような影響を与えるかについては、Knack and Keefer（1997）やPutnam（2000）が考察している。また、大守（2004）は、ソーシャル・キャピタルが様々な経路を通じて経済的影響をもつことを考察している。

12）　ゲーム理論においては、無限回繰り返される囚人のジレンマゲームでは、1回限りのゲームでは均衡とはならない協力という戦略を双方が取ることが均衡解となりうることが知られている（フォーク定理）。

13）　例えば、契約を結ぶ前に相手の信用調査を行うといった行為は、追加的な取引コストになる。こうしたコストがなければ、その分を他の経済活動に活用できる可能性が高まる。

表 1-3　ソーシャル・キャピタルと繁栄指数、
その他の指標との相関

	相関係数
繁栄指数	0.740***
経済の質	0.652***
ビジネス環境	0.682***
ガバナンス	0.734***
教育	0.581***
健康	0.560***
安全・安心	0.481***
個人の自由	0.603***
自然環境	0.541***

注：***、**、*はそれぞれ1%、5%、10%水準で有意
であることを示す。

に人とつきあって生きていくか、という判断を迫られる。市場が未発達で、自分の知っている人との間の取引が重要な意味をもっていた古い共同体的な社会では、知らない人を信頼することのリスクは大きく、それを避けることが合理的な選択だったかもしれない。しかし、市場経済が浸透し、経済のグローバル化が進み続ける現代では、個人個人が見知らぬ相手と「win-win」の関係になるように信頼・協調して行動できるかどうかが極めて重要な意味をもっている。

　前述のレガタム研究所の繁栄指数に戻ってソーシャル・キャピタルと他の指標との関係を考えてみても、ソーシャル・キャピタルが経済的な側面と関わりがあることは確認できる。2017年のデータから指標間の相関係数をみてみると、ソーシャル・キャピタルはすべての指標と正の相関がみられるが、「ガバナンス」「ビジネス環境」「経済の質」といった項目と高い正の相関関係をもっていることが分かる（表1-3）。

　もちろん、相関係数をみただけでは、ソーシャル・キャピタルが高いからビジネス環境や経済の質が高まるのか、経済活動が円滑に行われるような社会環境があるとソーシャル・キャピタルが蓄積されるのかという因果関係は分からない。しかし、市場の質理論を提唱する矢野誠氏は、「現代経済の健全な発展成長には高質な市場が不可欠」であり「高質な市場の形成には市場イ

ンフラの適切なデザインが必要」と主張する[14]。ここで言う市場インフラとは、法律、制度、組織、意識、倫理、慣習、文化などであり、法律・ルールなどの一次インフラと倫理・文化・意識・慣習などの二次インフラに分けられる。高質な市場は、適切な一次インフラの上に、二次インフラが適切にコーディネートされることにより形成される。つまり、ソーシャル・キャピタルは市場の質を支える重要なインフラストラクチャーの１つであり、その高さが経済活動の効率化や市場全体の厚生にも影響を及ぼすというのである。そして、矢野・中澤（2015）では、市場は科学と暮らしをつなぐパイプであり、良い市場を作ることが豊かさの実現のために重要であると主張している。このように、ソーシャル・キャピタルは、市場の質を支えるインフラであるとともに、経済社会の豊かさを追求するためにも必要なものなのである。

地域社会を支える

　また、地域社会における経済活動でも、ソーシャル・キャピタルの有無はその結果に大きく影響すると考えられる。例えば、人と人との信頼やネットワークは自発的な協力を生み出す。それは、もしそれがなければ協調や連携の失敗により実現しなかったであろうアウトカムをもたらし、本来その地域がもっている潜在力を発揮しやすくしてくれる。近年注目されているソーシャル・ビジネスは、地域社会の課題解決に向けて、住民、NPO、企業などが協力しながらビジネスの手法を活用して取り組むものであるが、こうした取組みは地域社会での新たなビジネスチャンスにつながる可能性をもっている[15]。

　さらに、人と人との信頼関係は合意形成を円滑化し、様々な利害関係者間の協調を容易にする。その結果、地域内の課題に対して、関係者全体の厚生を高めるような意思決定が可能となったり、相互の役割をより適切に分担できるようになったりもする。そうすれば、新しい取組みを進めるための合意

---

14) 市場の質理論については Yano（2009, 2010, 2018）を参照。
15) 内閣府経済社会総合研究所（2016）では、滋賀県におけるソーシャル・ビジネスの発展過程とソーシャル・キャピタルとの関係について考察が行われている。

や連携も生まれやすくなるだろう。

　実際、地域活性化に関する多くの成功事例では、関係者間の協調や連携が重要な役割を果たしている。よく知られる滋賀県長浜市のまちづくり活動は、商店街の衰退が進む中、まちのシンボル的存在であった黒壁銀行の建物をまちの有志が出資して保存しようという動きから始まった[16]。もし長浜市が、人を信頼できず、連携も協調もない地域だったならば、このようなきっかけが全国的にも注目されるようなまちづくり活動にはつながらなかっただろう。また、これも過疎地域の活性化事例として有名な徳島県神山町では、国際交流の取組みが「創造的過疎」をコンセプトとするユニークな地域づくりへと発展した[17]。この活動では、企業のサテライトオフィスを開設して外部から人を受け入れ、地域に密着して創作活動を行う芸術家を国内外から招いている。見知らぬ人を信頼しない、リスクばかりを考えて新しい取組みには協調しないという地域では、このような成功事例は生まれようもない。

人を支える

　さらに、個人の経済活動を考えた場合にもソーシャル・キャピタルの役割は大きい。健康は人的資本の一側面であり、健康でなければ十分な経済活動は行えない。これまでにもソーシャル・キャピタルと健康との関係については数多くの研究が行われており、豊かなソーシャル・キャピタルが人々の健康に寄与することが指摘されている。米国ハーバード大学のカワチ（Kawachi, Ichiro）らは、米国の39州を対象にした実証分析により、所得格差、ソーシャル・キャピタル、健康との間には関連があり、所得の不平等がソーシャル・キャピタルの悪化を通じて健康に悪影響を及ぼすことを示した（Kawachi et al. 1997）。この研究を契機として、ソーシャル・キャピタルと健康との関わりについては、その後も社会疫学の分野を中心に数多くの研究が行われており、わが国においても、性別・年齢・婚姻状態といった個人要因では説明できない健康状態の地域差がソーシャル・キャピタルで説明できること、つまり、

---

16)　角谷（2009）、みずほ総合研究所（2006）など。
17)　中小企業庁（2015）、竹内（2017）など。

地域のソーシャル・キャピタルの豊かさが個人の健康状態を高めることを指摘した研究もある（市田 2007）。

また、2018 年 1 月に、英国テリーザ・メイ保守党政権のもとで孤独担当大臣のポストが新設されたことが話題となったが、この背景には、社会的な孤立や孤独が、健康面や精神面で大きな負の影響を社会にもたらしているという近年の研究がある[18]。ソーシャル・キャピタルは人と人との結びつきであり、孤独はソーシャル・キャピタルの低さのあらわれでもある。また、フィンランドにおける調査データを用いた実証分析から低信頼と孤独との関連性を指摘する研究（Nyqvist et al. 2016）もあることを踏まえると、ソーシャル・キャピタルは孤独から生じる健康面・精神面の問題の解決に寄与するポテンシャルをもっている。

以上のように経済活動という側面から考えても、ソーシャル・キャピタルの役割は極めて重要である。また、心の豊かさという側面にもソーシャル・キャピタルが影響していることを踏まえると、より多様な豊かさを実現するためには、ソーシャル・キャピタルというインフラストラクチャーをどのように捉えるのかが鍵になると考えられる（図 1-2）。これが本書の出発点となる問題意識である。

---

18) 孤独と健康との関係については様々な研究が行われており、例えば、Holt–Lunstad et al.（2015）は客観的・主観的にかかわらず、社会的な孤立は死亡率を高める要因となっていることを指摘している。また、孤独担当大臣の設置は、英国の EU 離脱の是非を問う国民投票の直前に殺害された英国労働党のジョー・コックス下院議員が 2016 年に立ち上げた委員会の活動を踏まえたものであるが、2017 年に公表された委員会報告書では、「孤独は健康に対して 1 日 15 本のタバコを吸うのと同程度の害がある」としている（https://www.jocoxloneliness.org/pdf/a_call_to_action.pdf　最終閲覧 2018 年 6 月 20 日）。

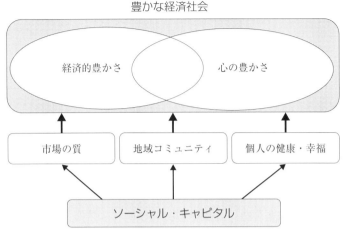

図1-2 ソーシャル・キャピタルの役割

5. 政策対象としての第3の資本

　ソーシャル・キャピタルの役割に着目し、これを政策へ明示的に取り込もうという動きは、わが国でも2000年代から始まっている。内閣府が2003年に公表した調査研究報告書『ソーシャル・キャピタル：豊かな人間関係と市民活動の好循環を求めて』は、ソーシャル・キャピタルに対する世界的な関心の高まりを受けて、ボランティア活動の活発化がソーシャル・キャピタルの蓄積につながり、それが地域社会の安心・安全・安定をもたらすという問題意識のもと、ソーシャル・キャピタルの指標化とそれに基づく定量分析を試みたものである。また、農林水産省では、2006年から「農村におけるソーシャル・キャピタル研究会」を開催し、農村におけるソーシャル・キャピタルの捉え方や政策的意義について検討を行っている。文部科学省においても教育がソーシャル・キャピタルに与える影響についての調査が行われており、ソーシャル・キャピタルの蓄積に対する教育投資の効果が試算されている（文部科学省 2011）。

新しい公共とエリアマネジメント

　政府内でのソーシャル・キャピタルへの関心は、実際の政策にも反映されるようになっている。例えば、地域再生法に基づいて2006年に閣議決定（変更）された「地域再生基本方針」では、「地域の担い手として、福祉、まちづくりなどの特定の目的で組織されたNPO等や、講、自治会といった古くから地域に存在する地縁的な組織を再活用するなど、地域固有の「ソーシャル・キャピタル」を活性化する」という記述が盛り込まれている。また、これまでの全国総合開発計画（いわゆる「全総」と呼ばれる国土の利用・開発・保存に関する総合的な計画）に代わるものとして2008年に閣議決定された「国土形成計画（全国計画）」では、自治会、商店会などの地縁型コミュニティに加え、NPOや教育機関などを新しい地域づくりの担い手とする「新たな公」の活用が戦略目標の1つとして提示されている。そして、2009年には、当時の民主党政権の主導により「新しい公共」円卓会議が開催され、2010年6月に「新しい公共」宣言が公表された。「新しい公共」とは、従来の公共部門が供給していた「官」によるサービスを、地域住民を中心とした「民」が「新しい公共」として補完していく、という考え方である。このような「新たな公」や「新しい公共」の考え方はソーシャル・キャピタルとも密接に関係している[19]。

　また、近年、まちづくりにおいては民間団体や地域住民を主体とした「エリアマネジメント」と呼ばれる活動が注目を集めている[20]。このエリアマネ

19）「新しい公共」宣言では、「「新しい公共」によって「支え合いと活気のある」社会が出現すれば、ソーシャルキャピタルの高い、つまり、相互信頼が高く社会コストが低い、住民の幸せ度が高いコミュニティが形成されるであろう。さらに、つながりの中で新しい発想による社会のイノベーションが起こり、「新しい成長」が可能となるであろう」と記載されている。

20）国土交通省土地・水資源局（2008）「エリアマネジメント推進マニュアル」では、エリアマネジメントを「地域の良好な環境・価値の維持・向上を目的とした住民・事業者・地権者等による主体的な取組み」と定義しており、政府のまち・ひと・しごと創生本部ホームページ（https://www.kantei.go.jp/jp/singi/sousei/about/areamanagement/index.html　最終閲覧2018年6月20日）では、「特定のエリアを単位に、民間が主体となって、まちづくりや地域経営（マネジメント）を積極的に行おうという取組み」と定義されている。

ジメントにも、ソーシャル・キャピタルがもつ人と人との信頼やネットワークという考えが関連しており、内閣官房・内閣府や国土交通省ではパンフレットを作成するなどして、その普及・促進に取り組んでいる[21]。これらの一連の流れの背景には、ソーシャル・キャピタルがもつ信頼、規範、ネットワークという特性が、自発的な協働と相互の連携を生み出して地域住民などを主体とした諸活動を活性化し、それが公と民との間の隙間を補完しながら地域の課題解決につながるという期待がある。

定量化への挑戦

このように、ソーシャル・キャピタルに対する政策的な関心は高まっているが、それを政策対象の一分野として取り扱う段階までには至っていない。これまでの政策科学では、経済資本、人的資本の2つの資本が経済活動における重要なインプットとして論じられてきた。しかし、前述の繁栄指数でみるように、これらについてはわが国でも少なからぬ蓄積があり、各国と比較してそれほど見劣りするわけではない。そこから、わが国の豊かさをより高めるために、経済資本、人的資本に続く第3の資本として、ソーシャル・キャピタルに目を向けることの重要性が推し量られるのである。

一方で、当然ながら、ソーシャル・キャピタルはすべての問題を解決してくれる魔法の杖ではない。ソーシャル・キャピタルがその解決に重要な役割を果たしうる課題もあれば、かえって問題の解決を阻害する場合もあるだろう[22]。人と人との関係が様々な「しがらみ」を生み出すことも事実である。既得権益者同士のネットワークが強固になると、その既得権益を守ろうとロビー活動を行うだろう。談合やカルテルなどの背景には、それに関わる人と人との互恵的な関係やネットワークがある。しかし、負の側面を強調しすぎてソーシャル・キャピタルがもつポジティブな側面を無視する必要はないし、

---

21) 内閣官房・内閣府は「地方創生まちづくり—エリアマネジメント」、国土交通省は「エリアマネジメント推進マニュアル」といったパンフレットを作成・公表している。

22) Putnam (2000) では、「ソーシャル・キャピタルの暗黒面」という章が設けられ（第22章）、ソーシャル・キャピタルの負の側面について論じられている。

前述のように人的にも財政的にも制約があるからこそ、経済資本、人的資本に次ぐ第3の資本として、政策的にソーシャル・キャピタルの活用を検討する必要が高まっているのである。また、負の側面をもつならばなおのこと、ソーシャル・キャピタルが経済活動にどのような影響を与えるのかを客観的に把握し、その活用の仕方を考えていく必要があるとも言える。

　ただし、ソーシャル・キャピタルを政策対象として取り込むためには、それが定量的に把握されなければならない。ところが、第2章で紹介するように、わが国においてソーシャル・キャピタルに関する公的な統計データはなく、また確立された計測方法もない。言うまでもなく、計測されなければ政策の指標とすることもできず、その蓄積をモニタリングすることもできない。また、計測されたデータがなければ経済社会への影響も定量的に把握することはできないし、政策としての評価も適切には行えない。ソーシャル・キャピタルを第3の資本として政策ターゲットとするには、定量的なデータをもとに様々な角度から分析・検証し、政策判断に活用できるようなエビデンスを積み上げていく、エビデンス・ベースト・ポリシー（Evidence-Based Policy, エビデンスに基づく政策）の視点が必要となる。

　ソーシャル・キャピタルは、人口減少社会に突入するわが国の課題に対応し、経済的な豊かさや生活の豊かさを高める可能性を持つものとして関心や期待が高まっている。こうした中で、①わが国のソーシャル・キャピタルを定量的に把握する方法を提案し、それをもとにいくつかの実証分析を行うこと、そこから②ソーシャル・キャピタルを政策に取り込み、活かすための合理的・現実的な共通基盤を提供すること、そのうえで、③どのようにすればわが国のソーシャル・キャピタルを高めていくことができるのかという議論を深めること、これが本書の目的である。

6. 本書の構成

　以下、本書では、ソーシャル・キャピタルの定量的把握、地域経済への影響の分析、ソーシャル・キャピタルの形成要因の検証を具体的な内容として、分析・考察を進めていく。

　まず第2章では、ソーシャル・キャピタルの定量的把握について近年の動向を紹介する。これまでにもソーシャル・キャピタルの計測については様々な取組みが行われており、わが国も含めた近年の動向、特に幸福度の計測とあわせてソーシャル・キャピタルの計測に関しても数多くの検討を進めているOECDの取組みを紹介する。

　第3、4章では、既存の統計データやアンケート調査を活用しながら、マクロ・ミクロ両方の視点から、ソーシャル・キャピタルと地域経済との関わりについて分析する。第3章では、経済成長に影響を与える諸要因と一人あたりGDPの成長率との関係を検証する成長回帰（Barro Regression）と呼ばれる手法を用い、わが国における都道府県別の経済成長とソーシャル・キャピタルとの関係を明らかにする。続く第4章では、地価データを地域の価値の代理変数として利用した回帰分析を行い、住民などを主体としたエリアマネジメントと呼ばれるまちづくり活動が地域の環境価値や経済的価値の向上につながっていることを明らかにする。以上の分析は、ソーシャル・キャピタルを政策の中に位置づけることの有用性を示すエビデンスとなるものである。

　第5章では、第2章で紹介したOECDの提案を踏まえ、全国的なアンケート調査の個票データをもとに個人レベルでのソーシャル・キャピタルを計測し、ソーシャル・キャピタルがもつ複数の側面をあらわす新たな指標を作成する。また、作成した指標から、ソーシャル・キャピタルの各側面の相互関係や地域差について分析し、わが国におけるソーシャル・キャピタルの現状を明らかにする。

　第6～9章は、わが国におけるソーシャル・キャピタルの形成に向けて、今後何が必要かを明らかにするための分析である。第6章では、前章で作成し

たデータをもとにソーシャル・キャピタルの形成要因について定量的な分析を行い、ソーシャル・キャピタルが教育や所得などの個人属性や居住している地域の環境から影響を受けて形成されることや、ソーシャル・キャピタルの側面によって形成要因が異なることを明らかにする。そして、これらの分析結果から、ソーシャル・キャピタルの形成に向けては、地域のソーシャル・キャピタルの現状を踏まえた有効な政策の検討が必要であることを論じる。

第7章では、ソーシャル・キャピタルが世代間で継承されている可能性を考慮してソーシャル・キャピタルの形成要因の整理を行うとともに、その検証に必要なデータについて論じ、筆者らが独自に実施したアンケート調査の回答から、世代間での継承可能性を検討する。第8章では、世帯の構成員を対象とした内閣府経済社会総合研究所「生活の質に関する調査」の個票データを用いて、家族内でのソーシャル・キャピタルが世代間で継承・共有されていることを明らかにする。そして、第9章では、筆者らが独自に実施したアンケート調査のデータをもとに、子どもの頃の家庭内教育・経験がソーシャル・キャピタルの継承・形成において重要であること、また、地域コミュニティのソーシャル・キャピタルが個人のソーシャル・キャピタルの形成にも影響を与えていることを明らかにする。

第10章では、本章の冒頭で示した2つの島の比較について、各章での分析・考察から明らかになったことを踏まえてその回答を提示するとともに、そこから得られる政策的なインプリケーションやさらなるエビデンス・ベースでの議論に向けて取り組むべき課題を述べ、本書のまとめとする。

〔コラム１〕　レガタム繁栄指数

　レガタム研究所は、ロンドンに拠点を置く英国のシンクタンクであり、2007 年から「レガタム繁栄指数」を毎年公表している。指数の作成に用いられる変数には、国連、世界銀行、IMF、WHO などの国際機関やフリーダム・ハウス、アムネスティ・インターナショナルなどの国際 NGO が作成・公表しているデータのほか、米国ギャラップ社が実施しているギャラップ世論調査（Gallup World Poll）や世界経済フォーラムが実施しているアンケート調査（Executive Opinion Survey）のデータが用いられ、2017 年の指標には 104 の変数が用いられている。

　この繁栄指数の作成に関しては、指標や利用する変数の見直しが随時行われている。2007 年に最初に公表された際には、物質的な豊かさ（Material wealth）と生活満足度（Life satisfaction）の２つの側面から評価が行われていた。2009 年には「経済のファンダメンタルズ」「アントレプレナーシップとイノベーション」「民主制度」「教育」「健康」「安全・安心」「ガバナンス」「個人の自由」「ソーシャル・キャピタル」の９つの項目による評価となり、2010 年からは「経済」「アントレプレナーシップと機会」「ガバナンス」「教育」「健康」「安全・安心」「個人の自由」「ソーシャル・キャピタル」の８つの項目から評価が行われるようになった。

　2017 年の指標は 2016 年から用いられているものであり、自然環境に関する項目が新たに追加され「経済の質」「ビジネス環境」「ガバナンス」「教育」「健康」「安全・安心」「個人の自由」「ソーシャル・キャピタル」「自然環境」の９つが評価項目となっている。

　それぞれの評価項目については、複数のサブ評価項目があり、複数の変数からそのサブ評価項目の指標が作成されている。そして、サブ評価項目ごと

に異なったウェイトを用いて各評価項目の指標が作成される。繁栄指数では、9つの評価項目に同じウェイトが用いられている。

　また、変数の指標化の方法についても見直しが行われてきており、2016年以降は Distance to Frontier アプローチという方法がとられている。この方法では、その変数の上限値（Best Case）と下限値（Worst Case）を設定し、国ごとの当該変数の値（X_t）を用いて、以下の式に基づいて指標が計算される。

$$\frac{X_t - 下限値}{上限値 - 下限値}$$

　例えば、一般的な Yes-No 形式のアンケート調査を用いて指標を作成する場合、Yes、No と回答する人の割合を求めることができる。仮に Yes という回答が望ましい場合、全員が Yes と回答している状態（100%）が上限値（Best Case）であり、全員が No と回答する状態（0%）が下限値（Worst Case）となる。このとき、Yes と回答した人の割合がその国の値（X_t）である。どのような変数を用いるかによって上限値や下限値となる値が変わってくるが、どの指標も下限値からどのくらい離れているかで評価されるため、計算された指標は国ごとでも時系列でも比較することが可能となる。

　ソーシャル・キャピタルについては、2016年以降の指標では、個人的社会的結びつき（Personal and Social Relationships）、社会的規範（Social Norms）、市民参加（Civic Participation）の3つのサブ評価項目があり、10の変数が用いられている。具体的には、①過去1ヵ月で慈善事業に寄付をしたか、②困ったときに頼れる親戚や友人がいるか、③過去1ヵ月で助けを必要としている見知らぬ人や誰かを助けたことがあるか、④過去1年以内に他の家計に金銭的な援助をしたことがあるか、⑤人に会ったり友人を作る機会に満足しているか、⑥昨日1日、敬意をもって人から接しられたか、⑦地元の警察に信頼を置いているか、⑧過去1ヵ月で公務員に対して自分の意見を述べることがあったか、⑨過去1ヵ月にボランティアで団体活動に参加したことがあるか、というギャラップ世論調査に含まれる9つの質問に対する回答と、国政選挙の投票率のデータが用いられている。

第2章

ソーシャル・キャピタルをどう測るか？
——OECD の取組みの紹介

---

1. はじめに

　英国の労働党ブレア政権が提唱した「エビデンス・ベースト・ポリシー（Evidence-Based Policy）」は、近年欧米の先進国を中心に急速に普及してきている[1]。これは、政策目的を達成するための効果的な政策の立案・決定を、科学的な根拠に基づいて行おうとするものであり、わが国でもその考え方が浸透しつつある。例えば、2014 年 3 月 25 日に閣議決定された「公的統計の整備に関する基本的な計画」では「公的統計は、「証拠に基づく政策立案」（evidence-based policy making）を推進し、学術研究や産業創造に積極的な貢献を果たすことが求められている」とされている。また 2017 年 8 月には、政府内に内閣官房副長官補（内政担当）を長とする「EBPM 推進委員会」が設置され、12 月には「統計等データの提供等の判断のためのガイドライン」「EBPM を推進するための人材の確保・育成等に関する方針」の骨子が決定された。そして、2018 年度からは、EBPM 推進のため各府省で部局長級のハイレベルなポストが新設されている。

　こうした考え方は、ソーシャル・キャピタルを政策的に活用して経済問題

1）　英国におけるエビデンス・ベースト・ポリシーの取組みについては、家子ほか（2016）で詳しい解説が行われている。

の解決に役立てようとする人々の間にも着実に浸透してきた。そして今日、ソーシャル・キャピタルを定量的に計測して現状を把握し、そのデータをもとに定量的な分析を行うことで、ソーシャル・キャピタルの形成要因や様々な社会経済活動に与える影響をより的確に把握し、それらのエビデンスに基づいてより有効性・実効性のある政策の立案・遂行へとつなげることが求められているのである。

　本章では、まず、これまでにどのようなデータがソーシャル・キャピタルをあらわす指標として用いられてきたのか、またソーシャル・キャピタルの計測のためにどのような取組みが行われてきたのかを概観する。そのうえで、OECD が近年取り組んできたソーシャル・キャピタルの計測手法を紹介し、ソーシャル・キャピタルの定量的把握に向けて今後の課題を論じる。

2.　ソーシャル・キャピタルをどう測るか？

一般的な信頼

　これまでに用いられてきたソーシャル・キャピタルのデータとして最も代表的なものの１つは、「一般的に言って、あなたはたいていの人は信頼できると思いますか、それとも人と接するときには用心するに越したことはないと思いますか？（Generally speaking, would you say that most people can be trusted or that you can't be too careful in dealing with people?）」という質問を用いたものである。この質問は、米国のシカゴ大学の全国世論調査センターが実施している「総合的社会調査（General Social Survey）」や日本の数理統計研究所が実施している「日本人の国民性調査」などにおいて用いられており、個人の一般的信頼の意識を測定するものとされる[2]。この質問は、米国の政治学者であるロナルド・イングルハート（Inglehart, Ronald）が中心となって各国の研究グループと協力・連携して実施している国際プロジェクト「世界価値観

2）　この質問が適切に信頼を測定できるかについては、Glaeser et al.（2000）など様々な批判がある。この質問に関する論点については、吉野（2016）が丁寧な考察を行っているので参照されたい。

調査（World Values Survey）」でも用いられており[3]、世界価値観調査のデータは、国家間のソーシャル・キャピタルの違いをあらわす指標として多くの研究に用いられてきた[4]。

活動への参加

このほか、組合活動などへの参加率といったデータもソーシャル・キャピタルの指標として頻繁に用いられている。パットナムは『Bowling Alone』において、政治的な活動への市民参加の程度、クラブ会合への参加回数、教会への出席、労働組合への所属率、インフォーマルな社交活動、ボランティア活動への参加といった指標から米国におけるソーシャル・キャピタルの低下傾向を指摘した。これらの指標の多くは組合活動への参加の程度をあらわすものである。ただ、組合活動といっても、労働組合や政治団体、ボランティア組織から文化・芸術活動などのサークル活動まで様々な活動がある[5]。このため、これらの活動をすべて含めて考えるのか、それとも特定の活動のみを対象とするのかによって種々の指標が考えられる。また、加入している活動団体の数を測るのか、頻繁に参加している活動の参加頻度を測るのか、といった多様な指標のバリエーションが存在しうる。

ネットワーク

ソーシャル・キャピタルのもつネットワークという側面に着目した研究で

3）「世界価値観調査」は、1981 年からの第 1 次調査以降、約 5 年おきに継続して調査が行われている。この調査では、人々の人生観や価値観などを把握することを目的として、個人を対象とする政治観、経済観、宗教観、教育観、家族観など多様な項目に関する設問が含まれており、それぞれの国・地域ごとに 18 歳以上の男女 1,000 人程度からそれ以上のサンプルが回収されている。また、調査対象国・地域は増えており、2010 年から 2014 年にかけて実施された第 6 次調査では、60 の国・地域のデータが集められている。

4） La Porta et al. (1997)、Knack and Keefer (1997)、Whiteley (2000)、Zak and Knack (2001) など。

5） パットナムは、『Bowling Alone』において「総合的社会調査（General Social Survey）」のデータを利用し、特定の組織の構成員数の変化といった指標からソーシャル・キャピタルの衰退を考察しているが、対象とする組織の選び方には批判もある（Boggs 2001）。

は、誰を知っているかという点に焦点をあてた指標も用いられている。米国デューク大学のナン・リンは、地位想起法という手法を提唱した。これは職業や階級など社会の主要な地位のリストを用意し、回答者にそれぞれの地位にいる人に知り合いがいるかどうか、知り合いがいるならばどのような親しさなのかを質問するものである。それによって回答者個人のネットワークの広さと密度を把握するのである。また名前想起法といった手法もあり、仕事や近所づきあい、交流の親密さなどに関して質問し、回答者に該当する人の名前をリスト化していくというアプローチがある。

このほかにも、選挙への投票、献血、ボランティア活動、寄付などの指標が用いられてきており、ソーシャル・キャピタルを捉えるデータには様々なバリエーションがある。こうしたデータの多様さは、前章でみたような定義の多様さにも起因しているが、その結果、同じソーシャル・キャピタルの分析といっても実際にはずいぶんと異なるデータに基づいていることも多い。このため、ソーシャル・キャピタルと経済成長や健康といったアウトカムとの関係をみる場合、あるデータを用いた場合に統計的に有意な関係が認められても、別のデータを用いた場合には有意な関係が見出せない場合も出てくるだろう。したがって、用いられているデータがソーシャル・キャピタルのどのような側面をあらわしているものなのか、どう測定されているのかといったことに留意する必要がある。

3. 各国政府によるソーシャル・キャピタルの計測

前述の指標の多くは、ソーシャル・キャピタルを実証的な分析に取り込むために、個々の研究者たちが既存の統計データや調査データなどからソーシャル・キャピタルの概念に関連すると思われるものを選び出したもの、または独自の調査により蓄積してきたものである。しかし、パットナムの一連の著作をきっかけとして大きな注目を集めるようになって以降、各国の政府・統計部局もソーシャル・キャピタルに対して大きな関心をもち、政府レベルで実施する統計調査においてソーシャル・キャピタルを適切に把握しよ

うとする取組みも進められてきた。

欧米での取組み

　例えば英国では、労働党のブレア政権のもと 2001 年より省庁間でソーシャル・キャピタルに関するワーキング・グループが設置され、国家統計局（Office for National Statistics）が中心となってソーシャル・キャピタルの測定手法や質問項目の検討・開発が進められた。2003 年には、政府機関や地方公共団体がソーシャル・キャピタルを測定する際に活用できるよう統合質問票（Harmonized Question Set）が作成・公表されている。そしてこの統合質問票は、2004/2005 年に実施された「一般世帯調査（General Household Survey）」に反映されている[6]。

　また、オーストラリアでは、2001 年に統計局によるワーキング・プログラムが設立され、ソーシャル・キャピタルの統計的把握に向けた取組みが開始された。その中では、様々な側面をもつソーシャル・キャピタルを把握するための枠組みが提示され、それぞれの側面を反映する指標の開発が進められた。その成果は 2006 年に実施された「総合的社会調査（General Social Survey）」に反映されている。このほか、アイルランド、ニュージーランド、カナダなどでも政府によるソーシャル・キャピタルの測定が行われている[7]。

わが国での取組み

　わが国においても、第 1 章で紹介したように内閣府が都道府県別のソーシャル・キャピタルのインデックス作成を試みている。詳細は第 3 章や第 5 章において紹介するが、ソーシャル・キャピタルを「つきあい・交流」「信頼」「社会参加」という 3 つの側面に分け、新しく実施したアンケート調査（Web 調査および郵送調査）と既存統計データとを組み合わせて指標を作成している。

6）　この「General Household Survey」はその後「General Lifestyle Survey」に引き継がれている。

7）　各国政府による取組みの具体的内容については、内閣府（2005）や西出（2005）を参照されたい。

その後も農林水産省や文部科学省が実施した調査などでソーシャル・キャピタルの計測は試みられているものの、公的な統計調査による計測は行われていない。

4. OECD における取組み

ソーシャル・キャピタル計測の経緯

ソーシャル・キャピタルの計測に関連した取組みは国際機関でも進められてきた。OECD では、2001 年に『The Well-being of Nations: The Role of Human and Social Capital』という報告書を公表し、その後、ソーシャル・キャピタルに関する国際会議を開催するなどの取組みを行っている[8]。そして、近年では、幸福度（Well-Being）の測定に関連して、ソーシャル・キャピタルの計測についても議論を進めている。

OECD における近年の取組みは、フランスのサルコジ元大統領のイニシアティブのもと発足し、ノーベル経済学賞を受賞したジョセフ・スティグリッツ、アマルティア・センとフランス経済学の権威であるジャンポール・フィトシが中心となって検討された「経済業績と社会進歩を計測する委員会」の提言を踏まえたものである。この委員会では、GDP 以外の社会的な福利厚生度を評価する基準が検討され、報告書では、暮らしの質を測る際に考慮すべき指標の 1 つとしてソーシャル・キャピタル（社会的つながり（Social connectedness））が取り上げられ、その定量的な計測の必要性が指摘されている。また、OECD が 2015 年に公表した『OECD 幸福度白書 3（How's Life 2015）』では、未来の幸福の機会を形成すると考えられる資源として、自然資本、人的資本、ソーシャル・キャピタル、経済資本の 4 つが挙げられている。そし

---

8) 世界銀行では、開発援助の分野においてソーシャル・キャピタルを戦略的に活用するため、1996 年に「Social Capital Initiative」というワーキング・グループを立ち上げ、ソーシャル・キャピタルの計測や開発効果とソーシャル・キャピタルとの関わりについての研究を進め、2004 年にはソーシャル・キャピタルの計測の実用的なツールとして「Integrated Questionnaire for the Measurement of Social Capital（SC-IQ）」を公表している。

表2-1　OECDの4分類

	ネットワーク構造と活動	生産的資源
個人的	個人的ネットワーク （Personal Relationships）	社会的ネットワーク・サポート （Social Network Support）
集合的	市民参加 （Civic Engagement）	信頼と協調の規範 （Trust and Cooperative Norms）

注：Scrivens and Smith（2013）表1.1をもとに筆者作成。

て、それらの中でもソーシャル・キャピタルは「質の高いデータセットによって説明することが最も困難な領域」と評されており、ソーシャル・キャピタルを定量的に計測することの難しさが指摘されている。

概念整理——ソーシャル・キャピタルの4つの側面

　OECDが進めてきたソーシャル・キャピタルの指標化の目的は、国際的に比較可能なソーシャル・キャピタルの測定の枠組みを提供しようというものであり、その考え方や議論は、Scrivens and Smith（2013）に詳しく紹介されている。OECDの指標化の基本的な考え方は、数多くの研究者により提示されたソーシャル・キャピタルの概念・定義を踏まえ、ソーシャル・キャピタルを、その活動やアウトカムが個人的なものか集合的なものかという評価軸、ネットワーク構造やそれを維持するための活動かネットワークによって生み出される資源か、という評価軸から、①個人的ネットワーク（Personal Relationships）、②社会的ネットワーク・サポート（Social Network Support）、③市民参加（Civic Engagement）、④信頼と協調の規範（Trust and Cooperative Norms）という4つに区分するものである（表2-1）。

　「個人的ネットワーク」は「一緒に時間を過ごしたり電話やEメールを使ってやりとりしたりするような、人々のネットワークとそれを生み出し維持するための社会的行動」(Scrivens and Smith 2013 p. 20)である。個人的ネットワークは、人とつながっているという気持ちからもたらされる内発的な価値のほか、人からいろいろなサポートを受けられるようになる可能性を高める効果をもつ。この点はいわゆる "コネ" といった話とも関連する効果である。さ

らに、人と人とのネットワークは何かしらの外部性をもたらす可能性もある。企業や組織において人と人とがネットワークをもっていることは、情報の交換や交流によって新しいアイディアを生み出す可能性を高めてくれる。このような効果が生じると、個人的ネットワークには正の外部性が伴う。

「社会的ネットワーク・サポート」は「個人的な社会的ネットワークを通じて、個人が利用できる資源——感情的、物質的、実用的、経済的、知的、専門的なもの——」である（Scrivens and Smith 2013 p. 20）。分かりやすく考えると、頼りになる人を知っている、困ったときに手助けをしてくれる人が周りにいる、といったことであり、そういう人が自分のネットワーク内にいることを資源として捉えている。ここで言う資源には、ビジネスチャンスや仕事の斡旋などの多種多様な情報、精神的経済的な側面からのサポート、日常生活でのちょっとした支援といった幅広いものが含まれる。

「市民参加」は「市民生活やコミュニティ生活への貢献につながる諸活動」を指すものであり、組合活動や文化活動をはじめとする様々な組織への参加、ボランティアなどの無償奉仕活動、政治参加、寄付といったものが含まれる（Scrivens and Smith 2013 p. 20）。これらはパットナムもソーシャル・キャピタルを論じる中で重視していた点であり、よく機能する市民社会の実現に関連したものと言える。

「信頼と協調の規範」は、「社会的機能を下支えし相互にとって有益な協力を可能にする信頼や社会的な規範、共有された価値観」と定義されている（Scrivens and Smith 2013 p. 20）。他人への信頼は、協調的な行動の基礎となる。しかし、ここでの信頼とは、あくまでも他人一般に対する信頼であり、特定の人への信頼とは異なる概念である。また、OECD では、組織や制度に対する信頼もこの区分に含めて捉えており、政府に対する信頼、政治システムや司法制度に対する信頼も、この「信頼と協調の規範」に含めて捉えている。そして人々の協調的な行動を促すものとして、人に何かをしてあげるといつか自分に返ってくるという互酬性の意識も、信頼と協調の規範に含まれるとしている。

この OECD の区分を用いると、これまでソーシャル・キャピタルの研究者

が提示してきた定義をカバーしながら、ソーシャル・キャピタルがもつ多様な側面をうまく整理することができる。ソーシャル・キャピタルが私的財か公共財かといった議論は、前者の評価軸で区分することができ、またソーシャル・キャピタルのネットワーク性そのものを重視するか、それによって何らかのアウトカムを得られるかどうかを重視するかという議論は、後者の評価軸で捉えることができる[9]。ブルデューやナン・リンのように、誰を知っているか、どのような地位の人とつながりがあるのか、といったネットワークの側面を重視するのであれば①や②を、パットナムが強調した信頼や規範といった側面や市民共同体的な側面は③や④を、というように、この OECD の分類に基づいて指標化するとソーシャル・キャピタルを総合的に把握することができる。

計測の方法

OECD の検討は、こうした概念整理とあわせて、それぞれの側面を把握するためにどのような指標を活用できるか、という点にも踏み込んでいる。OECD の「The OECD measurement of social capital project and question databank」(http://www.oecd.org/std/social-capital-project-and-question-databank.htm) ウェブサイトには、各国政府機関などがこれまでに実施した調査に含まれるソーシャル・キャピタル関連の質問項目が、上記の 4 区分に沿って分類されている[10]。ここには欧米を中心とした世界各国の調査で用いられてきた約 1,300 もの設問が掲載されており、設問内容、回答の選択肢、調査名、調査実施機関などのほか、その設問がソーシャル・キャピタルのどの側面に対応するのかが分かるようになっている。

Scrivens and Smith (2013) では、データバンクに掲載されているもののう

---

9) 稲葉 (2011b) は、ソーシャル・キャピタルの経済学的な「財」としての側面に着目し、「個人間ないしは組織間のネットワーク」は私的財としてのソーシャル・キャピタル、「社会全般における信頼・規範」は公共財としてのソーシャル・キャピタル、「ある特定のグループ内における信頼・規範 (含む互酬性)」についてはクラブ財としてのソーシャル・キャピタルと整理している。

10) 2018 年 5 月 30 日閲覧時。

ち、4つの側面を把握するための質問の具体例が挙げられている。ここでは
その概要を簡単に紹介しておこう。

① 個人的ネットワーク

個人的ネットワークについては、他人との社会的な接触の頻度や方法を問
うものが一般的に多く用いられているが、時間の使い方を問うもの、ネット
ワークの構成や多様性を問うもの、人間関係に対する気持ち・感情を問うも
の、ネットワークのリソースを問うものがあるとしている。社会的な接触の
頻度や方法を問う質問としては、「あなたは普段どのくらいの頻度で友人（親
戚）と集まっていますか」、「あなたは普段どのくらいの頻度で友人（親戚）と
連絡（電話、手紙、ファックス、Eメール、SMSなど）を取り合っていますか」
といったつきあいの頻度を問う質問が代表的なものとして挙げられている。
ただし、このタイプの質問については、対象とする期間が過去1年間だった
り過去3ヵ月だったりといろいろなバリエーションがあるほか、直接会った
かどうか、電話でのやりとりかどうかといった接触の方法についても様々な
尋ね方があるとしている。

また、具体的な質問例は挙げられていないが、時間の使い方に関する質問
方法にも言及されている。ネットワークの中身や多様性を問う質問としては
「日常的に連絡を取り合う友人・知人は何人いますか」といったつきあいの範
囲・規模を問う質問、そのうち同じ街に住む人が何人いるか、さらに最近連
絡を取り合った友人のうち母国語が異なる人や異なる人種の友人が何人いる
かなどネットワークの多様性を詳細に尋ねる質問も紹介されている。

このほか、人間関係に対する気持ちを問うタイプの質問として、「欧州社会
調査（European Social Survey）」で用いられた「あなたの家族（肉親）と過ごす
時間はどのくらい楽しいですか？」や「イスラエル総合的社会調査（Israeli
General Social Survey）」における「あなたは近所の人との関係に満足していま
すか？」といった質問が具体例として挙げられており、世界価値観調査にお
ける友人や家族に対する信頼についての質問も紹介されている。

さらに、個人的ネットワークを形成するためのリソースを問う質問例とし

て、「カナダ総合的社会調査（Canadian General Social Survey）」における友人
や知り合いを作るきっかけとしてのスポーツの重要性を問う質問などが紹介
されている。

② 社会的ネットワーク・サポート

　社会的ネットワーク・サポートに関しては、一般的な質問からかなり個別
具体的な質問まで様々な質問方法があるとしている。一般的な質問としては、
「あなたは助けを頼める人を知っていますか」、「あなたには、困ったときに頼
りにできる友人が一人もしくはそれ以上いますか」といった質問や、米国の
ギャラップ社が実施している「ギャラップ世論調査（Gallup World Poll）」にお
ける「もしあなたが困ったことになった場合、必要なときにいつでも助けを
頼むことが当てにできる親戚や家族がいますか」という質問が紹介されてい
る。より具体的な質問の例としては、不在時の庭の水やりや子どもの世話、
ものの貸し借りや相談事など、どのような種類のサポートなのかを具体的に
例示して問う質問、また、頼りになる人を具体的に挙げてもらうような質問
もあるとしている。

　このほか、社会的ネットワーク・サポートについては、サポートを受ける
という視点だけではなくサポートを提供するという視点から無償での手伝
い・手助けをどのくらいしているかを問う質問や、例は少ないものの周囲か
ら頼りにされることに対する負担感など社会的ネットワーク・サポートに対
する気持ち・感情を問う質問があるとしている。

③ 市民参加

　市民参加に対応するものとしては、クラブ活動、グループ活動などへの参
加（メンバーになっているかどうかや参加の頻度）、ボランティア活動、政治活
動、宗教活動、地域活動への参加に関する質問が挙げられており、寄付もこ
の分類に含まれるとしている。具体例としては、過去1年間に政党や労働組
合、職業団体、教会や宗教組織、余暇活動、慈善団体やその他の活動に参加
したことがあるかどうかを尋ねる質問や、1週間に1回、1ヵ月に1回など参

加頻度を尋ねる質問が挙げられている。また政治参加に関する質問では、活動への参加の有無を問う質問のほか、住んでいる地域における意思決定に自分がどの程度影響力をもつと感じるかを問う質問や、政治にどのくらい関心があるかを問う質問も紹介されている。

④　信頼と協調の規範

　信頼と協調の規範については、一般的な信頼、組織・制度への信頼、協調の規範に関する質問が紹介されている。一般的な信頼については、「一般的に言って、あなたはたいていの人は信頼できると思いますか、それとも人と接するときには用心するに越したことはないと思いますか」という世界価値観調査における質問が最初に紹介されている。また、「この近隣のたいていの人」というように対象となる人を特定する質問や、さらに状況を特定して他人への信頼を問う質問が例示されている[11]。後者の質問例としてギャラップ世論調査の質問が紹介されているが、これは、自分が財布を落としたと想定し、その財布を拾った人を具体的に例示（見知らぬ人、警察、近所の人）して、財布が自分に戻ってくると思うかどうかを問うものである。また、組織や制度に対する信頼の質問例としては、中央政府や地方政府、警察、司法制度など具体的な組織・制度を示して信頼を問う質問や、政府に対する満足度を問う質問が紹介されている。

　協調の規範に関しては、欧州社会調査における「人はほとんどの場合において、自分自身のことを考えていると思いますか、それとも人の役に立とうと考えていると思いますか」といった互酬性に関する考えを問う質問のほか、異なる人種や異なる文化・宗教などをもつ人への寛容性や非差別に関する質問、コミュニティや国への帰属意識やアイデンティティを問う質問が、この側面に関連したものとして紹介されている。

---

11)　一般的な信頼に関する質問については、「たいていの人」（most people）という概念の解釈に関する論点があることも指摘されている。

このOECDの整理を活用すれば、これまでにソーシャル・キャピタルをあらわすものとして用いられてきた指標が4つの側面のどれに対応もしくは関連するものかを判断することができるし、質問内容が完全に一致しない異なる調査データからも、ソーシャル・キャピタルの側面ごとの比較を行うことができる。また、ソーシャル・キャピタルを把握するための複数の指標がそれぞれソーシャル・キャピタルのどの側面に対応しているか、また偏りがないかどうかといったことを検討することもできるだろう。さらに、新しく調査を行う際、ここに掲載されている質問例を参考にして、ソーシャル・キャピタルの多様な側面についてバランスのとれた質問群を構成することも可能である。こうしたメリットを踏まえると、このOECDの取組みは高く評価されるべきであろう。

OECDの提案を踏まえた取組み

既に英国の国家統計局（Office for National Statistics）は、OECDの提案に沿ってソーシャル・キャピタルの4つの側面ごとに定量的把握を試みている。具体的には、4つの側面に対応する質問を25項目抽出し、最新の統計調査のデータを用いて英国におけるソーシャル・キャピタルの現状を評価している[12]。表2-2は、抽出された25項目を示したものであるが、個人的ネットワークに関しては、親しい友人の有無、友人・親戚・同僚とのつきあいといった7つの項目、社会的ネットワーク・サポートについては、頼れる家族や友人の有無など4項目、市民参加については、ボランティア活動への参加や選挙での投票といった7項目、信頼と協調の規範については、政府への信頼や一般的な信頼などの7項目となっている。このソーシャル・キャピタルの計測は、英国政府による幸福度計測プログラム（Measuring National Well-being Programme）の一貫として行われているものであり、今後もソーシャル・キャピタルの計測に向けた取組みが続けられるものと思われる。

また、前述の『OECD幸福度白書3』では、Scrivens and Smith（2013）に

---

12) 英国国家統計局の取組みについては、Siegler（2014a, 2014b, 2015）を参照。

表 2-2　OECD の提案を踏まえた英国におけるソーシャル・キャピタルの定量的把握

個人的ネットワーク（7 項目）
- ・少なくとも一人以上親しい友人がいる人の割合
- ・友人、親戚や職場の同僚と少なくとも週に一度は社交的に会うことがある人の割合
- ・（過去 2 週間で）ほとんどの時間もしくは半分以上の時間に孤独を感じた人の割合
- ・ソーシャル・ネットワーク・ウェブサイトに所属している人の割合
- ・家族生活に関する満足度の平均
- ・社会生活に関する満足度の平均
- ・近所の人と頻繁に立ち止まって話をする人の割合

社会的ネットワーク・サポート（4 項目）
- ・深刻な問題を抱えているときに頼れる配偶者、家族、友人がいる人の割合
- ・一緒に住んでいるかどうかにかかわらず、一人以上の病気の人、障害をもつ人、高齢の人に特別な手助けをしている人の割合
- ・同居していない 16 歳以上の子どもから、実用的、金銭的な支援を、定期的に受けている／与えている両親の割合
- ・近所の人とものを借りたり、贈り物を交換し合ったりする人の割合

市民参加（7 項目）
- ・過去 12 ヵ月の間でボランティア活動を行った人の割合
- ・団体（政治団体、ボランティア団体、職業団体、娯楽活動を行う団体）に加入している人の割合
- ・過去 12 ヵ月の間で少なくとも 1 つ以上の居住地域における社会行動プロジェクトに関与していた人の割合
- ・居住している地域に影響するような決定に影響を与えることができるということに同意する人の割合
- ・総選挙において投票した人の割合
- ・過去 12 ヵ月間において、少なくとも 1 つ以上の政治活動に関与した人の割合
- ・政治に関心がある人の割合

信頼と協調の規範（7 項目）
- ・中央政府を信頼している人の割合
- ・たいていの人は信頼できるという人の割合
- ・近所に住むたいていの人は信頼できるという人の割合
- ・住んでいる地域が、異なるバックグラウンドをもつ人もうまくやっていける場所だということに同意する人の割合
- ・住んでいる地域で暗くなってから一人で出歩いても安全だと感じる人の割合
- ・自分が住んでいるところの周りの人は近所の人を喜んで助ける人だということに同意する人の割合
- ・住んでいる地域への帰属意識を感じているということに同意する人の割合

注：Siegler（2015）をもとに筆者作成。

おいて分類された4つの側面のうち、信頼と協調の規範についての国際比較・時系列比較が試みられており、①他者への信頼、②公的機関への信頼、③中央政府への信頼という3つの指標が用いられている。他者への信頼については、EU統計局（Eurostat）が2013年に実施した所得・生活状況調査の幸福に関する特別調査に含まれる「ほとんどの人は信頼できると思いますか」という質問、公的機関への信頼については、同調査に含まれている政治機関、司法機関、警察の3つの機関に対する信頼の質問、中央政府への信頼については、ギャラップ世論調査における中央政府を信頼しているかどうかに関する質問が用いられている。ここで国際比較は欧州諸国のみが対象であり、他の国や地域との比較はできないが、この比較においてもデンマーク、フィンランド、ノルウェーといった北欧諸国が上位に位置することが指摘されている。

　筆者が知る限り、英国以外でOECDの提案に沿ったソーシャル・キャピタルの計測例は今のところ見あたらないが、このOECDの提案は、今後のソーシャル・キャピタルの定量的把握や国際間・地域間の比較においても有用な指針となると考えられる。

5.　おわりに

　本章では、ソーシャル・キャピタルを捉えるためのデータ構築の取組みについて紹介してきた。OECDが整理した質問例をみても分かるように、ソーシャル・キャピタルには個人の意識や価値観など認知的な側面が多く含まれており、その把握には個人の考えや意識を問う質問が必要となる。目に見えないソーシャル・キャピタルを測定することは難しいが、決して定量化できないものではない。OECDの提案を参考にすれば、既存研究で用いられているデータがソーシャル・キャピタルのどの側面を捉えているかを再整理することも可能となるし、異なるデータを用いた研究の結果についてもソーシャル・キャピタルの側面ごとに整理して議論することができる。また、英国のような取組みが各国で進めば、ソーシャル・キャピタルの国際比較もより容

易になるだろう。

　現状では、わが国にソーシャル・キャピタルの公的データは存在せず、各省庁や研究者ごとの単発的な取組みは行われているものの、時間的な変化を追えるようなデータの構築には至っていない。個人を対象とする調査を全国規模で定期的に行うことは簡単な話ではない。しかし、ソーシャル・キャピタルを政策対象として考えるためには、今後、データの構築も進めていく必要がある。加えて、英国のように政府がソーシャル・キャピタルの計測のための質問例を整理し、自治体などに提示することも有益であろう。2005年に創設された地域再生を支援する制度（地方再生法）では、地方自治体が策定し、国が認定を行う地域再生計画が位置づけられており、実際に認定された計画にはソーシャル・キャピタルの活用や再生が位置づけられているものもある。こうした計画の進捗状況を適切に評価するためにはソーシャル・キャピタルを定量的に把握することが必要であり、どのような質問を使って計測すればよいかという指針があれば、自治体関係者にとっても有用であろう。また、こうした質問が広く自治体で用いられるようになれば、自治体間の比較などもできるようになるだろう。

　今後、こうした取組みが行われることで、ソーシャル・キャピタルをより具体的に把握できるようになり、エビデンスの蓄積により様々な分析が行われるようになると期待される。

〔コラム２〕　「結束型」と「橋渡し型」のソーシャル・キャピタル

　既存のソーシャル・キャピタル研究でよく用いられている分類として、「結束型（Bonding）ソーシャル・キャピタル」と「橋渡し型（Bridging）ソーシャル・キャピタル」という２分法がある。これは、ソーシャル・キャピタルが影響を与える対象やその性質を踏まえた分類であり、前者は特定のグループ内やコミュニティ内で作用するものであり集団内の結束を強化するもの、後者はグループ外の集団とのつながりや連携を生み出すものである。このため、前者は同質のバックグラウンドをもつ者同士を結びつける内部志向的なものであり、後者は異質なバックグラウンドをもつ人との緩やかなつながりを生む外部志向的なものである。

　パットナムは、前者について「特定の互酬性を安定させ、連帯を動かしていくのに都合がよい」とし、後者については「外部資源との連携や、情報伝播において優れている」としている（Putnam 2000（邦訳、柴内 2006 pp. 19-20））。また、特に前者の内部志向の結束型ソーシャル・キャピタルは、それがあまりに強すぎると排他性や閉鎖性につながり、社会にとってよいアウトカムのみを生み出すわけではない可能性も指摘されている。

　結束型と橋渡し型の違いを考慮して定量的な分析を行っている研究をみると、結束型のソーシャル・キャピタルについては家族や親戚とのつながりに関する指標、橋渡し型についてはボランティア団体への参加や友人とのつきあいといった指標が用いられることが多い[13]。しかし、この２つの分類と、

13）　Beugelsdijk and Smulders（2003）、Zhang et al.（2011）、Growiec and Growiec（2016）など。なお、日本総合研究所（2008）では、近所づきあいの程度や地縁的な活動への参加を結束型の指標、友人・知人とのつきあいの程度やボランティア・NPO・市民活動への参加を橋渡し型の指標として用いた考察が行われている。

本章で紹介した OECD の 4 分類とは必ずしも一対一で対応するものではない。例えば市民参加を考えた場合、ボランティア活動や NPO 活動などはどちらかと言うと外部志向の活動であるが、所属する地縁的な団体での親睦活動やサークル的な集まりでのイベントへの参加はどちらかと言えば内部志向のものである。また、個人的ネットワークに関しても、特定の人との親密なつきあいと多様な人々との広く緩やかなつきあいとが含まれており、結束型、橋渡し型の両方の性質が混在しうる。Scrivens and Smith（2013）では、この点について、人は性別、年齢、人種など多様なアイデンティティを併せもっていることから、何をもって特定のつながりとみなし、結束型と橋渡し型を区分するかは文脈に依存するものであると指摘している。

第*3*章

ソーシャル・キャピタルは地域経済を成長させるか？
——マクロな視点から眺める

1. はじめに

　第1章で述べたように、ソーシャル・キャピタルが蓄積された社会では、信頼や規範という目に見えない絆を通じて人々の自発的な協調行動が起こりやすくなる。このため、「共有地（コモンズ）の悲劇」や「囚人のジレンマ」で示唆されるような関係者全体での厚生の低下といった事態が回避され、全体として望ましい結果が得られる可能性が高まる。ソーシャル・キャピタルによるこのような自発的協調を生み出す効果が社会の様々な側面にあらわれてくれば、ひいては社会全体のパフォーマンスの向上につながるかもしれない。

　ソーシャル・キャピタルの役割については、経済学的な観点からの研究も進められており、Knack and Keefer（1997）は、ソーシャル・キャピタルが様々な局面においてコストを引き下げる可能性を指摘している。企業内における信頼関係や協調関係が取引や契約などに要するコストを引き下げる可能性があることは、コース（Coase, Ronald H.）やウィリアムソン（Williamson, Oliver E.）による取引費用の議論に関連して、企業組織研究においても指摘されている[1]。こうしたミクロレベルでのコストの引下げが経済活動の促進につながり、結果として経済パフォーマンスのよさとなってあらわれる可能

性がある。例えば、ソーシャル・キャピタルの蓄積された地域では、企業が通常要する取引コストを節約することができ、それにより他の地域に比べてより多くの資金を研究開発や人材投資に回すことができれば、その地域の経済成長に寄与すると考えられる。

また、ソーシャル・キャピタルが集合行為問題の解決に寄与することを踏まえると、ソーシャル・キャピタルが豊かであれば、関係者間の自発的な連携・協調により、地域が抱える課題も解決されやすくなる。例えば、温泉観光地の中には、それぞれの旅館が集客数を増やそうとして、個々の旅館それぞれがサービスの多様化を図った結果、同じような旅館ばかりが立ち並び、観光地全体としての魅力の低下につながり、地域の衰退を招いたと指摘されるようなところもある。しかし、それぞれが協調し合い役割を分担して地域づくりを進められれば、地域全体の魅力を高め、地域再生につながる可能性がある。

産業集積に関しても、業務・社会的なコミュニケーションが特定産業の地域集積と地域レベルでの技術革新に大きな影響を与えることが指摘されてい

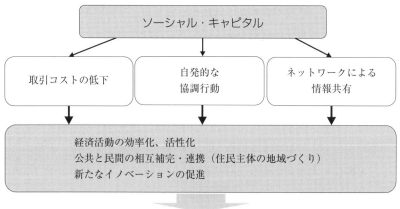

図3-1 経済成長に対してソーシャル・キャピタルが寄与する経路

---

1) 例えば、Milgrom and Roberts (1992)。

る。ソーシャル・キャピタルは人と人とのネットワークという側面をもつため、業務・社会的なコミュニケーションの促進という観点から、技術革新に対して影響を与える可能性もある。

　このように、ソーシャル・キャピタルの豊かさは、様々な経路を通じて、地域の経済成長を高める可能性がある（図3-1）。そこで、本章では、ソーシャル・キャピタルと地域の経済成長との関係に着目し、ソーシャル・キャピタルがマクロレベルでの経済成長においても重要な役割を果たすことを検証する。具体的には、国や地域間の経済成長の違いを分析するために多く用いられている成長回帰（Barro Regression）と呼ばれる手法を用い、都道府県別のデータにより、地域の経済成長とソーシャル・キャピタルとの関係を分析する。

2.　ソーシャル・キャピタルと経済成長

　ソーシャル・キャピタルへの関心がいち早く高まった分野の1つは開発援助であり、1990年代後半から2000年代にかけて世界銀行を中心に数多くの研究が行われた[2]。これには、発展途上国に対して様々な援助が行われているにもかかわらず、その援助によって成功した国とそうでない国があるのはなぜかという疑問が背景にある。こうした疑問を踏まえると、国ごとの経済成長の違いにはソーシャル・キャピタルの違いが影響しているのではないかと考えることも不自然ではないだろう。

国別データを用いた検証

　前述のKnack and Keefer（1997）は、国別の経済成長の違いにソーシャル・キャピタルを考慮した初期の研究の1つである。彼らは、信頼や市民の規範が経済のパフォーマンスにどのような影響を与えるかについて、いくつかの例を示して考察を行っている。例えば、信頼の高い社会では、非合法な所有権の侵害から身を守るために費やす費用がより少なくて済む。逆に、信頼の

2）　世界銀行においては、1996年に「Social Capital Initiative」というワーキング・グループが組織され、数多くの取組みや研究が行われた。

低い社会では、企業家はパートナーや従業員、サプライヤーの不正行為を監視するためにより多くの時間を費やさねばならず、新製品の開発といったイノベーションに費やす時間が少なくなってしまう。また、協調性を示す規範の高さは、狭い意味での自己の利益への制約となり、協調による利益や協調コストを変化させることにより囚人のジレンマにみられるような望ましくない結果から逃れやすくする[3]。

Knack and Keefer（1997）はこうした考察を踏まえて、国別のソーシャル・キャピタルの違いを指標化し、経済成長との関係を検証した。具体的には、「世界価値観調査」における一般的な信頼に関する質問の回答の平均を各国の信頼の指標とし、また、「公共交通機関の料金を支払わない」「機会があれば税金をごまかす」「見つけたお金を着服する」などの5つの質問の回答から作成した指標を、市民がどのくらい協力的であるかを示す規範の指標として分析に用いている。彼らは29ヵ国についてこのような指標を作成し、この2つを説明変数として考慮した Barro Regression を行い、ソーシャル・キャピタルが経済成長に対して有意に正の影響を与えていることを示した。

また、Whiteley（2000）は、市民間の信頼が政治制度と経済パフォーマンスの効率性に対して重要な役割を果たすことに着目し、「世界価値観調査」における信頼に関する質問からソーシャル・キャピタルの指標を作成して、34ヵ国のデータをもとにソーシャル・キャピタルと経済成長との関係を検証している。

このほかにも、Neira et al.（2009）は、一般的な信頼と団体活動への参加率の2つをソーシャル・キャピタルの指標とし、欧州14ヵ国を対象にしたパネル・データによる分析を行い、ソーシャル・キャピタルが人的資本と同様に経済成長に寄与していることを示した。さらに、信頼という側面に着目して

3）　La Porta et al.（1997）は、信頼やソーシャル・キャピタルを、「社会的に効率的な結果を生み出すため、また囚人のジレンマにみられるような非効率的な非協力の罠に陥ることを避けるために社会内の人々が協力する性向」とより分かりやすく定義し、これらの要因が経済や官僚の質といった政府の効率性、インフレ率や教育システムの質といった社会の効率性などに有意な影響を与えることを示している。

経済成長との関係を検証した Zak and Knack（2001）や Algan and Cahuc
（2010）などの研究もある。

地域別データを用いた検証

地域別データを用いた分析も数多く行われている。Helliwell and Putnam
（1995）は、イタリア各州のデータを用い、市民コミュニティや制度パフォー
マンスといった指標を用いてソーシャル・キャピタルと各州の経済成長との
関係を検証している。また、Beugelsdijk and Smulders（2003）、Beugelsdijk
and van Schaik（2005）、Akçomak and ter Weel（2009）は EU 内の各地域を対
象とした研究である。米国の各州を対象とした研究には Dincer and Uslaner
（2010）があり、これらの研究ではソーシャル・キャピタルが地域の経済成長
を高めることが指摘されてきた。

3. 都道府県別データによる実証分析

3.1. 実証分析の方法——Barro Regression とは？

本章では、以上の先行研究でも用いられている Barro Regression と呼ばれ
る手法によって分析を行う。Barro Regression は、以下のように一人あたり
GDP（もしくは所得）の成長率を被説明変数とし、推定期間の初期時点におけ
る一人あたり GDP と、経済成長に影響を与えると考えられる諸変数を説明
変数として回帰するものである[4]。

$$(1/T)\cdot(\ln y_T - \ln y_0) = c + \lambda \ln y_0 + \beta_1 x_1 + \beta_2 x_2 + \cdots + \beta_n x_n + \varepsilon$$

$$\left[\begin{array}{l} y_T：T\text{ 期における一人あたり GDP}\quad c：\text{定数項} \\ y_0：0\text{ 期（初期時点）における一人あたり GDP} \\ x_0, x_1, \cdots, x_n：\text{経済成長に影響を与える諸変数}\quad \varepsilon：\text{誤差項} \end{array}\right]$$

---

4) 標準的な新古典派経済成長モデルでは、経済は定常状態に向けて収束し、貧しい国（地
域）は豊かな国（地域）に比べ、一人あたりでみた場合に、より急速に成長する。こうし
た新古典派経済成長モデルにおける収束性は、一般に「β収束」と呼ばれている。β収束
が成立する場合、λはマイナスの値となる。

これまで、国や地域間の経済成長率の差異の要因・背景を明らかにするため、Barro（1991）をはじめとして様々な実証研究が行われてきた。これらの一連の研究では、上記の推定式を用いて、民間投資率、就学率、政治的安定性、民主主義の普及度などの要因が経済成長に対してどのような影響を与えているかが検証されており、推定された係数の符号をみることで、その変数が経済成長に影響を与えているかを知ることができる。

ただし、ソーシャル・キャピタルの影響を適切に推定するには、ソーシャル・キャピタル以外の要因による影響をコントロールするために、それを説明変数に追加しておく必要がある。わが国における地域間の分析では、国家間の分析のように社会経済システムの違いなどを考慮する必要はないが、経済成長に影響を与えるような違いは考慮しておくことが望ましい。ここでは高等教育修了人口比率を用いて、地域間における人的資本の蓄積の違いを考慮する[5]。

3.2. ソーシャル・キャピタルの都道府県別データの作成

これまでの章でも述べたように、内閣府（2003）は、アンケート調査結果などをもとに都道府県別のソーシャル・キャピタルを定量化している。今回の分析においても、このデータを用いることが1つの方法として考えられる。しかし、このデータの指標化に用いているアンケート調査にはサンプル数が非常に少ない地域も含まれており、その結果から作成された指標が各県の実態を適切に反映しているかについては懸念もある[6]。

また、内閣府（2003）の指標にはデータの時点の問題もある。Barro Regression においては、経済成長が説明変数に影響するという逆の因果関係に

5） わが国における Barro Regression を用いた先行研究である中里（1999）においても、学歴別の人口比率を、人的資本をあらわす要因として考慮している。本章の分析では、最終学歴が短大・高専、大学・大学院である者を高等教育修了者とし、それを15歳以上人口で割ったものを高等教育修了者比率としている。なお、本章において用いている諸指標の定義や出典は章末の補論1を参照されたい。

6） 内閣府（2003）のデータでは、例えば鳥取県は12サンプル、高知県は14サンプルしかない。

留意する必要があるため、そのような影響を排除した推定を行うことが重要である。今回の分析では、経済成長によってソーシャル・キャピタルが高まるという関係があると、こうした問題が生じる。例えば、経済的に豊かになることで生活にゆとりが生じ、人とのつきあいの頻度も高まるといった関係がある場合、逆の因果関係の問題が生じうる。

逆の因果関係への対処

　説明変数と被説明変数との間に逆の因果関係がある場合、通常の回帰分析で用いられる最小二乗法では、正しい推定が行えないことが知られている[7]。こうした問題に対処するための方法は、経済成長の決定要因に関する実証研究をサーベイした塩路（2001）で述べられているように、操作変数法と呼ばれる手法により推定を行うこと、もしくは推定する期間の初期時点（もしくは、それ以前）の数値を説明変数に用いて、逆方向の因果関係が生じる可能性を極力排除したうえで、最小二乗法により推定を行うことである。

　操作変数法を用いる場合、被説明変数に直接的には影響しないものの、被説明変数と逆の因果関係をもつ説明変数（内生変数）とは相関をもつ変数（操作変数）を推定に用いる必要がある。しかし、経済成長には直接影響を与えないもののソーシャル・キャピタルとは相関をもつという条件を満たす操作変数を見つけることは容易ではない[8]。そこで、本章では、操作変数法ではなく、ソーシャル・キャピタルのデータの時点を考慮した推定を行うことで逆の因果関係に対処することとしよう。その際には、ソーシャル・キャピタルと経済成長との間の長期的な関係を把握するため、推定の対象期間（0期から

7）　これは、一般的には内生性の問題と呼ばれる。内生性の問題は説明変数が誤差項と相関をもつことによって生じる。説明変数が誤差項と相関をもつのは、被説明変数と説明変数との間に逆の因果関係がある場合のほか、本来考慮されるべき変数が説明変数から欠落していて、かつ、その変数が説明変数と相関をもつような場合などである。

8）　Knack and Keefer（1997）では、操作変数として、民族言語学的な最大集団に属する人の人口割合と中等教育以上の教育を受けている学生に占める法律を学ぶ学生の割合を用いている。しかしわが国の場合、地域によって使用する言語が異なることはなく、進学や就職の際には地域間移動が行われることも多いため、これに類する指標を用いることには議論の余地があると考えられる。

T 期までの期間）がある程度長期間となるよう留意しつつ、それに対応した初期時点（0期）のソーシャル・キャピタルのデータを得る必要がある。

「個人的ネットワーク」と「市民参加」指標の作成

内閣府（2003）では、ソーシャル・キャピタルの時系列分析を行うために、アンケート調査の項目に関連した既存調査を用いている。具体的には、NHK放送文化研究所が1978年と1996年に実施した「全国県民意識調査」と、総務省（旧総務庁）が5年ごとに実施している「社会生活基本調査」から、ソーシャル・キャピタルの構成要素に含まれる「つきあい・交流」「信頼」「社会参加」について、それぞれ表3-1のようなデータを用いて時系列的な変化を考察している[9]。そこで、これらの指標を用いて、内閣府（2003）よりも過去に遡った指標を作成することを考えてみたい。

これらの3つの要素に用いられている指標の内容をみると、「つきあい・交流（ネットワーク）」に含まれている3つの指標は、第2章で紹介したOECDの提案における「個人的ネットワーク」の質問例に含まれるものである。また、「社会参加（互酬性の規範）」に含まれる2つの指標は、OECDの「市民参加」に関連するものとなっており、そのまま指標として用いることができそうである。「信頼（社会的信頼）」についても、OECDの「信頼と協調の規範」に近いように思われる。しかし、ここで用いられている指標は、「隣近所の人」「親戚」「職場や仕事でつきあっている人」という特定の人が対象となっている。

Scrivens and Smith（2013）では、一般的な信頼と特定の人に対する信頼は異なる性質のものであり、特定化された信頼はどちらかというと私的財的な側面をもっていること、また、OECDでの整理上では「社会的ネットワーク・サポート」に近いものと論じている。実際、内閣府（2003）で定量化された信頼に関する指標では、他人に対する一般的な信頼と特定の人を対象とした相

---

9) 「全国県民意識調査」（NHK放送文化研究所）は、各都道府県900人（各県75地点 × 12人）、全国42,300人を対象にして行われており、有効回答数は1996年調査で29,620人である。

第3章　ソーシャル・キャピタルは地域経済を成長させるか？　　*53*

表3-1　ソーシャル・キャピタルの各要素と指標

要素	時系列分析に用いられた指標
つきあい・交流 （ネットワーク）	・「お宅では、隣近所の人とのつきあいは多いですか」という質問に対して「はい」と回答した人の割合（全国県民意識調査） ・「お宅では日頃つきあっている親戚は多いですか」という質問に対して「はい」と回答した人の割合（全国県民意識調査） ・「職場や仕事でつきあっている人と、仕事以外のことでもつきあうことが多いですか」という質問に対して「はい」と回答した人の割合（全国県民意識調査）
信頼 （社会的信頼）	・「隣近所の人には信頼できる人が多いですか」という質問に対して「はい」と回答した人の割合（全国県民意識調査） ・「親戚には信頼できる人が多いですか」という質問に対して「はい」と回答した人の割合（全国県民意識調査） ・「職場や仕事でつきあっている人には信頼できる人が多いですか」という質問に対して「はい」と回答した人の割合（全国県民意識調査）
社会参加 （互酬性の規範）	・「あなたは地元の行事や祭りには積極的に参加したいと思いますか」という質問に対して「はい」と回答した人の割合（全国県民意識調査） ・ボランティア活動行動者率（社会生活基本調査）

出典：内閣府（2003）をもとに筆者作成。

互信頼・相互補助を捉えるため、一般的な信頼、隣近所の人への信頼、友人・知人への信頼および親戚の人への信頼の4つを平均して信頼の指数としているが、内閣府（2003）で掲載されているそれぞれのデータから、一般的な信頼と他の3つの信頼の平均をみてみると、図3-2に示すように両者の相関関係はほとんどない[10]。このため、隣近所の人、友人・知人、職場や仕事でつきあっている人への信頼を、Knack and Keefer（1997）において用いられた信頼の指標や、OECDにおける「信頼と協調の規範」に対応する指標とみなすことは適当ではないと思われる。

　以上を踏まえ、本章では、内閣府（2003）がソーシャル・キャピタルの時系

10）　内閣府（2003）における隣近所の人、友人・知人、親戚への信頼の指標は、日常生活の問題や心配事についてこれらの人が頼りになるかどうかを訊いた質問をもとにしており、「信頼」できるかどうかを直接質問したものではない。

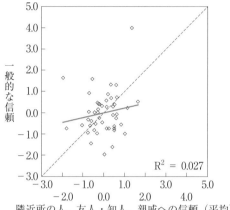

図3-2 一般的な信頼と隣近所の人、友人・知人、親戚への信頼との関係

出典：内閣府（2003）をもとに筆者作成。

列比較に用いた指標のうち、「つきあい・交流」をOECDの整理における「個人的ネットワーク」に対応するもの、「社会参加（互酬性の規範）」を「市民参加」に対応するものとし、この2つの要素において用いられた指標をベースとして、ソーシャル・キャピタルの指標を作成することとする。

「つきあい・交流」の時系列分析に用いられた「全国県民意識調査」の3つの質問は、そのままOECDの分類における「個人的ネットワーク」に対応する指標として考えることができる。もう1つの「社会参加」の時系列分析に用いられた「全国県民意識調査」の質問と「社会生活基本調査」の指標は「市民参加」に対応している。本章でも、この2つを市民参加の指標として用いるが、「全国県民意識調査」をみると、OECDが「市民参加」の指標の例として挙げている政治参加に関連すると考えられる質問項目がある。具体的には「お住まいの市区町村の政治は、自分たちが動かしている、という感じをおもちですか」という質問である。Scrivens and Smith（2013）における市民参加の側面に関する質問例では、政治参加の水準を測ることができるものとして、地域の意思決定に対する影響力についての質問が取り上げられている[11]。上

記の市区町村の政治に対する自分の関与に関する質問は、地域における政治
関与の意識の程度を問う質問と考えられるので、ここでは「そう思う」と回
答した人の割合を用いることとし、この質問と、地元の行事や祭りへの参加
意向、ボランティア活動行動者率の３つから「市民参画」の指標を作成する。

　指標化に際しては、内閣府（2003）で用いられている方法に従って、それぞ
れの質問の特定の選択肢における都道府県ごとの回答率を用いて、全体の平
均が０、分散が１となるように標準化し、それを単純平均したものを各都道
府県の指標として用いる。

　「全国県民意識調査」は1978年と1996年に行われているので、これを利用
して２時点のデータを作成することができる。以下では、1978年の「全国県
民意識調査」と1981年の「社会生活基本調査」のデータを用いて作成したも
のを時点Aのデータ、1996年の「全国県民意識調査」と「社会生活基本調
査」のデータを用いて作成したものを時点Bのデータとする。図3-3、図3-
4は、それぞれ時点A、Bのデータを示したものであり、両者には正の相関関
係があることが分かる。また、地域別にみると、東京、大阪、埼玉といった
大都市地域においては、個人的ネットワーク、市民参加の双方において全国
平均より低い傾向にあることが分かる。

生活関連指標とソーシャル・キャピタルとの関係

　内閣府（2003）では、作成したソーシャル・キャピタルの指標と、完全失業
率や犯罪認知件数などの国民生活関連指標とに関係があるかどうかの簡単な
分析を行っており、完全失業率、犯罪認知件数については負の関係が、合計
特殊出生率、平均余命については正の関係があることが指摘されている。表

---

11)　具体的な質問例として、英国の「UK Citizenship Survey」で用いられている「あなた
　　にとって、あなたの地域における決定に影響を与えられると感じることができることは、
　　どのくらい重要ですか」という質問や、国際社会調査プログラム（International Social
　　Survey Programme）の「社会的つながりとサポートシステムに関する調査（ISSP sur-
　　vey on Social Relations and Support Systems）」における「以下のことについてあなたは
　　どの程度同意、不同意ですか——自分のような人は、政府のすることに対して何も言う
　　べきことはない」といった質問が示されている。

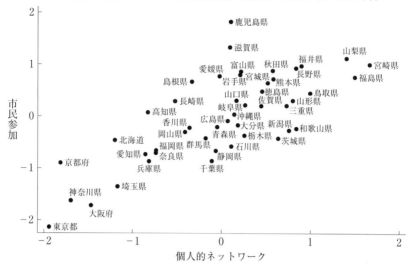

図 3-3　個人的ネットワークと市民参加（時点 A（1978 年、1981 年））

出典：「全国県民意識調査」、「社会生活基本調査」をもとに筆者作成。

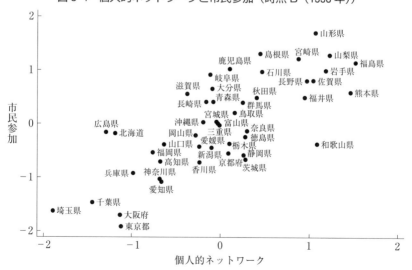

図 3-4　個人的ネットワークと市民参加（時点 B（1996 年））

出典：「全国県民意識調査」、「社会生活基本調査」をもとに筆者作成。

3-2 は、今回新たに作成した指標について、同様にこれらの諸指標を被説明変数として回帰分析を行った結果を示したものである。ここで用いている指標は、完全失業率、人口千人あたりの犯罪認知件数、出生率、平均余命（女性・65 歳）、事業所開業率、民間投資比率の 6 つであり、ソーシャル・キャピタルについては時点 A のデータを用いている。なお、作成したソーシャル・キャピタルの指標の時点に対応させるため、完全失業率などの変数は、基本的に 1980 年におけるデータを用いている。

　これをみると、個人的ネットワーク、市民参加の両方の指標とも、完全失業率には 10%の有意水準ではあるものの負になっており、ソーシャル・キャピタルの高い地域ほど完全失業率が低くなる傾向がある。また、犯罪認知件数との間には有意に負の関係がみられ、ソーシャル・キャピタルの高い地域では犯罪認知件数が低い傾向があることが分かる。また、出生率との間にも有意に正の関係がみられる。平均余命および事業所開業率については、個人的ネットワークと社会参加ともに有意ではないが、民間投資比率との間には明確な正の相関がみられる。

　このように、平均余命や事業所開設率については、今回作成した指標では有意な関係が見出せないものの、以上の結果は内閣府 (2003) ともある程度整合的であることから、今回作成した指標の妥当性が支持されると考えられる。

　以上を踏まえ、次項では、作成した個人的ネットワークと市民参加の 2 つのソーシャル・キャピタルの指標を説明変数に加え、経済成長との関係を推定する[12]。ソーシャル・キャピタルが経済成長に正の影響を与えるという仮説が成立するのであれば、これらの係数は正となることが予想される。

3.3. 分析結果

　表 3-3 の (1) 列〜(3) 列は、時点 A のソーシャル・キャピタルの指標を用

---

[12]　利用する GDP のデータは、長期間にわたって同一の基準で計算されたものが望ましいため、独立行政法人経済産業研究所「R-JIP データベース 2017」に掲載されている都道府県別の実質付加価値額を用いている。用いたデータの詳細については章末の補論 1 を参照されたい。

表 3-2　国民生活関連指標とソーシャル・キャピタルとの関係

< 個人的ネットワーク >

被説明変数	完全失業率 (1980)	犯罪認知 件数 (1980)	出生率 (1980)	平均余命 (女・65 歳) (1980)	事業所開業 率(79〜81 の平均)	民間投資 比率 (1980)
定数項	3.870***	10.472***	1.969***	19.219***	0.032***	0.081***
	(0.291)	(1.534)	(0.100)	(0.675)	(0.006)	(0.014)
個人的ネット ワーク	−0.275*	−2.188***	0.073***	−0.140	0.003	0.012***
	(0.141)	(0.461)	(0.023)	(0.113)	(0.003)	(0.003)
追加した変数	−1.946***	−0.030	−4.132	−0.001*	0.033**	0.017***
	(0.370)	(0.088)	(2.909)	(0.000)	(0.013)	(0.003)
Adj R²	0.383	0.400	0.317	0.035	0.143	0.454
N	47	47	47	47	47	47

< 市民参加 >

被説明変数	完全失業率 (1980)	犯罪認知 件数 (1980)	出生率 (1980)	平均余命 (女・65 歳) (1980)	事業所開業 率(79〜81 の平均)	民間投資 比率 (1980)
定数項	3.942***	9.977***	1.937***	19.190***	0.031***	0.070***
	(0.296)	(1.817)	(0.114)	(0.774)	(0.006)	(0.013)
市民参加	−0.275*	−2.021***	0.071***	−0.106	0.003	0.015***
	(0.145)	(0.550)	(0.026)	(0.130)	(0.003)	(0.003)
追加した変数	−2.046***	−0.001	−3.198	−0.001	0.035**	0.020***
	(0.377)	(0.105)	(3.317)	(0.000)	(0.013)	(0.003)
Adj R²	0.380	0.305	0.278	0.016	0.145	0.548
N	47	47	47	47	47	47

注 1：（　）内は標準誤差。***、**、*は、それぞれ 1 ％、5 ％、10％水準で有意であることを示す。
　 2：追加した変数は、完全失業率については有効求人倍率、犯罪認知件数については人口 10 万人
　　　あたりの警察署・交番・駐在所数、出生率については家計支出に占める教育費割合、平均余命
　　　については一人あたり県民所得、事業所開設率については DID 人口比率、民間投資比率につい
　　　ては一人あたり民間資本ストックである。

いた場合、(4) 列〜(6) 列は時点 B のソーシャル・キャピタルの指標を用い
た場合の推定結果を示している。ここでは逆の因果関係に対処するため、
(1)〜(3) 列では 1980 年〜2012 年の 32 年間、(4)〜(6) 列では 1995 年〜2012
年の 17 年間における（一人あたりでみた）平均経済成長率を被説明変数とし
て用いている。また、(1)、(4) 列は個人的ネットワークを、(2)、(5) 列は

第3章　ソーシャル・キャピタルは地域経済を成長させるか?　59

表3-3　推定結果

平均経済成長率 (年)	(1) (1980-2012)	(2) (1980-2012)	(3) (1980-2012)	(4) (1995-2012)	(5) (1995-2012)	(6) (1995-2012)
一人あたり GDP (初期時点)	−0.024*** (0.006)	−0.023*** (0.006)	−0.023*** (0.006)	−0.002 (0.011)	−0.004 (0.011)	−0.001 (0.011)
高等教育修了者 比率	0.058 (0.045)	0.041 (0.047)	0.067 (0.048)	−0.038 (0.052)	−0.029 (0.058)	−0.027 (0.058)
個人的ネット ワーク	0.003*** (0.001)		0.002** (0.001)	0.005*** (0.002)		0.004** (0.002)
市民参加		0.002* (0.001)	0.001 (0.001)		0.004** (0.001)	0.001 (0.002)
定数項	0.050*** (0.008)	0.050*** (0.007)	0.048*** (0.007)	0.025 (0.016)	0.027 (0.017)	0.021 (0.016)
Adj R^2	0.497	0.447	0.491	0.356	0.274	0.347
N	47	47	47	47	47	47

注：(　) 内は不均一分散に対して頑健な標準誤差。
　　***、**、*は、それぞれ 1 %、5 %、10%水準で有意であることを示す。

市民参加を、(3)、(6) 列は両方を説明変数に加えた場合の推定結果である。

　まず、一人あたり GDP の係数をみると、その符号は負となっている。これは、一人あたりでみた場合により貧しい地域がより早く成長することを示しており、理論モデルや先行研究とも整合的な結果である。ただし、1980～2012 年の長期間においては 1 %水準で有意な結果となっているものの、1995～2012 年の期間では有意な結果となっていない。これは、バブルの崩壊やそれに伴う長期停滞の中で、経済成長率の収束傾向が明確ではなかったことを示しており、先行研究でも同様の傾向が確認されている[13]。また、人的資本として考慮した高等教育修了者比率については、いずれの期間においても有意な結果とはなっていない。

　ソーシャル・キャピタルについてみると、個人的ネットワークのみを考慮した (1) 列、(4) 列ではいずれも 1 %水準で有意に正となっており、経済成長への正の効果が確認できる。つまり、個人的ネットワークが豊かであった

---

13)　例えば、Barro and Sala-i-Martin (1995)、石川 (2000)、塩路 (2000)。

地域ほど、経済成長がみられたことを示している。また、市民参加について
は、(2) 列では10%水準で、(4) 列では5％水準で有意な結果となっている。
個人的ネットワークと市民参加の両方を入れた場合、市民参加については統
計的に有意な結果が得られていないが、個人的ネットワークについては5％
水準で有意な結果が得られており、係数も符号条件に合っている。以上の結
果は、ソーシャル・キャピタルが地域の経済成長を高めている可能性を示し
ている。

他の要因の考慮

Barro Regression では、追加した変数が有意となったとしても、別の変数
を組み合わせることで有意ではなくなる可能性が指摘されており、追加する
変数の頑健性に留意することが必要とされる[14]。そこで、ソーシャル・キャ
ピタルの有意性がロバスト（頑健）なものかどうかを確認するため、経済成長
に影響すると考えられるいくつかの変数を追加した推定を行い、結果を確認
してみよう。

表3-4、表3-5 は、ソーシャル・キャピタルの指標として個人的ネットワー
クを用い、それぞれ時点 A、B のデータから推定を行った結果を示している。
(1) 列で追加している変数は、Shioji (2001) で用いられている部門変数であ
る。これは、産業部門ごとに生産ショックなどが別々に生じる場合、地域に
よって産業の構成比率が異なると、影響の大きさも異なる可能性があること
を考慮するためのものである。結果をみると、農林水産業に関する部門変数
は有意となっていないが、製造業については表 3-4 では有意な結果となって
おり、製造業の比重が大きい地域ほど経済成長がみられたことを示している。
このことは、地域の産業構造の違いが経済成長の違いに影響したことを示唆
するが、これらの変数を追加してもソーシャル・キャピタルは有意な結果と
なっており、ソーシャル・キャピタルの豊かさが経済成長を高めることを示
している。

---

14) Sala-i-Martin (1997)、塩路 (2001) を参照。

第3章　ソーシャル・キャピタルは地域経済を成長させるか？　*61*

表3-4　頑健性の確認（被説明変数：平均経済成長率（1980-2012年））

	(1)	(2)	(3)	(4)	(5)	(6)
一人あたりGDP（1980）	-0.041^{***}	-0.032^{***}	-0.025^{***}	-0.025^{***}	-0.025^{***}	-0.023^{***}
	(0.009)	(0.007)	(0.006)	(0.006)	(0.007)	(0.006)
高等教育修了者比率	0.046	0.068^{*}	0.042	0.047	0.042	0.071
	(0.048)	(0.038)	(0.041)	(0.052)	(0.051)	(0.054)
個人的ネットワーク	0.002^{**}	0.002^{*}	0.002^{*}	0.003^{***}	0.002^{**}	0.002^{**}
	(0.001)	(0.001)	(0.001)	(0.001)	(0.001)	(0.001)
構造変数（農林水産業）	0.001					
	(0.001)					
構造変数（製造業）	0.002^{***}					
	(0.001)					
一人あたり民間資本		0.002^{**}				
		(0.001)				
一人あたり社会資本			0.022^{**}			
			(0.009)			
一人あたり可住地面積				-0.006		
				(0.008)		
近隣地域の一人あたりGDP					0.004	
					(0.006)	
DID人口比率						-0.004
						(0.007)
定数項	0.076^{***}	0.054^{***}	0.052^{***}	0.053^{***}	0.046^{***}	0.050^{***}
	(0.012)	(0.008)	(0.008)	(0.008)	(0.011)	(0.008)
Adj R^2	0.593	0.518	0.531	0.489	0.497	0.490
N	47	47	47	47	45	47

注：（　）内は不均一分散に対して頑健な標準誤差。
　　 $***$、$**$、$*$は、それぞれ1％、5％、10％水準で有意であることを示す。

（2）列では初期時点における一人あたり民間資本を、（3）列では同じく社会資本を追加している。これは、初期時点においてどれだけ資本蓄積が進んでいるかどうかを考慮するための変数である。特に社会資本はその整備がある程度進んでいることが経済成長にプラスの効果をもたらすと考えられ、その係数は正になることが予想される。これらの変数を追加した場合、民間資本についてはいずれの期間においても有意に正となっており、社会資本については、1980-2012年を対象とした場合において有意に正となっている。こ

表 3-5　頑健性の確認（被説明変数：平均経済成長率（1995-2012 年））

	(1)	(2)	(3)	(4)	(5)	(6)
一人あたり GDP（1995）	−0.021	−0.027*	−0.004	−0.003	−0.006	−0.004
	(0.017)	(0.016)	(0.013)	(0.011)	(0.010)	(0.011)
高等教育修了者 比率	−0.018	0.007	−0.035	−0.055	−0.063	0.007
	(0.055)	(0.045)	(0.054)	(0.062)	(0.068)	(0.066)
個人的ネット ワーク	0.004***	0.004**	0.005***	0.005***	0.004**	0.004**
	(0.001)	(0.002)	(0.002)	(0.002)	(0.002)	(0.002)
構造変数（農林 水産業）	0.000					
	(0.001)					
構造変数（製造 業）	0.002					
	(0.001)					
一人あたり民間 資本		0.002*				
		(0.001)				
一人あたり社会 資本			0.004			
			(0.011)			
一人あたり可住 地面積				−0.010		
				(0.016)		
近隣地域の一人 あたり GDP					0.008	
					(0.014)	
DID 人口比率						−0.011
						(0.007)
定数項	0.055**	0.049**	0.026	0.028*	0.019	0.029*
	(0.030)	(0.020)	(0.019)	(0.016)	(0.029)	(0.016)
Adj R²	0.363	0.396	0.345	0.345	0.338	0.362
N	47	47	47	47	45	47

注：（　）内は不均一分散に対して頑健な標準誤差。
　　***、**、*は、それぞれ 1 ％、5 ％、10％水準で有意であることを示す。

れらの変数を追加しても、ソーシャル・キャピタルは 1980-2012 年の期間で
は 10％水準で、1995-2012 年の期間では 5 ％や 1 ％の水準で有意な結果とな
る。

　（4）列では、地域ごとの地理条件の違いを考慮するために、初期時点にお
ける一人あたり可住地面積を説明変数に追加し、（5）列においては、隣接地
域からのスピルオーバー効果を考慮するために、地理的に隣接する都府県の
一人あたり GDP を追加している[15]。また、（6）列では、県内人口に占める

DID（人口集中地区）人口比率を追加している[16]。これは、大都市圏の都道府県ほどソーシャル・キャピタルが低い傾向にあることから、ソーシャル・キャピタルが各地域の都市化の程度を反映したものとなっており、このことが、経済成長率の違いに影響している可能性を考慮するためのものである。しかし、これらの変数を追加した場合にも、ソーシャル・キャピタルの係数は有意に正となっている。

このように、他の説明変数を追加した場合にも良好な結果が得られており、ソーシャル・キャピタルの高さが経済成長率を高めるという結果は頑健（ロバスト）なものと考えられる。また、特に1995-2012年の期間では、他の変数がほとんど有意な結果になっていないが、ソーシャル・キャピタルのみ安定して有意な結果となっており、バブル崩壊後の地域経済においてはソーシャル・キャピタルの違いが地域間の経済成長の差に大きく影響していたと捉えることもできる。

3.4. TFPとソーシャル・キャピタル

最後に、ソーシャル・キャピタルが経済成長にどのように貢献するのかを考えてみよう。前述のようにソーシャル・キャピタルが取引コストを下げる効果をもっていたり、ネットワークからもたらされる交流によりイノベーションのきっかけをつくるという効果をもつ場合、それは全要素生産性（Total Factor Productivity、以下「TFP」という）となってあらわれてくる。そのため、ソーシャル・キャピタルの経済成長への貢献を確認する方法の1つには、地域別のTFPとの関係を検証することが考えられる。

TFPを正しく計測するためには、生産活動に用いられるインプットを正しく計測することが必要であるが、それを地域別に行うことは容易ではない。

15）　北海道、沖縄県は隣接県がないため、サンプルから除いている。

16）　DIDはDensely Inhabited Districtの略であり、人口密度が4,000人以上/km^{2}以上の基本単位区が互いに隣接して人口が5,000人以上となる地区である。当該市区町村の全人口に占めるDID地区内の人口比率は都市化の程度をあらわす指標として用いられる（土屋 2009など）。

表3-6 産業別TFPの平均伸び率との相関

＜個人的ネットワーク＞

1980-2012年のTFP平均伸び率	相関係数	1995-2012年のTFP平均伸び率	相関係数
産業全体	0.082	産業全体	0.413***
産業分類別		産業分類別	
電気機械	0.423***	サービス業（民間、非営利）	0.386***
窯業・土石製品	0.263*	窯業・土石製品	0.298**
一般機械	0.243	電気機械	0.237
精密機械	0.216	精密機械	0.226
農林水産業	0.196	石油・石炭製品	0.186

＜市民参加＞

1980-2012年のTFP平均伸び率	相関係数	1995-2012年のTFP平均伸び率	相関係数
産業全体	0.114	産業全体	0.345**
産業分類別		産業分類別	
電気機械	0.336**	サービス業（民間、非営利）	0.431***
化学	0.314**	精密機械	0.422***
鉱業	0.299**	電気機械	0.176
一般機械	0.207	窯業・土石製品	0.157
石油・石炭製品	0.157	サービス業（政府）	0.126

注：***、**、*はそれぞれ1％、5％、10％水準で有意であることを示す。

しかし、近年、独立行政法人経済産業研究所（RIETI）において、わが国のTFPをより精緻に把握しようとする試みが続けられており、都道府県別のTFPについても計測が行われている。そして、その成果は産業生産性データベース（R-JIP）として公表されている。

　このデータベースを利用して、都道府県・産業別のTFPの平均伸び率と個人的ネットワーク指標との相関をみたものが表3-6である。これによると、1980-2012年の長期間では両者には明確な相関関係はない。しかし、1995-2012年の期間では有意に正の相関がみられる。また、産業分類別に正の相関があるものを上位5分類でみてみると、1980-2012年の期間では、電気機械、1995-2012年の期間ではサービス業（民間、非営利）で高い相関がある。

　TFPに対しては、ソーシャル・キャピタルのみならず、技術開発投資や人

的資本といった要因も大きな影響を与える。このため、単純な相関関係だけでは、ソーシャル・キャピタルが TFP に対してどれだけの影響をもたらしているかは明確ではないが、これらの結果からも、ソーシャル・キャピタルが TFP への影響を通じて経済成長に寄与している可能性が示唆されよう。

4. まとめ

　本章では、わが国における地域の経済成長とソーシャル・キャピタルとの関係について分析を行った。個人的ネットワークと市民参加という 2 つの指標を用いた検証の結果、いずれについても経済成長に寄与している可能性が示された。また、経済成長において重要な要素である TFP との関係でも、1995-2012 年というバブル崩壊後のわが国経済の低迷の中で、ソーシャル・キャピタルと TFP との間には正の相関がみられた。この結果は、Putnam（1993）や Knack and Keefer（1997）らの結論とも整合的なものであり、ソーシャル・キャピタルが地域経済の再生を考えるうえで重要な鍵となることを支持するエビデンスの 1 つである。

　以上の結果は、ソーシャル・キャピタルが地域の経済成長を高めることを示すものであるが、ソーシャル・キャピタルと地域経済との関わりをより詳細に分析するため、次章では、自発的な協調行動から生まれる地域づくりのための活動に焦点をあて、ソーシャル・キャピタルが地域経済の活性化につながる可能性を検証する。

〔補論 1〕 変数の定義とデータの出典

(1) 事業所開業率

「事業所統計」(総務省) から、以下の計算により算出している。

開業率 =(前回調査から今回調査までの開設事業所数 ÷ 前回調査の事業
所数)÷ 前回調査から今回調査までの期間

(2) 民間投資比率

「県民経済計算」(内閣府) における民間固定資本形成 (名目値) を県内総生
産 (名目値) で割ることにより算出している。

(3) 一人あたり GDP

「R-JIP データベース 2017」(経済産業研究所) に掲載されている都道府県別
の実質付加価値額 (2000 年価格、100 万円) を、県別就業者数で割ることによ
り算出している。

(4) 高等教育修了者比率

「国勢調査」(総務省) における、最終学歴が短大・高専、大学・大学院であ
る者を高等教育修了者とし、それを 15 歳以上人口で割ることにより算出し
ている。なお、分析においては、1980-2012 年の期間については昭和 55 年
(1980 年) 調査のデータを利用している。1995-2012 年の期間については初期
時点である 1995 年のデータを用いることが望ましいが、最終学歴について
は 10 年ごとの調査においてのみデータが得られるため、平成 12 年 (2000 年)
調査のデータを利用した。

⑸　個人的ネットワークと市民参加

　個人的ネットワークの指標化にあたっては、NHK 放送文化研究所が実施した「全国県民意識調査」を用いている。また、市民参加の指標化にあたっては、同じく「全国県民意識調査」と総務省が実施している「社会生活基本調査」を用いている。「全国県民意識調査」と「社会生活基本調査」では調査年が異なっていることから、「全国県民意識調査」については 1978 年および 1996 年の調査結果を、「社会生活基本調査」については 1981 年と 1996 年の調査結果を用いている。

　各都道府県の指標は、以下の方法により標準化して算出している。

$$c_i = \frac{D_i - \left(\dfrac{1}{n}\sum_{i=1}^{n} D_i\right)}{\sigma}$$

$\left(D_i：各都道府県のデータ、n：サンプル数（47 都道府県）、\sigma：標準偏差 \right)$

⑹　部門変数

　Shioji（2001）では、産業部門によって生産性ショックなどによる影響が異なる可能性があるため、地域ごとの産業部門の構成の違いを考慮するために、都道府県ごとに、$S_{ij} \cdot \ln(A_{jt}/A_t)$ を計算し、全都道府県の平均からの偏差を求め、それを部門変数としている。本章では、都道府県ごとに、$S_{ij} \cdot \ln(A_{jt}/A_t)$ を計算し、それを基準化したものを用いている。

　A_t：全国での t 年における全産業の就業者一人あたり名目生産額

　A_{jt}：全国での t 年における j 産業の就業者一人あたり名目生産額

　S_{ij}：t 年における i 県での全産業生産額に占める j 産業生産額の比率

⑺　民間資本および社会資本

　民間資本については「R-JIP データベース 2017」（経済産業研究所）に掲載されている都道府県別の実質純資本（2000 年価格、100 万円）を用いている。社会資本については、「R-JIP データベース 2017」において「日本の社会資本 2012」（内閣府）における社会資本ストックのうち、R-JIP のいずれの部門に

も含まれないものとして整理されている（有料道路以外の）道路、治山、治水、海岸、都市公園の都道府県別データを用いている。

⑻ 一人あたり可住地面積

「都道府県・市区町村のすがた（社会・人口統計体系）」（総務省）による。ここから得られた都道府県別の可住地面積を、各県の総人口で割ることにより算出している。

⑼ 隣接都府県の一人あたり GDP

「R-JIP データベース 2017」（経済産業研究所）に掲載されている都道府県別の実質付加価値額を用いて、各都府県の地理的に隣接する都府県の合計値を求め、隣接都府県の就業者数で割ることにより算出している。したがって、隣接都府県のない北海道、沖縄がサンプルから除外されている。

第4章

住民主体の活動は地域の価値を高めるか？

1. はじめに

　前章で示したように、ソーシャル・キャピタルと地域経済との関わりを考えた場合、ソーシャル・キャピタルが生み出す自発的な協調行動は、特に多様な主体の連携と役割分担による地域づくりという経路を通じて、地域の経済成長を高める可能性をもつ。また、第2章で紹介したように、地域で行われる諸活動への参加は、個人のソーシャル・キャピタルを測定する際の指標の1つでもあり、地域づくりのための活動（地域活動）の活発さは、ソーシャル・キャピタルの豊かさのあらわれでもある。このため、住民らによる地域活動が行われている地域とそうではない地域を比較し、前者の経済的パフォーマンスが高ければ、ソーシャル・キャピタルが自発的な地域づくり活動という経路を通じて地域経済を活性化させることを検証できるのではないだろうか。そこで、本章では、第1章で紹介したエリアマネジメントと呼ばれる地域住民を中心としたまちづくり活動に着目し、この経路の妥当性を明らかにする。

　従来、まちづくりの分野では、都市計画やそれに基づくインフラ整備など公的な主体による取組みがその中心的な役割を果たしてきた。しかし、近年エリアマネジメントと呼ばれる地域住民などを主体とした官民連携によるま

ちづくりが各地で行われており、それに対する関心も高まっている。第1章で紹介した滋賀県長浜市におけるまちづくりの取組みは、エリアマネジメント活動の一例であり、まちのシンボル的存在であった黒壁銀行の保存から始まった活動は、空き家・空き店舗の活用、町家のリニューアルなど地域の活性化に向けた幅広い取組みに広がり、多様な主体との連携・協力のもと、現在も積極的にまちづくりのための活動が進められている[1),2)]。

このエリアマネジメントと呼ばれるまちづくり活動の具体的な活動内容は、①ルールづくり（地域共有ビジョンなど「まちづくりルール」などの策定）、②イベント開催（物販・飲食や文化・教育関係のイベント・アクティビティの開催・実施）、③情報発信（広告事業や街歩きマップの作成など）、④防災・防犯・環境維持（商店街における駐輪対策や防災対策、清掃や緑化活動など）、⑤公共施設・公共空間の整備・管理（市民センターや公園などの整備・管理）、⑥民間施設の公的利活用による地域の魅力・利便性などの向上（空き家・空き店舗の再利用）など多岐にわたる。そして、これらの活動が行われることで、例えば、①や④といった活動からは地域の環境の改善・向上、また②や③のような活動からは、地域の経済活動の活発化が期待される。

一般に、環境改善の便益は地価に帰着し、一定の条件のもとではすべてが地価に帰着することが知られている[3)]。また、イベントの開催などにより地域の経済活動が活発化し、その地域から得られる収益が大きくなれば、それはその地域の地価の上昇となってあらわれる。このように、エリアマネジメント活動は、地域の環境価値や経済的価値の上昇につながる可能性をもち、そして、その効果は地価のデータを用いることで評価できると考えられる。以上の考えに基づき、本章では、地価とエリアマネジメントとの関係を検証

---

1) 全国各地におけるエリアマネジメント活動の具体例については、小林（2005）、小林・森記念財団（編）（2018）などを参照されたい。

2) 滋賀県長浜市の取組みは、内閣府地方創生推進事務局が公表している「稼げるまちづくり取組事例集「地域のチャレンジ100」」においても紹介されている（https://www.kantei.go.jp/jp/singi/tiiki/seisaku_package/naiyou.html 最終閲覧2018年6月25日）。

3) 具体的には消費者の同質性や地域の開放性といった条件が必要となる。詳細については金本（1992）や肥田野（1997）を参照。

することを通じて、まちづくりに関する住民主体の活動が地価を高めること
を確認し、ソーシャル・キャピタルと地域経済との関わりを明らかにする[4]。
以下、第2節では分析の方法と分析に用いるデータについて説明し、第3節
において分析を行いその結果を考察する。第4節ではエリアマネジメント活
動を行っている団体の特性をもとに活動の質を考慮した分析を行う。第5節
がまとめである。

2. 住民主体の活動の効果の計測方法

2.1. ヘドニック・アプローチ

近年、社会資本整備の事業評価において、ヘドニック・アプローチと呼ば
れる評価手法が用いられるようになっている。ヘドニック・アプローチとは、
ある財の価値をその財の様々な属性の価値に関する集合体と捉え、回帰分析
に基づいてそれぞれの属性の価値の価格を推定する方法である。地価を考え
た場合、その土地は様々な価値の集合体であり、その属性を考慮した回帰分
析を行うことで、各属性の価値を推定することができる。環境改善を伴う社
会資本整備事業では、その事業の効果は環境改善を通じて地価に帰着する。
そして、環境の違いによる個人の効用の増分は、ヘドニック・アプローチに
より推定した地価関数で近似的に捉えることができる。これがヘドニック・
アプローチを用いた社会資本整備の便益評価の基本的な考え方である[5]。

この手法は、まちづくりに関しては市街地再開発事業などの公共事業に対
する事業評価のほか、都市計画における特定の仕組みや制度の効果の検証を
目的とする研究においても用いられており、まちづくりの成果を定量的に測
定するためのツールの1つとなっている。例えば、和泉（1998）は、都市計画

4） 本章におけるエリアマネジメントによる地価への効果の定量分析は、平山ほか(2015)
をもとに一部改訂を行ったものである。本書への掲載を快諾いただいた共著者の平山一
樹氏、御手洗潤氏には改めて感謝したい。
5） ヘドニック・アプローチによる社会資本整備の便益の評価の理論的な解説については、
金本（1992）や肥田野（1997）などを参照されたい。

における地区計画策定の効果を明らかにするため、ヘドニック・アプローチを用いた検証を行っている[6]。これは、地区計画の策定には利用可能な容積率の増大や街並み景観の形成などの複合的な環境整備効果があることを踏まえ、地区ごとの地区計画の有無をダミー変数として考慮し、地区計画を策定しているエリアでは地価が高いことを示したものである。このほかにも、都市計画制度の容積移転による歴史的環境保全の効果を分析した保利ほか（2008）や、敷地規模や緑地への接近性などを含むミクロ的住環境要素の効果を検証した高・浅見（2000）などの研究があり、ヘドニック・アプローチを用いてまちづくりに関する取組みの効果を評価しようとする研究は多い。

　エリアマネジメント活動を考えた場合、地域におけるまちづくりルール策定といった取組みは、地域の街並みや景観の保全・改善に寄与する。また、地域での防災対策や防犯対策は、地域の安全・安心の向上につながる。これらの取組みが積極的に行われるようになれば、地域の環境価値は高まるだろう[7]。さらに、イベントの開催や地域の情報発信は、その地域の集客力・賑わいを高め、それが消費の活性化、すなわち売上げの拡大にもつながり収益の増大をもたらすことが期待される。このように、エリアマネジメント活動には複合的な効果があり、エリアマネジメント活動が行われているかどうかによって、地域の環境価値や経済的価値には違いが生じ、結果的に地価の違いとなってあらわれてくると考えられる。

6）　地区計画は、住民の合意に基づいて、それぞれの地区の特性にふさわしいまちづくりのルール（建物の用途、高さ、容積率などの制限や生活道路、公園などの配置など）を定める都市計画法上の制度である。地区計画には様々な種類があるが、和泉（1998）では、用途別容積型地区計画と街並み誘導型地区計画の２つを併用した地区計画の策定効果を検証している。

7）　景観改善による地価への影響に関しては国土交通省都市・地域整備局（2007）、治安と地価との関係性については杏澤ほか（2007）、防災（地震の危険度）と地価に関しては山鹿ほか（2002）、Nakagawa et al.（2009）といった研究がある。

2.2. エリアマネジメント活動と地域経済とのつながりを測る

エリアマネジメント活動の把握

　エリアマネジメント活動が行われているかどうかを判断するためのデータは、京都大学経営管理大学院、和歌山大学経済学部、国土交通省都市局まちづくり推進課が平成 26 年度に全国規模で実施したアンケート調査（以下「エリアマネジメント・アンケート」という）をもとにしている[8]。この調査は、市町村がエリアマネジメント活動に対して講じている施策や活動推進上の課題、エリアマネジメントの効果の把握を目的として実施されたものであり、都市再生特別措置法に基づいて、個性あるまちづくりを進めるために市区町村内の一定の地区を対象とした都市再生整備計画を策定している市区町村が対象である[9]。アンケートが送付されたのは 826 市区町村（対象地区：1,524 地区）であり、746 市区町村（90.3％）、1,322 地区（86.7％）からの回答が得られている。

　この調査では、都市再生整備計画の計画対象地区内においてエリアマネジメント活動が行われているかどうか、行われている場合には活動を行っている団体の概要（団体名、活動内容、団体の法人形態、活動や会員・参加者がおおむね現在の規模になった年、など）を問う設問が設けられており、エリアマネジメント活動の有無だけではなく、具体的にどのような体制で活動が行われているのかも把握することができる。調査結果では、エリアマネジメントを実施している団体として 574 団体の回答が得られており、エリアマネジメントが全国レベルで広がっていることが明らかとなっている。

8）　このアンケート調査の単純集計結果については、京都大学経営管理大学院官民連携まちづくり実践講座 HP（https://www.gsm.kyoto-u.ac.jp/ja/committees/city-anke.html）に掲載されている（2018 年 5 月 16 日最終閲覧）。

9）　都市再生特別措置法に基づく都市再生整備計画を策定済みの市区町村のうち、①平成 24 年度末までに計画が終了した地区（現在、第二期計画継続中のものを含む）、②計画進行中であって、都市再生推進法人などがエリアマネジメントを実施している地区、をもつ市区町村が対象となっている。

図 4-1 地点分類のイメージ

地価データとの組み合わせ

　このアンケート調査のデータと、国土数値情報ダウンロードサービスより入手した地価に関するデータを用いて、エリアマネジメント活動が地価にもたらす影響を分析する[10]。利用する地価のデータは、国土交通省が毎年1月1日時点のデータとして公表している地価公示と、都道府県が毎年7月1日時点のデータとして公表している都道府県地価調査のデータである。アンケート調査では、都市再生整備計画区域内およびその近傍に、地価公示もしくは都道府県地価調査地点があるかどうかを質問しており、地点がある場合には、その地点がエリアマネジメント活動の効果が及んでいると考えられる地点かどうかを回答してもらっている。この結果を用いることで、地価データが得られる地点をエリアマネジメント活動がある地点とない地点に分類することができる（図 4-1）[11]。

---

10) 国土数値情報ダウンロードサービスのデータは、http://nlftp.mlit.go.jp/ksj/ から入手できる（最終閲覧 2018 年 5 月 16 日）。
11) ただし、地価公示、都道府県地価調査の調査地点は定期的に見直しが行われているため、同一の地点の地価データが過去に遡って得られる地点もあれば、過去に遡ることができない地点もある。このため、年によって得られる地点数が異なることに留意する必要がある。

分析のためのモデル

このデータを利用して、以下の推定式を最小二乗法により推定する（添え字の i は地点を示す）。

$$ln(P_i) = c + \beta \cdot AM_i + \alpha_1 X_{1i} + \alpha_2 X_{2i} + \cdots \alpha_k X_{ki} + \varepsilon_i$$

$$\left\{ \begin{array}{l} P：地価（円/m^2）、c：定数項、\\ AM：エリアマネジメントダミー（活動あり＝1、活動なし＝0）、\\ X_1 \cdots X_k：地価に影響を与えるその他の要因、\\ \varepsilon：誤差項 \end{array} \right.$$

エリアマネジメントダミーの係数が有意に正になれば、エリアマネジメントが行われていることによる地域の環境価値、経済的価値への影響があることを示していることになる。

地価に影響を与えるその他の要因としては、先行研究で主として用いられている前面道路幅、地積、容積率、最寄り駅からの距離、都市ガスや下水道の有無（ありの場合は1、なしの場合は0）、その地点の形状（整形地であれば1、それ以外は0）といった変数のほか、今回の調査が都市再生整備計画区域を対象としたものであることから、都市再生整備計画に基づくインフラ整備の効果を考慮することとした[12]。具体的には、当該区域の都市再生整備計画事業費と関連事業費の合計を区域面積で基準化したもの（基準化した事業費）を説明変数に加えている。また、地域間の地価水準の違いをコントロールするために大都市からの距離と地域ブロックダミーを含めるとともに、地価データが得られる地点の所在地の都市規模を考慮するため、地価の地点の市町村の人口規模ダミーを加えている[13],[14],[15]。

---

12) 都市再生整備計画に基づいて実施される事業については、国からの交付金が充当でき、都市再生のための事業が実施しやすくなっている。地区によって都市再生整備計画に基づいて実施される事業量は異なり、これらの事業によって地価が高まっている可能性もある。このため、これらの事業量による効果を考慮することが必要である。

13) 大都市からの距離は、各地点とその地点の属する各圏域の以下の駅からの距離を利用している。北海道地区：JR 札幌駅、東北圏：JR 仙台駅、北陸圏：JR 金沢駅、関東圏：JR 東京駅、中部圏：JR 名古屋駅、近畿圏：JR 大阪駅、中国圏：JR 岡山駅、四国圏：JR 高松駅、九州圏：JR 博多駅。

表 4-1　分析に用いる変数の記述統計

＜2014 年＞

	商業地（N＝839）				住宅地（N＝906）			
	平均	標準偏差	最小値	最大値	平均	標準偏差	最小値	最大値
地価（対数）	11.618	1.106	9.521	15.594	10.892	0.842	8.449	13.796
エリアマネジメントダミー	0.249	0.433	0.000	1.000	0.100	0.301	0.000	1.000
前面道路幅員（m）	15.717	9.037	0.000	100.000	5.617	1.622	2.700	20.000
地積（m²）	424.933	535.112	64.000	6280.000	241.302	140.993	54.000	1655.000
最寄り駅までの距離（km）	1.199	3.076	0.000	45.500	2.186	3.241	0.080	23.600
容積率（%）	381.168	143.442	200.000	1000.000	179.614	50.511	50.000	400.000
ガスダミー	0.652	0.477	0.000	1.000	0.534	0.499	0.000	1.000
下水道ダミー	0.928	0.258	0.000	1.000	0.864	0.343	0.000	1.000
整地ダミー	0.678	0.467	0.000	1.000	0.679	0.467	0.000	1.000
地域ダミー								
北海道	0.032	0.177	0.000	1.000	0.018	0.132	0.000	1.000
東北	0.093	0.291	0.000	1.000	0.063	0.243	0.000	1.000
北陸	0.087	0.282	0.000	1.000	0.086	0.281	0.000	1.000
中部	0.201	0.401	0.000	1.000	0.210	0.407	0.000	1.000
近畿	0.105	0.307	0.000	1.000	0.111	0.315	0.000	1.000
中国	0.066	0.248	0.000	1.000	0.052	0.222	0.000	1.000
四国	0.020	0.141	0.000	1.000	0.021	0.143	0.000	1.000
九州	0.113	0.317	0.000	1.000	0.093	0.290	0.000	1.000
人口規模ダミー								
東京 23 区	0.054	0.225	0.000	1.000	0.022	0.147	0.000	1.000
50 万人以上	0.163	0.370	0.000	1.000	0.127	0.333	0.000	1.000
20 万人以上 50 万人未満	0.193	0.395	0.000	1.000	0.208	0.406	0.000	1.000
5 万人以上 10 万人未満	0.212	0.409	0.000	1.000	0.242	0.428	0.000	1.000
5 万人未満	0.170	0.376	0.000	1.000	0.219	0.413	0.000	1.000
大都市からの距離（100 km）	0.819	0.671	0.001	3.035	0.770	0.642	0.012	3.037
基準化した事業費（億円/ha）	4.904	40.601	0.001	674.227	1.578	5.989	0.001	130.420

　分析においては、2010 年および 2014 年の 2 時点のデータを利用することとし、全国、関東圏、近畿圏を対象とした推定を行う。また、商業地と住宅地では各要因が地価に与える影響の大きさが異なると考えられることから、商業地と住宅地とにサンプルを分けて推定を行っている。推定に使用する変数の記述統計は表 4-1 に示されている。

---

14)　人口規模ダミーは、2010 年国勢調査のデータをもとにしており、人口規模 10 万人以上 20 万人未満を基準として、東京 23 区、人口 50 万人以上（政令市）、人口 20 万人以上 50 万人未満、人口 5 万人以上 10 万人未満、人口 5 万人未満に区分している。

<2010 年 >

	商業地 （N＝748）				住宅地 （N＝812）			
	平均	標準偏差	最小値	最大値	平均	標準偏差	最小値	最大値
地価 （対数）	11.753	1.074	9.473	15.676	10.955	0.784	8.636	13.452
エリアマネジメントダミー	0.195	0.397	0.000	1.000	0.073	0.260	0.000	1.000
前面道路幅員 （m）	15.566	9.003	0.000	100.000	5.594	1.657	2.700	20.000
地積 （m²）	381.705	466.027	64.000	6280.000	238.946	119.423	54.000	1055.000
最寄り駅までの距離 （km）	1.229	3.207	0.000	45.500	2.197	3.273	0.080	23.600
容積率 （％）	387.701	144.728	200.000	1000.000	178.695	50.609	50.000	400.000
ガスダミー	0.654	0.476	0.000	1.000	0.528	0.500	0.000	1.000
下水道ダミー	0.933	0.250	0.000	1.000	0.861	0.346	0.000	1.000
整地ダミー	0.684	0.465	0.000	1.000	0.683	0.465	0.000	1.000
地域ダミー								
北海道	0.035	0.183	0.000	1.000	0.018	0.135	0.000	1.000
東北	0.095	0.293	0.000	1.000	0.062	0.241	0.000	1.000
北陸	0.091	0.288	0.000	1.000	0.092	0.290	0.000	1.000
中部	0.202	0.402	0.000	1.000	0.200	0.400	0.000	1.000
近畿	0.102	0.302	0.000	1.000	0.117	0.322	0.000	1.000
中国	0.068	0.252	0.000	1.000	0.052	0.222	0.000	1.000
四国	0.020	0.140	0.000	1.000	0.021	0.143	0.000	1.000
九州	0.116	0.321	0.000	1.000	0.099	0.298	0.000	1.000
人口規模ダミー								
東京 23 区	0.053	0.225	0.000	1.000	0.017	0.130	0.000	1.000
50 万人以上	0.171	0.377	0.000	1.000	0.132	0.338	0.000	1.000
20 万人以上 50 万人未満	0.197	0.398	0.000	1.000	0.212	0.409	0.000	1.000
5 万人以上 10 万人未満	0.207	0.406	0.000	1.000	0.243	0.429	0.000	1.000
5 万人未満	0.172	0.378	0.000	1.000	0.219	0.414	0.000	1.000
大都市からの距離 （100 km）	0.836	0.687	0.001	3.035	0.777	0.649	0.012	3.037
基準化した事業費 （億円/ha）	5.034	42.886	0.000	674.227	1.448	5.840	0.000	130.420

---

15)　地域ブロックの区分は以下のとおりである。
　北海道：北海道
　東北：青森県、岩手県、宮城県、秋田県、山形県、福島県
　関東：茨城県、栃木県、群馬県、千葉県、埼玉県、東京都、神奈川県、山梨県
　北陸：新潟県、富山県、石川県、福井県
　中部：長野県、岐阜県、静岡県、愛知県、三重県、
　近畿：滋賀県、京都府、大阪府、兵庫県、奈良県、和歌山県
　中国：鳥取県、島根県、岡山県、広島県、山口県
　四国：徳島県、香川県、愛媛県、高知県
　九州：福岡県、佐賀県、長崎県、熊本県、大分県、宮崎県、鹿児島県
　　なお、沖縄県については分析の対象サンプルから除外している。

3. エリアマネジメント活動と地価との関係

　推定結果は表 4-2〜表 4-4 に示されている。エリアマネジメントダミー以外の変数の符号についてみてみると、どの変数の符号もおおよそ先行研究と整合的でおおむね有意な結果となっており、全体的にあてはまりのよい推定式となっていると考えられる。

　エリアマネジメントダミーの係数をみると、全国の商業地については 2014 年では 5 ％の有意水準で正となった。このことは、エリアマネジメント活動の有無が、その地域の地価の違いに影響していることを示している。また、関東の 2014 年、近畿の 2014 年、2010 年においても有意に正となっている。以上の結果は、都市の規模やその地点の利便性などの要因を考慮してもエリアマネジメント活動が行われている地域では地価が高い傾向にあることを示しており、エリアマネジメントが地価に対して有意な影響をもつ可能性を示している。しかし、住宅地をみると、全国については 2010 年では 5 ％の有意水準で負となっており、関東の 2010 年においても 5 ％の有意水準で負となっている。このため、住宅地では想定されたような結果が得られていない。

　また、推定された係数の大きさをみると、2014 年の全国・商業地では 0.109、関東・商業地では 0.203、近畿・商業地では 0.247 となっている。この分析においては、被説明変数が対数変換されているため、エリアマネジメントダミーの係数が 0.109 の場合、エリアマネジメントが行われている地点の地価はエリアマネジメントが行われていない地域に比べて 11.5 ％（＝exp(0.109)-1）高いことを示している。しかし、いくらエリアマネジメント活動がその地域の価値を高める効果をもつとしても、これほどまでに大きな差が生じるとは考えにくく、過大な推定結果であるように思われる。分析においては、地積や容積率、最寄り駅までの距離といった地点固有の要因や大都市からの距離や人口規模ダミーにより、地点ごとの差異はある程度コントロールされているが、これらの変数では考慮しきれていない要因、例えば、その地域の周辺環境や地理的なポテンシャルなどが適切に考慮できておらず、結果としてエ

表4-2 推定結果（全国）

	(1) 商業地 2014年	(2) 商業地 2010年	(3) 住宅地 2014年	(4) 住宅地 2010年
エリアマネジメントダミー	0.109(0.046)**	0.040(0.050)	−0.067(0.052)	−0.143(0.058)**
前面道路幅員(m)	0.005(0.002)**	0.007(0.002)***	0.032(0.011)***	0.023(0.011)**
地積(m²)	0.000(0.000)**	0.000(0.000)*	−0.003(0.000)***	−0.002(0.000)***
地積二乗項	0.000(0.000)	0.000(0.000)	0.000(0.000)***	0.000(0.000)***
最寄り駅までの距離(km)	−0.020(0.007)***	−0.014(0.006)**	−0.040(0.006)***	−0.034(0.006)***
容積率(%)	0.003(0.000)***	0.003(0.000)***	0.000(0.000)	0.000(0.000)
ガス	0.306(0.045)***	0.291(0.049)***	0.421(0.037)***	0.410(0.038)***
下水道	0.144(0.064)**	0.114(0.066)*	0.148(0.045)***	0.141(0.047)***
土地の形状(整地ダミー)	0.081(0.036)**	0.058(0.038)	0.022(0.033)	0.020(0.033)
地域ダミー				
北海道	−0.660(0.123)***	−0.682(0.125)***	−0.646(0.123)***	−0.644(0.118)***
東北	−0.675(0.075)***	−0.656(0.079)***	−0.501(0.070)***	−0.448(0.075)***
北陸	−0.349(0.064)***	−0.372(0.068)***	−0.408(0.063)***	−0.358(0.060)***
中部	−0.033(0.059)	−0.110(0.062)*	0.059(0.041)	0.034(0.042)
近畿	0.126(0.071)*	0.083(0.074)	0.118(0.060)*	0.118(0.059)**
中国	−0.266(0.073)***	−0.235(0.080)***	−0.188(0.072)***	−0.150(0.076)*
四国	0.029(0.092)	0.113(0.111)	0.110(0.087)	0.213(0.084)**
九州	−0.329(0.068)***	−0.303(0.070)***	−0.246(0.051)***	−0.240(0.051)***
人口規模ダミー				
東京23区	1.526(0.096)***	1.430(0.101)***	1.203(0.125)***	1.095(0.117)***
50万人以上	0.800(0.062)***	0.719(0.063)***	0.484(0.052)***	0.424(0.051)***
20万人以上 　　50万人未満	0.272(0.072)***	0.232(0.077)***	0.236(0.055)***	0.186(0.056)***
5万人以上 　　10万人未満	−0.287(0.052)***	−0.278(0.057)***	−0.169(0.045)***	−0.180(0.047)***
5万人未満	−0.300(0.059)***	−0.282(0.064)***	−0.258(0.047)***	−0.273(0.049)***
大都市からの距離(100km)	−0.207(0.027)***	−0.166(0.027)***	−0.244(0.025)***	−0.205(0.024)***
基準化した事業費(億円/ha)	−0.001(0.000)***	−0.001(0.000)***	0.007(0.003)**	0.006(0.003)*
定数項	10.300(0.106)***	10.401(0.113)***	11.222(0.137)***	11.302(0.129)***
adj R²	0.794	0.787	0.701	0.686
N	839	748	906	812

注：( )内は、不均一分散に対して頑健な標準誤差。
　　***、**、*は、それぞれ1％、5％、10％水準で有意であることを示す。

表4-3 推定結果（関東）

	(1) 商業地 2014年	(2) 商業地 2010年	(3) 住宅地 2014年	(4) 住宅地 2010年
エリアマネジメントダミー	$0.203(0.084)^{**}$	$0.011(0.106)$	$-0.099(0.100)$	$-0.287(0.117)^{**}$
前面道路幅員（m）	$0.001(0.004)$	$0.003(0.004)$	$-0.003(0.020)$	$-0.001(0.017)$
地積（m²）	$0.000(0.000)$	$0.000(0.000)$	$-0.002(0.001)^{***}$	$-0.002(0.001)^{***}$
地積二乗項	$0.000(0.000)$	$0.000(0.000)$	$0.000(0.000)^{***}$	$0.000(0.000)^{***}$
最寄り駅までの距離（km）	$-0.027(0.014)^{*}$	$-0.011(0.014)$	$-0.059(0.008)^{***}$	$-0.050(0.007)^{***}$
容積率（%）	$0.003(0.000)^{***}$	$0.003(0.000)^{***}$	$0.000(0.001)$	$0.000(0.001)$
ガス	$0.374(0.106)^{***}$	$0.366(0.118)^{***}$	$0.281(0.071)^{***}$	$0.252(0.071)^{***}$
下水道	$-0.122(0.257)$	$-0.073(0.283)$	$0.337(0.103)^{***}$	$0.359(0.105)^{***}$
土地の形状（整地ダミー）	$0.077(0.073)$	$0.053(0.083)$	$-0.071(0.062)$	$-0.048(0.063)$
人口規模ダミー				
東京23区	$0.860(0.171)^{***}$	$0.809(0.178)^{***}$	$0.920(0.132)^{***}$	$0.779(0.136)^{***}$
50万人以上	$0.503(0.132)^{***}$	$0.343(0.135)^{**}$	$0.360(0.081)^{***}$	$0.275(0.081)^{***}$
20万人以上 　50万人未満	$0.469(0.148)^{***}$	$0.393(0.164)^{**}$	$0.326(0.103)^{***}$	$0.274(0.102)^{***}$
5万人以上 　10万人未満	$-0.620(0.105)^{***}$	$-0.712(0.118)^{***}$	$-0.201(0.080)^{**}$	$-0.290(0.083)^{***}$
5万人未満	$-0.415(0.141)^{***}$	$-0.419(0.176)^{**}$	$-0.439(0.104)^{***}$	$-0.588(0.107)^{***}$
大都市からの距離（100 km）	$-1.117(0.229)^{***}$	$-1.012(0.255)^{***}$	$-0.906(0.133)^{***}$	$-0.906(0.118)^{***}$
基準化した事業費（億円/ha）	$-0.001(0.000)^{**}$	$-0.001(0.000)^{***}$	$0.014(0.004)^{***}$	$0.017(0.007)^{**}$
定数項	$11.315(0.271)^{***}$	$11.350(0.297)^{***}$	$11.664(0.226)^{***}$	$11.877(0.205)^{***}$
adj R²	0.846	0.834	0.745	0.739
N	237	203	314	276

注：（ ）内は、不均一分散に対して頑健な標準誤差。
　　***、**、*は、それぞれ1%、5%、10%水準で有意であることを示す。

リアマネジメント活動の過大な推定値につながっている可能性も考えられる。

パネル・データによる分析

　今回の分析に用いているエリアマネジメント・アンケートでは、エリアマ

表 4-4　推定結果（近畿）

	(1) 商業地 2014 年	(2) 商業地 2010 年	(3) 住宅地 2014 年	(4) 住宅地 2010 年
エリアマネジメントダミー	$0.247(0.120)^{**}$	$0.269(0.136)^{*}$	$-0.001(0.123)$	$-0.038(0.167)$
前面道路幅員（m）	$0.009(0.008)$	$0.011(0.008)$	$0.031(0.034)$	$0.044(0.033)$
地積（m²）	$0.000(0.000)^{*}$	$0.000(0.000)$	$-0.003(0.001)^{***}$	$0.001(0.002)$
地積二乗項	$0.000(0.000)$	$0.000(0.000)$	$0.000(0.000)^{***}$	$0.000(0.000)$
最寄り駅までの距離（km）	$-0.167(0.086)^{*}$	$-0.285(0.155)^{*}$	$-0.121(0.035)^{***}$	$-0.126(0.036)^{***}$
容積率（%）	$0.002(0.000)^{***}$	$0.002(0.000)^{***}$	$0.000(0.001)$	$0.000(0.001)$
ガス	$0.222(0.206)$	$0.321(0.276)$	$0.323(0.138)^{**}$	$0.373(0.145)^{**}$
下水道	$0.155(0.202)$	$-0.095(0.272)$	$0.427(0.227)^{*}$	$0.208(0.269)$
土地の形状（整地ダミー）	$-0.130(0.140)$	$-0.172(0.151)$	$-0.002(0.091)$	$-0.025(0.087)$
人口規模ダミー				
50 万人以上	$0.568(0.145)^{***}$	$0.602(0.154)^{***}$	$0.761(0.134)^{***}$	$0.705(0.124)^{***}$
20 万人以上 　　50 万人未満	$0.254(0.168)$	$0.341(0.196)^{*}$	$0.374(0.143)^{**}$	$0.340(0.132)^{**}$
5 万人以上 　　10 万人未満	$-0.405(0.166)^{**}$	$-0.259(0.190)$	$-0.393(0.116)^{***}$	$-0.327(0.121)^{***}$
5 万人未満	$-0.152(0.180)$	$-0.055(0.223)$	$-0.151(0.227)$	$-0.056(0.244)$
大都市からの距離（100 km）	$-0.833(0.160)^{***}$	$-0.756(0.161)^{***}$	$-0.965(0.237)^{***}$	$-1.058(0.267)^{***}$
基準化した事業費（億円/ha）	$-0.015(0.008)^{*}$	$-0.013(0.008)$	$-0.006(0.007)$	$-0.004(0.007)$
定数項	$11.137(0.304)^{***}$	$11.271(0.358)^{***}$	$11.481(0.419)^{***}$	$11.219(0.447)^{***}$
adj R²	0.846	0.850	0.780	0.773
N	88	76	101	95

注：（　）内は、不均一分散に対して頑健な標準誤差。
　　***、**、*は、それぞれ 1 %、5 %、10%水準で有意であることを示す。

ネジメントを行っている団体について、活動や会員・参加者がおおむね現在の規模になった年を尋ねる質問がある。この質問の回答を用い、この年を当該団体の本格的活動が開始された時期と想定することで、同一地点におけるエリアマネジメント活動の有無を時系列で考慮することができる。そして、

このデータと地点ごとの地価の時系列的な変化を組み合わせることで、主体ごとの横断面（クロスセクション）のデータと異時点間の時系列のデータが組み合わさったパネル・データとして取り扱えるようになる。パネル・データを用いた分析の利点は、クロスセクション・データに比べて情報量が圧倒的に多くなることと、時間を通じて変化のない地理的な要因や経済的なポテンシャルといったデータでは観察し難い地点固有の要因を考慮できる点にあり、クロスセクション・データによる分析結果の妥当性を確認できる。

　そこで、2010〜2014 年の 5 年間の地価データを使用し、エリアマネジメント活動の有無と各年ダミーを説明変数とし、それ以外の要因についてはすべて固定効果に反映されると想定して分析を行った（添え字の t は時点をあらわす）。

$$ln(P_{it}) = c + \beta \cdot AM_{it} + \delta_i + \theta_t + \varepsilon_{it}$$

　ここで、δ_i は地点ごとの固定効果、θ_t は年ごとの時間効果をあらわしている。街の賑わい拠点との地理的関係や駅までの距離など、時間を通じて変化のない地点ごとの特殊事情は、この固定効果として考慮される。また、時間効果は、日本経済全体の景気変動などすべての地点に同じような影響を与える要因を考慮するものである。このため、パネル・データによる分析では、クロスセクション・データでは十分に考慮できていなかった要因が考慮されることとなり、エリアマネジメントダミーの係数は、エリアマネジメントが行われていることによる地価への影響をより適切に反映したものになると考えられる。

　表 4-5 は商業地、表 4-6 は住宅地を対象にした場合の推定結果を示したものである。商業地についてみると、全国では有意な結果は得られていないものの、関東および近畿においては 1 ％の有意水準で正の影響が確認される。このことは、クロスセクション・データを用いた分析結果が頑健なものであることを示している。一方、住宅地の結果をみると全国や近畿については有意な結果は得られていない。しかし、クロスセクション・データによる分析では有意に負の影響がみられた関東において、1 ％の有意水準で正となって

第4章 住民主体の活動は地域の価値を高めるか？ *83*

表4-5 推定結果（パネル分析、商業地）

	(1) 全国・商業地	(2) 関東・商業地	(3) 近畿・商業地
エリアマネジメント ダミー	0.001 (0.012)	0.023 (0.009)***	0.044 (0.007)***
2010 年ダミー	0.126 (0.004)***	0.087 (0.006)***	0.076 (0.010)***
2011 年ダミー	0.083 (0.003)***	0.054 (0.005)***	0.035 (0.007)***
2012 年ダミー	0.044 (0.002)***	0.023 (0.004)***	0.011 (0.005)**
2013 年ダミー	0.016 (0.001)***	0.005 (0.002)**	−0.002 (0.003)
定数項	11.574 (0.003)***	12.173 (0.004)***	12.281 (0.007)***
adj R²	0.582	0.472	0.407
N	4,357	1,224	416

注1：（ ）内は、不均一分散に対して頑健な標準誤差。
　　 ***、**、*は、それぞれ1％、5％、10％水準で有意であることを示す。
　2：固定効果については結果を省略している。

表4-6 推定結果（パネル分析、住宅地）

	(1) 全国・住宅地	(2) 関東・住宅地	(3) 近畿・住宅地
エリアマネジメント ダミー	−0.007 (0.012)	0.041 (0.012)***	−0.017 (0.011)
2010 年ダミー	0.091 (0.003)***	0.088 (0.004)***	0.056 (0.006)***
2011 年ダミー	0.061 (0.002)***	0.059 (0.003)***	0.032 (0.005)***
2012 年ダミー	0.033 (0.001)***	0.029 (0.002)***	0.016 (0.003)***
2013 年ダミー	0.012 (0.001)***	0.009 (0.001)***	0.004 (0.002)**
定数項	10.774 (0.002)***	11.088 (0.002)***	11.249 (0.004)***
adj R²	0.561	0.586	0.510
N	4,780	1,580	501

注1：（ ）内は、不均一分散に対して頑健な標準誤差。
　　 ***、**、*は、それぞれ1％、5％、10％水準で有意であることを示す。
　2：固定効果については結果を省略している。

いる。

　また、推定の結果得られたエリアマネジメントダミーの係数をみると、関東・商業地では0.023、近畿・商業地では0.044となっており、その値はクロスセクション・データでの推定結果と比べて小さい。この結果は、関東の商

業地を対象とした場合、エリアマネジメントが行われている地点では、そうではない地域に比べて約2.4%地価が高くなることを示しており、表4-3の結果に比べるともっともらしい水準になっている。

以上のように、商業地においてはおおむね正の影響があるという結果が得られ、パネル・データによる分析では、その係数の大きさも妥当なものとなっている。また、住宅地に関しては、クロスセクション・データでの分析では有意に負となる場合もあるものの、パネル・データを用いた分析では関東では有意に正という結果が得られている。これらの結果を踏まえると、エリアマネジメント活動は地域の価値を高めていると考えることができよう。

4. エリアマネジメント活動の質と効果
——商業地における団体特性を考慮した分析

前節では、エリアマネジメントが行われているかどうかで地点を区分し、エリアマネジメント活動の地価への影響を分析した。しかし、エリアマネジメント活動も、それを担う団体によって活動内容は異なり、また団体の体制・形態も様々である。このため、すべてのエリアマネジメント活動を同様に扱うのではなく、その活動の質について考慮する必要があるかもしれない。

そこで本節では、活動の質に関連すると考えられる団体の特性を考慮した検証を行う。具体的には、サンプルをエリアマネジメント活動の行われている商業地に限定し、団体の活動頻度や事務局の体制などの団体特性を考慮した分析を行うことにより、エリアマネジメント活動の質の違いによる影響を確認する。エリアマネジメント団体の特性は、エリアマネジメント・アンケートの結果をもとに作成したものであり、活動頻度、事務局の体制、団体の収入、法人格の有無の4つである。これらの団体特性を2.2で示した推定式に追加して推定を行い、推定された係数からその影響について検討する。

表 4-7　団体特性を考慮した場合の推定結果

	(1)	(2)	(3)	(4)
〔活動頻度〕				
半年に1回、もしくはそれ未満	−0.456(0.211)**			
2〜3ヵ月に1回	−0.125(0.132)			
月1回	0.050(0.101)			
〔体制〕				
事務局(専用の拠点)あり		0.034(0.108)		
専業事務員あり		0.236(0.118)**		
〔収入の種類〕				
活動からの収入あり			0.245(0.092)***	
会費からの収入あり			−0.072(0.095)	
補助金からの収入あり			−0.055(0.094)	
寄付金からの収入あり			−0.129(0.184)	
〔団体の法人格〕				
法人格なし(任意組織)				−0.309(0.096)***
adj R²	0.822	0.827	0.823	0.831
N	209	207	209	207

注1：(　) 内は、不均一分散に対して頑健な標準誤差。
　　***, **, *は、それぞれ1％、5％、10％水準で有意であることを示す。
　2：他の変数の結果については省略している。

団体の特性とその影響

　表4-7が推定結果を示したものである。各列はそれぞれの特性を追加した場合の推定結果を示している。(1) 列は活動頻度を考慮した場合の推定結果であり、アンケートにおける活動頻度に関する質問の回答に基づき、月に複数回開催している場合を基準として、半年に1回もしくはそれ未満、2〜3ヵ月に1回、月に1回の場合にそれぞれダミー変数を作成して考慮している。結果をみると、半年に1回もしくはそれ未満の場合には有意に負となっており、活動頻度が非常に少ない場合にはエリアマネジメントの効果が発現しない可能性が示されている。

　(2) 列は事務局に専用の拠点があるかどうか、また、専属事務員がいるかどうかを考慮した場合の推定結果である。ここでは、専用の拠点がある場合、

専属の事務員がいる場合には1をとるダミー変数を作成して考慮している。この場合、専用の拠点については有意な結果が得られなかったものの、専属の事務局員がいるケースについては有意に正となった。専属で事務局員を雇っている団体は、その団体専任の事務局員がその活動を担えることから、活動の質も高くなりやすいと考えられる。この結果は、本格的なエリアマネジメント活動であるほど地価への効果が発現しやすいことを示唆するものとなっている。

(3) 列では団体の収入について考慮しており、団体が行っている活動からの収入があるかどうか、団体の会員からの会費収入があるかどうか、行政からの補助金収入があるかどうか、寄付による収入があるかどうかを考慮している。結果をみると、団体活動からの収入がある場合については有意に正という結果が得られた。これは、その団体の活動から得られる自主的な財源を確保できている団体ほど、自主性を発揮してより効果の発現しやすい活動を行うことができ、そのことが地価への影響としてもあらわれてくることを示していると考えられる。

(4) 列では法人格の有無を考慮している。ここでは法人格をもたない任意組織である場合に1、それ以外の場合（株式会社や社団法人・財団法人などの法人格をもっている場合）を0とするダミー変数として考慮していることから、この結果は、任意組織の場合、地価への効果が低くなることを意味している。法人格を有しない任意の集まりであるよりも、何らかの法人格を有する団体のほうが、活動の信頼性も高まり、事業性の大きい活動がしやすくなる。結果として活動の効果も高まると考えられることから、この結果も活動の質が高いほど効果が発現するという仮説と整合的な結果となっている。

以上のように、団体の特性を考慮した場合においても、エリアマネジメント活動が本格的に行われて活動の質も高くなると考えられる要因については、地価に対して正の影響をもつという結果が得られる。

5.　まとめ

　本章では、エリアマネジメントと呼ばれる地域のまちづくり活動に着目し、市区町村を対象とした全国的なアンケート調査のデータと地価データを利用して、エリアマネジメント活動が地域の環境価値、経済的価値を高めているかどうかを検証した。その結果、エリアマネジメント活動が行われることで、特に商業地においては有意な効果があることが確認された。また、活動の質が高いほど、その効果は大きくなる可能性もある。以上の結果は、第3章の図3-1で示した「自発的な協調行動 → 公共と民間の相互補完・連携（住民主体の地域づくり）→ 経済成長」という経路をサポートするものであり、都道府県という広域的なデータからだけではなく、より狭い範囲のミクロなデータからもソーシャル・キャピタルと地域経済との関わりが確認できることを示している。

　また、本章での分析結果は、エリアマネジメント活動が、環境の改善による環境価値の向上から地価の上昇につながっている可能性を示している。つまり、エリアマネジメント活動は、環境価値の向上を通じて、その地域に住む人々の効用の増大に寄与しているかもしれない。このことは、ソーシャル・キャピタルの豊かさは、経済的な側面に限らず、厚生的な側面からも地域の豊かさを高める可能性をもつことを示唆している。

　以上がソーシャル・キャピタルと地域経済との関係性についてのインプリケーションであるが、本章の分析結果からは政策的なインプリケーションも得られる。エリアマネジメント活動の質がその効果の大きさに影響してくるのであれば、エリアマネジメント活動の質を高めることも政策として考慮する価値がある。具体的には、活動のノウハウの提供、活動を担う人材育成の支援、活動そのものに対する経済面、人材面、体制面でのサポート、といった支援策が考えられる。今後、どのような支援をすることで、エリアマネジメント活動の質がより高まり、より活動の効果を発揮しやすくすることになるのかについても、検討を深めていくことが必要と考えられる。

〔補論2〕 地域活動とソーシャル・キャピタルの相互関係

　本章の分析は、ソーシャル・キャピタルの豊かさが活発な地域活動につながることを想定したものである。実際、小林・森記念財団（編）（2018）では、エリアマネジメント活動は、互酬性と信頼を中心とした民の絆と連携から始まると指摘しており（p.25）、ソーシャル・キャピタルは、エリアマネジメント活動のベースにあるものと考えられる。しかし、一方で、エリアマネジメントのような地域活動は、地域のネットワークや信頼関係を作り出し、人々のソーシャル・キャピタルの形成につながる可能性ももっている。

　本章で用いたエリアマネジメント・アンケートについては、その後、追加調査（「エリアマネジメントの実施状況と効果に関する追加調査」）が行われている[16]。この調査は、エリアマネジメント活動が行われていると回答した自治体を対象に、2015年8〜9月に実施されたものである。追加調査では、自治体が講じているエリアマネジメント活動に対する支援策などに関する質問のほか、地域のソーシャル・キャピタルに関する設問が含まれている。具体的には、「住民同士の連携や絆、関係主体間の協調的な意識は強いと感じますか」というものであり、①「エリアマネジメントが行われる以前から、住民同士の連携や協調性は強かったと思う」、②「エリアマネジメントを契機として、住民同士の連携や協調性は強まったと思う」、③「エリアマネジメントを契機として、住民同士の連携や協調性は弱まったと思う」、④「エリアマネジメントが行われる以前から、住民同士の連携や協調性は弱かったと思う」、⑤「よく分からない」という選択肢の中から1つを回答してもらう設問となっている。

16）　追加調査の単純集計結果については、京都大学経営管理大学院官民連携まちづくり実践講座HP（https://www.gsm.kyoto-u.ac.jp/ja/committees/city-anke.html）に掲載されている（2018年5月16日最終閲覧）。

第4章 住民主体の活動は地域の価値を高めるか？ *89*

表4-8 エリアマネジメント活動前後におけるソーシャル・キャピタルの変化

選択肢	回答数	割合（％）
エリアマネジメントが行われる以前から、住民同士の連携や協調性は強かったと思う	100	21.6
エリアマネジメントを契機として、住民同士の連携や協調性は強まったと思う	179	38.6
エリアマネジメントを契機として、住民同士の連携や協調性は弱まったと思う	1	0.2
エリアマネジメントが行われる以前から、住民同士の連携や協調性は弱かったと思う	22	4.7
よく分からない	153	33.0
未回答	9	1.9
合計	464	100.0

出典：京都大学経営管理大学院官民連携まちづくり実践講座「エリアマネジメントの実施状況と効果に関する追加調査」。

　この回答（表4-8）をみると、①が21.6％（464自治体中100自治体）であり、地域のソーシャル・キャピタルが豊かであったことが活動につながっていると考えられる一方で、②が38.6％（464自治体中179自治体）となっており、エリアマネジメント活動が行われたことによって地域のソーシャル・キャピタルが高まっている可能性の両方が考えられる。このため、地域活動とソーシャル・キャピタルとの間は、ソーシャル・キャピタル → 地域活動という一方向の関係ではなく、地域活動 → ソーシャル・キャピタルという逆方向の関係があるかもしれない。また、地域活動が盛んになることによって、その活動を取り巻く人々のソーシャル・キャピタルに正の影響をもたらすとすると、それはソーシャル・キャピタルには外部効果があることになり、ソーシャル・キャピタルの形成を考えるうえでも重要な視点である[17]。

　このことは、ソーシャル・キャピタルを豊かにすることで、地域活動がより積極的に行われるようにし、その経路を通じて地域経済を活性化するという政策に加えて、地域活動そのものを支援することでソーシャル・キャピタ

───────────────

17)　この点については、第9章であらためて分析を行う。

ルを豊かにし、そこから生じる取引コストの低下といった他の経路を通じて経済成長をさらに促進させるという政策もありうることを示唆している。今後、ソーシャル・キャピタルとエリアマネジメント活動との相互の影響についても検討を深め、地域政策におけるソーシャル・キャピタルの活用方策を考えていく必要があると考えられる。

第5章

新たな指標で地域間の違いを測る

1. はじめに

　ソーシャル・キャピタルを政策的に活用していくためには、地域のソーシャル・キャピタルの現況を的確に計測・把握しなければならない。第2章では、OECDの提案やそれを踏まえた英国の取組みについて紹介したが、今後、わが国においても、ソーシャル・キャピタルの計測・把握のための枠組みづくりを進めていくことが望まれる。そして、そのためには、具体的にどのような質問を用いて計測するのがよいのか、また、どのように定量化すべきかといった課題についても検討を行い、的確な計測・把握のための知見を蓄積していくことが必要である。

　こうした問題意識を踏まえ、本章では、第2章で紹介したOECDの提案に基づき、①個人的ネットワーク、②社会的ネットワーク・サポート、③市民参加、④信頼と協調の規範、というソーシャル・キャピタルの4つの側面それぞれを計測・定量化するための手法を検討する。検討に用いるデータは、2010年、2013年に日本大学の稲葉陽二氏が実施した「暮らしの安心・信頼・社会参加に関する調査」（以下「稲葉調査」という）である[1]。この調査には、ソーシャル・キャピタルの多様な側面を把握するための様々な質問が含まれており、OECDが提案する4つの側面それぞれに対応させて質問を整理する

ことができる。また、この調査は全国規模で地域的なバランスを考慮しなが
ら実施されており、相当数のサンプルが確保されている。そのため、これを
用いてソーシャル・キャピタルを指標化すれば、ソーシャル・キャピタルの
地域差なども分析でき、わが国のソーシャル・キャピタルの現状をより詳細
に把握できるというメリットがある。

　以下、本章では、OECD の提案を踏まえた新たな指標の作成について検討
し、作成した指標からわが国のソーシャル・キャピタルの現状を明らかにす
る。まず、第 2 節では、わが国におけるこれまでのソーシャル・キャピタル
計測の取組みについて概観する。第 3 節では、OECD 提案を踏まえてソー
シャル・キャピタルを計測・定量化するため、これまでの計測の取組みを踏
まえつつ指標化に有用と思われる質問を稲葉調査から抽出・分類し、その回
答データから、主成分分析と呼ばれる手法を用いて総合的な指標を作成する。
そして、第 4 節では、作成した指標を用いて、指標間の関係性や地域ブロッ
ク別・都市規模別の地域間比較を行い、ソーシャル・キャピタルの現状を分
析する。

2.　わが国におけるソーシャル・キャピタルの計測

初期の試み──内閣府調査と市民活動インデックス

　これまでの章でも紹介してきた内閣府（2003）は、ソーシャル・キャピタル
の多様な側面を包括的かつ定量的に計測しようとした最初の試みである。こ
の調査では、ソーシャル・キャピタルの計測のため Web アンケート（回答数
2,000 人）と郵送アンケート（回答数 1,878 人）が行われており、このアンケー
ト調査の回答と既存の統計データを利用して、都道府県別のソーシャル・キャ

---

1)　2010 年調査および 2013 年調査は、それぞれ平成 22 年度日本大学術研究助成金（総
　　合）「ソーシャル・キャピタルを考慮した高齢者に優しいまちづくりの研究」（研究代表
　　者：日本大学　稲葉陽二）、平成 25 年度文部科学省科学研究費補助金（基盤研究（A））
　　「ソーシャル・キャピタルの政策合意—その醸成要因と地域差の研究」（課題番号：
　　24243040、研究代表者：日本大学　稲葉陽二）を受けて実施されたものである。個票デー
　　タの利用を許可いただいた稲葉陽二氏に改めて感謝したい。

第 5 章　新たな指標で地域間の違いを測る　93

表 5-1　内閣府（2003）において指数化に用いている項目

つきあい・交流	・近所づきあいの程度 ・近所づきあいのある人の数 ・友人・知人とのつきあいの頻度 ・親戚とのつきあいの頻度 ・スポーツ・趣味・娯楽活動への参加
信頼	・一般的な信頼 ・近所の人々への信頼 ・友人・知人への信頼 ・親戚への信頼
社会参加	・地縁的な活動への参加 ・ボランティア活動行動者率（社会生活基本調査） ・人口一人あたり共同募金額（共同募金 HP）

注：内閣府（2003）をもとに筆者作成。

ピタル指数が作成されている。作成されている指数は、「つきあい・交流」、
「信頼」、「社会参加」の 3 つの指数と、これらを統合した総合指数であり、3
つの指数は、Putnam（1993）の定義で示された「信頼」、「規範」、「ネットワー
ク」の 3 つの構成要素に対応するものとなっている。

　表 5-1 は、指数化に用いられた項目を示したものである。「つきあい・交流」
はネットワークに対応するものであり、近隣でのつきあいや社会的な交流と
いった項目が含まれている。「信頼」は、他人に対する一般的な信頼と、近所
の人や友人・知人など特定の人を対象とした信頼である。そして、「社会参加」
は規範に対応し、地縁的な活動やボランティアなど社会活動への関わりを考
慮したものとなっている。

　作成された指数からは、東京や大阪などの大都市部では相対的に値が低く
なり、地方部では値が高くなる傾向があることが指摘されている。また、作
成された指数と完全失業率、刑法犯認知件数、合計特殊出生率、平均余命と
の関係の回帰分析により、ソーシャル・キャピタルが豊かな地域ほど失業率
や犯罪率は低い傾向があることや、ソーシャル・キャピタルの豊かな地域で
は出生率は高く、平均余命は長くなる傾向があることが示されており、地域

の経済社会におけるソーシャル・キャピタルの重要性が指摘されている[2]。

　このようなアンケート調査を用いた計測のほか、大阪大学の山内直人氏は、統計データをもとに都道府県別のソーシャル・キャピタルの定量化を試みている（山内 2003）。この試みは、市民活動の側面に焦点をあて、非営利組織、寄付、ボランティアの3つの指数からソーシャル・キャピタルを捉えようとするものである。それぞれの指数をみると、非営利組織指数には、NPO法人シェア（事業所・企業統計のサービス業に分類される企業数とNPO法人の合計に占めるNPO法人の割合）、非営利組織シェア（事業所・企業統計の社会サービス分野の事業所のうち、「会社でない法人」「法人でない団体」が占める割合）、非営利雇用シェア（社会サービス分野で働いている雇用者のうち、「会社でない法人」「法人でない団体」が占める割合）の3つのデータが用いられている。寄付指数に用いられているのは、家計寄付性向（「全国消費実態調査」における都道府県別の寄付性向）、共同募金寄付性向（共同募金の実績額の県民所得に対する割合）、献血指数（総人口に対する献血者数の比率）の3つである。そして、ボランティア指数にはボランティア行動者率、ボランティア日数、福祉ボランティア数（福祉ボランティア数の人口比）の3つが用いられている。それぞれの指数は、各データを偏差値にしたうえで単純平均したものである。この3つの指数を合成したものが市民活動インデックスであり、作成されたインデックスをみると、熊本県、沖縄県、宮崎県、山口県、鳥取県、鹿児島県といった九州・中国地方の県が上位を占め、千葉県、愛知県、茨城県、埼玉県、神奈川県といった大都市やその周辺の県が下位となっている。

その後の取組み──日本総合研究所調査と稲葉調査

　その後、全国を対象としてソーシャル・キャピタルを計測しようとした取組みとしては、日本総合研究所が実施したアンケート調査がある。この調査は、2007年にWebアンケートにより実施され（回答数3,000人）、内閣府（2003）の3区分を踏襲しつつ、新たな都道府県別ソーシャル・キャピタル指数の作

2）　なお、内閣府（2005）においてもWebによるアンケート調査が行われている（回答数3,000人）。

表 5-2　内閣府（2003）と日本総合研究所（2008）の比較

	内閣府（2003）	日本総合研究所（2008）
つきあい・ 交流	近所づきあいの程度 近所づきあいのある人の数 友人・知人との職場外でのつきあい 　の頻度 親戚とのつきあいの頻度 スポーツ・趣味・娯楽活動への参加	近所づきあいの程度 近所づきあいのある人の数 友人・知人との職場外でのつきあい 　の頻度 親戚とのつきあいの頻度 スポーツ・趣味・娯楽活動への参加
信頼	一般的な信頼 近所の人々への信頼 友人・知人への信頼 親戚への信頼	一般的な信頼 旅先での信頼
社会参加	地縁的な活動への参加 ボランティア・NPO・市民活動への 　参加 寄付	地縁的な活動への参加 ボランティア・NPO・市民活動への 　参加

注：内閣府（2003）、日本総合研究所（2008）をもとに筆者作成。

成が試みられている（表 5-2）。作成された指数は、「信頼」に関しては高知県、福島県、宮崎県などが高く、都道府県による相対的な差が大きいこと、「つきあい・交流」に関しては指数の各構成指標のばらつきがみられ、長崎県、山形県、岡山県といった地域で高いこと、「社会参加」については岡山県、大分県、島根県などが高いことなどが指摘されている。また、3つを合わせた総合指数をみると、西日本の地域でソーシャル・キャピタルが高くなる傾向があることが指摘されている。

　このほかにも、全国的に行われた調査としては、前述の日本大学の稲葉陽二氏が実施した「暮らしの安心・信頼・社会参加に関する調査」がある。この調査は郵送調査によるものであり、2010年調査は、全国50地点を調査地域とし、それぞれ地点の住民基本台帳から無作為抽出された居住者（20歳から79歳）4,000人が対象となっており、1,599人からの有効回答が得られている。また、2013年調査は、全国100地点において住民基本台帳から無作為抽出された居住者（20歳から79歳）10,000人（各地点100人×100地点）が対

象となっており、3,575 人からの有効回答が得られている。この 2 つの調査はいずれも内閣府（2003）の調査における質問項目を踏襲しており、内閣府（2003）での郵送調査の結果と比較すると、2003 年から 2013 年までの 10 年間で、一般的信頼については安定し、地縁的な活動、ボランティア・NPO・市民活動、スポーツ・趣味・娯楽活動への参加率は上昇しているものの、隣人、友人・知人、職場の同僚、家族、親戚などとのつきあいは減少していること、日常で接する人々に対する信頼も大幅に低下していること、また、2011 年 3 月に発生した東日本大震災を挟んだ 2010 年、2013 年の結果を比較しても同じような傾向がみられることが報告されている[3]。

既存調査の課題

　以上のように、わが国においてもソーシャル・キャピタルの計測や地域間比較のため、いくつかの取組みが行われている[4]。しかし、指標化に際して用いられる質問や項目が一致しているわけではないため、それぞれの結果は単純には比較し難い。

　また、ソーシャル・キャピタルの多様な側面との関係性の課題もある。第 2 章で紹介した OECD の 4 分類は、今後、世界各国で定量的にソーシャル・キャピタルを計測しその比較を行ううえでの基礎となると考えられることから、この分類に沿った計測は、今後の国際的な議論との整合性という観点からも有益であると考えられる。しかし、内閣府（2003）や日本総合研究所（2008）では、「つきあい・交流」「信頼」「社会参加」という複数の側面をカバーしているものの、山内（2003）のインデックスは市民活動に焦点をあてたものであるため、ソーシャル・キャピタルのもつ多様な側面が十分に反映されている

3）　稲葉（2011a）、稲葉（2014）を参照。
4）　本章で紹介しているのは全国的な調査が中心であるが、特定の地域を対象として実施された調査としては、日本福祉大学の AGES（Aichi Gerontological Evaluation Study）の一環として愛知県知多半島を中心とした自治体に居住する高齢者を対象として行われた調査、前述の稲葉陽二氏が長野県須坂市と徳島県上勝町で行った調査、京都大学大学院地球環境学堂地域資源計画論研究室が京都府北部の農業地域を対象として実地した調査、神戸市が市民を対象に実施したアンケート調査などがある。

とは言い難い。

さらに、データ分析への利用可能性という課題もある。内閣府 (2003) や日本総合研究所 (2008) は都道府県別指数の作成を目的としており、公表されているデータから OECD の提案する分類に従って比較を行おうとしても、都道府県別での検討しか行えない。さらに、都道府県別では、サンプル数がかなり少なくなってしまう地域もある。また、個人へのアンケート調査をもとにソーシャル・キャピタルの現状を把握するのであれば、個人単位でソーシャル・キャピタルを指標化するほうが、分析の際には利用可能性が高い。個人レベルのデータであれば個人を対象とした分析に活用でき、地域単位で集計して地域レベルでの分析にも用いることができるためである。

以上から、OECD の分類に沿って個人レベルのデータを用いた新たなソーシャル・キャピタルの指標化を考えることは、今後のソーシャル・キャピタルの計測・定量化の枠組みづくりの議論のためにも、わが国のソーシャル・キャピタルの現状を多様な側面から把握するうえでも有用であると考えられる。以下では OECD の分類に沿ってわが国のソーシャル・キャピタルを計測・評価すべく、稲葉調査のデータを活用して、ソーシャル・キャピタルの多様な側面を把握するための個人レベルでの新たな指標を作成する。

3.　OECD の分類に対応した指標の作成

3.1.　指標化に用いる質問の抽出・分類

表 5-2 に示したように、内閣府 (2003) では 12 項目、日本総合研究所 (2008) では 9 項目がソーシャル・キャピタル指数の作成に用いられており、重複を除くと全部で 13 項目ある。これらの 13 項目は、ソーシャル・キャピタルをあらわすものとして既に用いられており、ソーシャル・キャピタルを捉える質問項目としての実績がある。また、これらの質問はすべて稲葉調査に含まれている。そこで、この 13 項目を OECD の提案する 4 つの側面に対応するよう分類し、指標化に用いることとする。

13 項目の具体的な分類と内容は、表 5-3 のとおりである。個人的ネット

表5-3　4分類それぞれの質問項目

＜個人的ネットワーク＞

含まれる設問項目	質問内容と選択肢
近所づきあいの程度	あなたは、ご近所の方とどのようなおつきあいをされていますか（つきあいの程度）。 1．お互いに相談したり日用品の貸し借りをするなど、生活面で協力し合っている人もいる 2．日常的に立ち話をする程度のつきあいはしている 3．あいさつ程度の最小限のつきあいしかしていない 4．つきあいは全くしていない
近所づきあいの人数	あなたは、ご近所の方とどのようなおつきあいをされていますか（つきあいの人数）。 1．近所のかなり多くの人と面識・交流がある（おおむね20人以上） 2．ある程度の人との面識・交流がある（おおむね5～19人） 3．近所のごく少数の人とだけ面識・交流がある（おおむね4人以下） 4．隣の人が誰かも知らない
友人・知人とのつきあいの頻度	あなたは、普段どの程度の頻度でつきあいをされていますか（友人・知人とのつきあい（学校や職場以外で））。 1．日常的にある（毎日～週に数回程度） 2．ある程度頻繁にある（週に1回～月に数回程度） 3．ときどきある（月に1回～年に数回程度） 4．めったにない（年に1回～数年に1回程度） 5．全くない（もしくは友人・知人はいない）
親戚とのつきあいの頻度	あなたは、普段どの程度の頻度でつきあいをされていますか（親戚・親類とのつきあい）。 1．日常的にある（毎日～週に数回程度） 2．ある程度頻繁にある（週に1回～月に数回程度） 3．ときどきある（月に1回～年に数回程度） 4．めったにない（年に1回～数年に1回程度） 5．全くない（もしくは親戚はいない）

ワークについては、回答者の他人とのつきあいの頻度や範囲などを問う項目が該当することから、「近所づきあいの程度」、「近所づきあいの人数」、「友人・知人とのつきあいの頻度」、「親戚とのつきあいの頻度」の4つを用いる。社会的ネットワーク・サポートについては、「近所の人々への信頼」、「友人・知人への信頼」、「親戚への信頼」が該当すると考えられる。これらの項目は、

＜社会的ネットワーク・サポート＞

含まれる設問項目	質問内容と選択肢
近所の人々への信頼	日常生活の問題や心配事について、あなたは、相談したり頼ったりする人や組織がありますか（近所の人々）。 1．大いに頼りになる 2．ある程度頼りになる 3．どちらとも言えない 4．あまり頼りにできない 5．全く頼りにできない
友人・知人への信頼	日常生活の問題や心配事について、あなたは、相談したり頼ったりする人や組織がありますか（友人・知人）。 1．大いに頼りになる 2．ある程度頼りになる 3．どちらとも言えない 4．あまり頼りにできない 5．全く頼りにできない
親戚への信頼	日常生活の問題や心配事について、あなたは、相談したり頼ったりする人や組織がありますか（親戚）。 1．大いに頼りになる 2．ある程度頼りになる 3．どちらとも言えない 4．あまり頼りにできない 5．全く頼りにできない

内閣府（2003）では信頼をあらわす指標として用いられているが、アンケートにおいては、「日常生活の問題や心配ごとについて、あなたは、相談したり頼ったりする人や組織がありますか」という問いに対して、どれだけ頼りになるかを回答するものとなっており、第2章で紹介した Scrivens and Smith（2013）で例示されている「あなたは助けを頼める人を知っていますか」や「あなたには、困ったときに頼りにできる友人が一人もしくはそれ以上いますか」といった質問に近い。このため、「近所の人々への信頼」、「友人・知人への信頼」、「親戚への信頼」については、社会的ネットワーク・サポートに対応するものとして整理することが適当と考えられる。市民参加に関しては、「地縁的な活動への参加」、「ボランティア・NPO・市民活動への参加」、「スポーツ・

表 5-3 （続き）

< 市民参加 >

含まれる設問項目	質問内容と選択肢
地縁的な活動への参加	あなたは、地縁的な活動（自治会、町内会、婦人会、老人会、青年団、子ども会など）をしていますか。 1．週に4日以上 2．週に2〜3日 3．週に1回程度 4．月に2〜3日程度 5．週に1日程度 6．年に数回程度活動 7．活動していない
スポーツ・趣味・娯楽活動への参加	あなたは、スポーツ・趣味・娯楽活動（各種スポーツ、芸術文化活動、生涯学習など）をしていますか。 1．週に4日以上 2．週に2〜3日 3．週に1回程度 4．月に2〜3日程度 5．週に1日程度 6．年に数回程度活動 7．活動していない
ボランティア・NPO・市民活動への参加	あなたは、ボランティア・NPO・市民活動（まちづくり、高齢者・障害者福祉や子育て、スポーツ指導、美化、防犯・防災、環境、国際協力、提言活動など）をしていますか。 1．週に4日以上 2．週に2〜3日 3．週に1回程度 4．月に2〜3日程度 5．週に1日程度 6．年に数回程度活動 7．活動していない
寄付	この1年間に、どのくらいの現金もしくは現物を寄付・募金されましたか（現物によるものは相当額に換算）。 1．100円未満 2．100円以上1,000円未満 3．1,000円以上5,000円未満 4．5,000円以上1万円未満 5．1万円以上5万円未満 6．5万円以上10万円未満 7．10万円以上 8．寄付・募金はしていない

＜信頼と協調の規範＞

含まれる設問項目	質問内容と選択肢
一般的な信頼	あなたは、一般的に人は信頼できると思いますか。それとも信頼できないと思いますか。 １．ほとんどの人は信頼できる 〜 ９．注意するに越したことはない 10．分からない
旅先での信頼	それでは、「旅先」や「見知らぬ土地」で出会う人に対してはいかがでしょうか。 １．ほとんどの人は信頼できる 〜 ９．注意するに越したことはない 10．分からない

注：一般的な信頼および旅先での信頼において「分からない」という回答については欠損値として取り扱っている。

趣味・娯楽活動への参加」、「寄付」が該当する。最後の信頼と協調の規範には、「一般的な信頼」、「旅先での信頼」が含まれる。

　稲葉調査では、この 13 項目以外にもソーシャル・キャピタルの指標化において用いることができそうな質問項目がいくつか含まれている。例えば、職場の同僚とのつきあいや職場の同僚への信頼といった質問である。しかし、この質問に対しては、回答者が就業している場合にのみ回答が得られ、専業主婦・主夫や学生、また引退した人などはこの質問の回答を得ることができない。このため、この質問を含めてしまうと、欠損値をもつサンプルが増えてしまう。また、2013 年調査では、互酬性に関する質問が追加されている[5]。この質問は、OECD の 4 分類のうちの「信頼と互酬性の規範」をあらわすものとして用いることに違和感はないものの、この質問を含めると 2010 年調

5）　2013 年調査に追加されている互酬性に関する質問は、「あなたは、人を助ければ、いずれその人から助けてもらえると思いますか」という質問と、「あなたは、人を助ければ、今度は自分が困っているときに誰かが助けてくれるように世の中はできている、と思いますか」という質問である。

査のデータが欠損値となってしまう。地域間比較を行うにはサンプル数の確保も必要であるため、今回はこれらの質問項目は用いないこととした。

3.2. 指標化の方法
指標化のための手法

以上のように、OECD が提案する 4 つの側面に対応するように質問を抽出・分類したが、4 つの側面それぞれを 1 つの指標で捉えるためには、それぞれに含まれる質問のデータを合成する方法を考えなければならない。内閣府 (2003) や日本総合研究所 (2008) では、質問項目を合成した指数を作成するため、都道府県別に集計した質問項目の特定の選択肢の回答率をもとに、47 都道府県の平均が 0、分散が 1 となるように標準化したうえで、標準化した各質問項目を単純平均したものを用いている。

ただし、この方法では、平均して合成する各質問の重みはすべて同じということが仮定される。例えば「社会参加」には、地縁的な活動とボランティア・NPO・市民活動の 2 つの種類の活動への参加と寄付が考慮されているが、この 3 つのそれぞれの項目の重みは 1 となる。しかし、先験的にはこれらの重みをそれぞれ 1 としてよいかどうかは不明であり、指標化にあたってはこの点への配慮が必要になる。

こうした問題は、複数のデータから総合的な指標を作成しようとする場合の論点の 1 つであり、多様な側面を考慮する総合的な指標の作成においては、様々な手法が用いられている。前述のように、それぞれの質問の重みを 1 とする方法もあれば、規範的な観点や専門家による評価から特定の質問の重みを設定する方法、統計的な手法を用いてそれぞれの質問の重みを求める方法などである [6]。今回用いる質問について、先験的に項目ごとの重みを判断することは難しい。そこで、得られたデータに基づいて統計的手法により重みを求める手法を用いる。統計的な手法としては、主成分分析、因子分析などいくつかの手法があるが、本章では、最もよく用いられる手法とされる主成

---

6) 多元的な指標を統合するための手法については、例えば Decancq and Lugo (2013) で詳しく解説されている。

分分析を用いる[7]。

主成分分析

　主成分分析の考え方は、英国の数理統計学者ピアソン（Pearson, Karl）や米国の経済学者ホテリング（Hotelling, Harold）によって導入・開発されたとされる[8]。主成分分析の基本的な考え方は、複数の変数がもつ情報量を最大に表現できるように各変数に重みを与えた線形結合を考えるというものである。今、サンプルサイズが n 個ある Y_1 と Y_2 の 2 つの変数があるとする。そしてそれぞれの変数を標準化した変数 X_1、X_2 を考える。この変数にそれぞれ重みを考慮した線形結合は以下の式であらわせる。

$$Z = a_1 X_1 + a_2 X_2$$

　X_1、X_2 は標準化した変数なので、平均は 0、標準偏差は 1 であり、Z の平均も 0 となる。

　ここで、Z が X_1 と X_2 の情報量をできるだけ多くもつようにすることを考える。そのためには、Z が X_1、X_2 のデータのばらつきをできるだけ反映させることが必要であり、Z の分散ができるだけ大きくなるようにする必要がある。

　そのため、

$$a_1^2 + a_2^2 = 1 \tag{1}$$

の条件を満たす中で、Z の分散を最大にするような a_1、a_2 を求めるのが主成分分析の基本的な考え方である。

　Z の不偏分散は以下のとおり計算される。

7）　主成分分析を用いた例としては、第 2 回国連人間居住会議（ハビタット II）で採択されたハビタット・アジェンダ（居住問題解決のための世界行動計画）の進捗状況を評価するために開発された「City Development Index」、公益社団法人日本経済研究センターが公表していた「世界 50 ヵ国・地域潜在力調査」などがある。

8）　Jolliffe（2002）による。

$$Var(Z) = \frac{1}{n-1}\sum_{i=1}^{n}(Z_i - \bar{Z}_i)^2 = \frac{1}{n-1}\sum_{i=1}^{n}Z_i^2 = \frac{1}{n-1}\sum_{i=1}^{n}(a_1 X_{1i} + a_2 X_{2i})^2$$

$$= \frac{1}{n-1}\left(a_1^2\sum_{i=1}^{n}X_{1i}^2 + 2a_1 a_2\sum_{i=1}^{n}X_{1i}X_{2i} + a_2^2\sum_{i=1}^{n}X_{2i}^2\right)$$

ここで、

$$\sum_{i=1}^{n}X_{1i}^2 = \sum_{i=1}^{n}X_{2i}^2 = n-1$$

$$\sum_{i=1}^{n}X_{1i}X_{2i} = (n-1)r_{12}$$

（r_{12}は Y_1と Y_2の相関係数）

であることに留意すると、

$$Var(Z) = a_1^2 + a_2^2 + 2a_1 a_2 r_{12} \tag{2}$$

となる。

　ラグランジュの未定乗数法を用いて（1）式の制約のもとで（2）式の最大化問題を解けば、以下のような一階の条件が得られる（λはラグランジュ乗数）。

$$a_1 + r_{12}a_2 = \lambda a_1$$

$$r_{12}a_1 + a_2 = \lambda a_2$$

　この条件を行列であらわすと

$$\begin{bmatrix} 1 & r_{12} \\ r_{12} & 1 \end{bmatrix}\begin{bmatrix} a_1 \\ a_2 \end{bmatrix} = \lambda \begin{bmatrix} a_1 \\ a_2 \end{bmatrix}$$

となり、これは、行列 $\begin{bmatrix} 1 & r_{12} \\ r_{12} & 1 \end{bmatrix}$ の固有値（λ）と固有ベクトル $\begin{bmatrix} a_1 \\ a_2 \end{bmatrix}$ を求めることを示している。

　このようにして求められた a_1、a_2がそれぞれ X_1と X_2の重みとなる。

　第2主成分については、第1主成分と無相関になるように（ベクトルが直交するように）条件を付加して固有値と固有ベクトルを計算する。

主成分の選択

　以上の例は 2 つの変数を用いる場合であるが、主成分分析では用いる変数の数だけ主成分を求めることができることから、用いる変数を多くすればするほど、得られる主成分も多くなる。このため、どこまでの主成分を用いるのかを判断しなければならない。

　判断基準としては、寄与率（求められた固有値の合計に対する当該主成分の固有値の比率）を第 1 主成分から足し上げていき、累積寄与率が一定の水準を超えるまでの主成分を採用するという方法や、得られる固有値の大きさから判断する方法が通常用いられている。ただし、累積寄与率を用いて判定する場合、80％、90％などの基準が使われることもあれば、60％や 70％を基準とすることもあり、絶対的な基準があるわけではない。また、固有値の大きさについても 1 以上のものを採用するという考え（Kaiser's rule）や固有値の大きさをプロットして断層をみつける（Scree plot）といった方法があり、分析を行う側が総合的に判断することになる[9]。

3.3.　使用する調査データの概要
データの記述統計

　指標を作成する前に、使用するデータについて概観しておこう。表 5-4 は、分析に用いる指標の記述統計である。それぞれの指標は、つきあいの程度や人数、頼りになる程度、活動への参加頻度や寄付の額、他人への信頼の程度についての回答であり、ここでは、つきあいの程度や参加頻度などが高いほど大きくなるよう順位を変換しており、すべての質問について最小値が 1 となるようにしている。

　質問ごとに選択肢の数が異なり、最大値も異なるが、市民活動の指標については平均が最小値に近いため、活動に参加していない、もしくは寄付はしていないという回答者が多いことが分かる。

9）　Jolliffe（2002）、内田（2013）を参照。

表5-4　分析に用いる指標の記述統計

	平均	標準偏差	最小値	最大値
個人的ネットワーク				
近所づきあいの程度	2.743	0.769	1	4
近所づきあいの人数	2.663	0.765	1	4
友人・知人とのつきあいの頻度	3.480	0.939	1	5
親戚とのつきあいの頻度	3.266	0.896	1	5
社会的ネットワーク・サポート				
近所の人々への信頼	2.963	1.067	1	5
友人・知人への信頼	3.639	0.993	1	5
親戚への信頼	3.558	1.104	1	5
市民参加				
地縁的な活動への参加	1.896	1.233	1	7
スポーツ・趣味・娯楽活動への参加	2.688	1.991	1	7
ボランティア・NPO・市民活動への参加	1.567	1.166	1	7
寄付	3.495	1.735	1	8
信頼と協調の規範				
一般的な信頼	5.060	2.272	1	9
旅先での信頼	4.532	2.423	1	9

データの地域ブロック別比較

　次に、それぞれの質問の回答が地域間でどのように異なっているかを確認しておこう。地域別の比較においては、通常、都道府県別の比較が行われる。しかし、今回用いる調査のデータでは、2010年、2013年の調査を合わせてもサンプルが存在しない、もしくはサンプル数が非常に少ない地域が存在する。そのため、以下のように地域ブロック単位で集計して、地域間の傾向を比較する（表5-5）。

　個人的ネットワークについては、含まれる4つの質問のうち、近所づきあいと親戚づきあいに関する質問の2つ、社会的ネットワーク・サポートについては、近所の人と親戚への信頼、市民参加については、地縁的な活動への参加と寄付、信頼と協調の規範については、一般的な信頼を地域別に比較したものである（図5-1〜図5-4）。

　個人的ネットワークの2つの質問についてみてみると関東や近畿といった

第5章　新たな指標で地域間の違いを測る　*107*

表5-5　各地域ブロックに含まれる都道府県

地域ブロック	含まれる都道府県
北海道	北海道
東北	青森県、岩手県、宮城県、秋田県、山形県、福島県
関東	茨城県、栃木県、群馬県、埼玉県、千葉県、東京都、神奈川県
甲信越	新潟県、山梨県、長野県
北陸	富山県、石川県、福井県
東海	岐阜県、静岡県、愛知県、三重県
近畿	滋賀県、京都府、大阪府、兵庫県、奈良県、和歌山県
中国	鳥取県、島根県、岡山県、広島県、山口県
四国	徳島県、香川県、愛媛県、高知県
九州・沖縄	福岡県、佐賀県、長崎県、大分県、熊本県、宮崎県、鹿児島県、沖縄県

地域では近所づきあいの程度も親戚づきあいの頻度も低い人の割合が高い。一方で、北陸や九州・沖縄では他の地域に比べてつきあいの程度が高い人の割合が多くなっている。社会的ネットワーク・サポートについては、近所の人々への信頼が最も低いのは関東であるが、親戚への信頼については、北陸が最も低くなっている。市民参加についてみると、地縁的な活動に参加している人の割合が多く、寄付において比較的高額な寄付をしている人の割合が高いのは北陸である。一般的な信頼については、信頼できると回答している人の割合（7、8、9の回答の合計）が低いのは北海道（22.0%）や北陸（22.5%）であるが、北海道では注意するに越したことはないと回答する人が19.2%いるものの北陸では12.7%と最も低くなっており、その傾向は異なっている。信頼できると回答している人の割合が高いのは中国（33.7%）、九州・沖縄（32.9）、東海（31.6%）である。

　以上のように、地域ブロック間ではその回答傾向にかなりの差があることが分かる。

図5-1　個人的ネットワークの指標の地域ブロック別比較

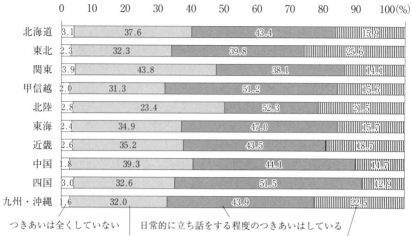

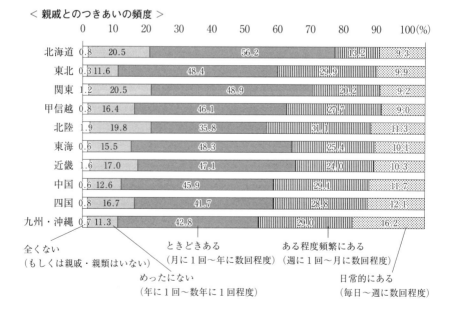

第5章 新たな指標で地域間の違いを測る　109

図5-2　社会的ネットワーク・サポートの指標の地域ブロック別比較
<近所の人々への信頼>

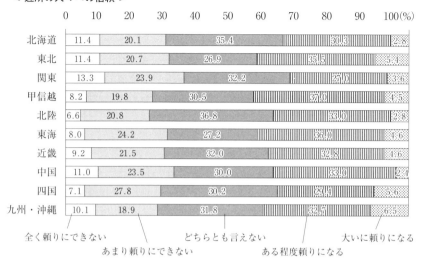

<親戚への信頼>

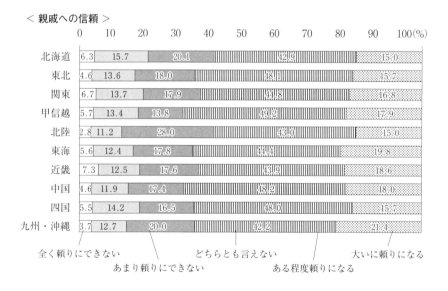

図 5-3 市民参加の指標の地域ブロック別比較

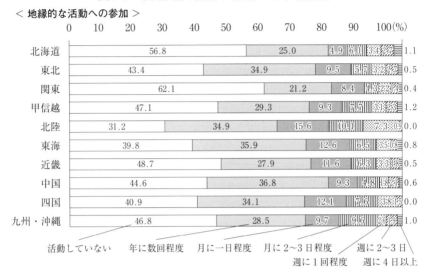

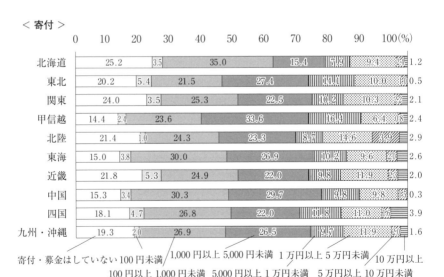

第 5 章　新たな指標で地域間の違いを測る　*111*

図5-4　信頼と協調の規範に関する指標の地域ブロック別比較

＜一般的な信頼＞

地域	1 注意するに越したことはない	2	3	4	5 両者の中間	6	7	8	9 ほとんどの人は信頼できる
北海道	19.2	2.4	5.6	5.6	35.2	10.0	12.1	5.6	4.0
東北	17.1	1.0	4.7	5.5	35.2	11.5	11.5	7.5	6.0
関東	15.2	2.5	6.4	5.9	31.9	10.9	14.5	6.7	6.0
甲信越	13.2	4.8	4.0	5.6	31.6	12.4	14.8	8.4	5.2
北陸	12.7	2.0	4.9	9.8	39.4	8.8	6.9	9.5	5.9
東海	13.0	1.5	4.1	5.1	31.6	13.0	18.6	6.2	6.8
近畿	13.6	1.9	5.0	6.7	32.6	12.3	15.0	7.1	5.8
中国	14.2	2.5	4.3	6.5	28.5	10.2	17.3	9.9	6.5
四国	15.1	1.6	11.9	8.7	26.2	10.3	14.3	7.9	4.0
九州・沖縄	12.9	2.7	4.3	5.7	30.6	10.9	14.3	11.1	7.5

3.4.　4つの側面をあらわす指標の作成

主成分の選択

　主成分分析の結果は表5-6に示されている。まず、個人的ネットワークについてみてみよう。第1主成分の固有値は2.123であり寄与率は0.531（53.1%）である。このことは、用いている4つの指標の情報量の半分は、この第1主成分により説明されることを示している。固有ベクトルは前述の変数ごとの重みに対応したものであるが、近所づきあいの程度、近所づきあいの人数については0.5を超え、また友人・知人とのつきあいの頻度や親戚とのつきあいの頻度についても0.4を超えており、4つの質問それぞれに同じように重みがつけられている。このため、第1主成分は4つの指標をバランスよく反映し、個人的ネットワークの強さを総合的にあらわすもの考えられる。第2主成分、第3主成分、第4主成分についてみると、固有値はそれぞれ0.824、0.667、0.386と1を下回り、寄与率も0.206、0.167、0.097となっており、第1主成分に比べてかなり小さい。

　この傾向は社会的ネットワーク・サポート、市民参加についても同じであ

表 5-6　主成分分析の結果

	第 1 主成分	第 2 主成分	第 3 主成分	第 4 主成分
＜ 個人的ネットワーク ＞				
固有値	2.123	0.824	0.667	0.386
寄与率	0.531	0.206	0.167	0.097
累積寄与率	0.531	0.737	0.904	1.000
固有ベクトル				
近所づきあいの程度	0.562	−0.377	0.114	−0.727
近所づきあいの人数	0.546	−0.434	0.222	0.682
友人・知人とのつきあいの頻度	0.470	0.294	−0.829	0.080
親戚とのつきあいの頻度	0.407	0.764	0.501	−0.003
＜ 社会的ネットワーク・サポート ＞				
固有値	1.782	0.663	0.555	
寄与率	0.594	0.221	0.185	
累積寄与率	0.594	0.815	1.000	
固有ベクトル				
近所の人々への信頼	0.549	0.836	0.021	
友人・知人への信頼	0.590	−0.405	0.698	
親戚への信頼	0.592	−0.371	−0.716	
＜ 市民参加 ＞				
固有値	1.914	0.815	0.733	0.538
寄与率	0.478	0.204	0.183	0.135
累積寄与率	0.478	0.682	0.866	1.000
固有ベクトル				
地縁的な活動への参加	0.545	−0.061	−0.520	0.655
スポーツ・趣味・娯楽活動への参加	0.437	0.729	0.515	0.113
ボランティア・NPO・市民活動への参加	0.564	0.026	−0.352	−0.747
寄付	0.440	−0.682	0.583	0.034
＜ 信頼と協調の規範 ＞				
固有値	1.681	0.319		
寄与率	0.841	0.159		
累積寄与率	0.841	1.000		
固有ベクトル				
一般的な信頼	0.707	0.707		
旅先での信頼	0.707	−0.707		

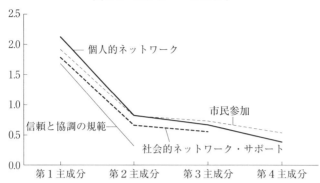

図 5-5　スクリー・プロット

る。社会的ネットワーク・サポートについては、第 1 主成分の固有値は 1.782 と 1 を超えており寄与率も 0.594 となっているが、第 2 主成分、第 3 主成分については固有値が 1 よりも小さく、寄与率もそれぞれ 0.221、0.185 とそれほど大きくない。また、第 1 主成分の固有ベクトルをみると 3 つの項目すべてについて 0.5 を超える値となっている。市民参加についても、第 1 主成分の固有値は 1.914、寄与率は 0.478 であるが、第 2 主成分以下では固有値はそれぞれ 1 より小さい。固有ベクトルも地縁的な活動で 0.545、スポーツ・趣味・娯楽活動で 0.437、ボランティア・NPO・市民活動で 0.564、寄付で 0.440 となっている。

　信頼と協調の規範については、用いている質問が一般的な信頼と旅先での信頼の 2 つしかない。また、両者の回答傾向は似ていることから、第 1 主成分の寄与率が 0.841 と非常に高くなっている。

　以上の結果をみると、それぞれの第 1 主成分は分類した質問項目の要素を総合的にバランスよく反映しており、寄与率も市民参加を除いて 5 割を超える。また、固有値が 1 を超えているのは第 1 主成分のみであり、第 1 主成分と第 2 主成分とで傾きの断層がある（図 5-5）。そこで、それぞれの第 1 主成分を各側面の指標の作成に用いることとし、各個人の第 1 主成分の主成分得点を求め、それを各個人のソーシャル・キャピタルの指標とする。

表5-7 作成した4つの指標の記述統計

	N	平均	標準偏差	最小値	最大値
個人的ネットワーク	5,110	0.000	1.457	−4.736	3.425
社会的ネットワーク・サポート	4,954	0.000	1.335	−3.947	2.630
市民参加	4,974	0.000	1.383	−1.675	6.219
信頼と協調の規範	4,865	0.000	1.297	−2.308	2.526

表5-8 作成した4つの指標間の相関

	個人的ネットワーク	社会的ネットワーク・サポート	市民参加	信頼と協調の規範
個人的ネットワーク	1			
社会的ネットワーク・サポート	0.456***	1		
市民参加	0.497***	0.220***	1	
信頼と協調の規範	0.184***	0.210***	0.171***	1

注：***、**、*は、それぞれ1％、5％、10％水準で有意であることを示している。

新しい指標の概要

　表5-7は作成された4つの指標の記述統計を示したものである。個人的ネットワークをみると、社会的ネットワーク・サポートや信頼と協調の規範と比べて最小値と最大値との間は広く分布にばらつきがある。つまり、個人的ネットワークについては大きな個人差がある。市民参加については、表5-4でみたように活動に参加していない人が多いため、サンプルの分布が偏っており、積極的に参加している人と全く参加していない人での乖離が大きい。

　指標間の相関係数をみると4つの指標それぞれに正の相関がある（表5-8）。個人的ネットワークの高い人は、社会的ネットワーク・サポートも高い傾向がある。これは人づきあいに積極的な人や交流範囲が広い人は、困ったときに頼りになる人もいるということであり、納得のいく結果である。また、個人的ネットワークが高い人は市民参加の程度も高い。つまり、人とのつきあ

いが積極的な人は地域の活動やボランティア活動にも参加している。これは、活動に参加する中でネットワークが生まれるという関係と、ネットワークをもっているから活動に参加するようになるという双方向の関係性があるためと考えられる。

4.　新しい指標を用いた地域間比較

地域ブロック別比較

　本節では、作成した4つの指標をもとに地域間比較を行う。表5-9は、作成した指標を地域ブロック別に集計したものである。これをみると、個人的ネットワーク、社会的ネットワーク・サポートについては、九州・沖縄の平均が最も高く、それぞれ0.327と0.139となっている。つまり、これらの地域では、個人的ネットワークや社会的ネットワーク・サポートの高い人が多い。個人的ネットワークについては関東が−0.251で最も低く、社会的ネットワーク・サポートについては北海道が−0.124で最も低い。市民参加については北陸が0.304で最も高く、信頼と協調の規範が最も高いのは東海ブロックである。平均が最も低い地域をみると、市民参加については関東が−0.166、信頼と協調の規範に関しては北海道が−0.246となっている。

　全体的にみると、甲信越、東海、九州・沖縄では4つの側面すべてにおいて全体の平均よりも高くなっており、関東がすべての側面で平均よりも低くなっている。また、北海道では、市民参加については平均を上回るもののそれ以外の3つについては低い水準となっている[10]。

都市規模別比較

　地域ブロックで比較した場合、1つのブロックの中で政令市のような大都市と人口の少ない市町村とが混在してしまい、地域差がみえにくくなる可能

---

10)　標準偏差をみると、地域ブロックによってはその大きさに差がある。例えば、市民参加についてみると、北海道の標準偏差は1.520であるが、四国の標準偏差は1.247であり、北海道のほうがサンプルのばらつきが大きいことが分かる。

表5-9 地域ブロック別平均の比較

	地域ブロック	N	平均		標準偏差
個人的ネットワーク	北海道	256	−0.214	(9)	1.423
	東北	395	0.196	(2)	1.496
	関東	1,647	−0.251	(10)	1.432
	甲信越	255	0.083	(6)	1.366
	北陸	106	0.191	(3)	1.626
	東海	619	0.056	(7)	1.377
	近畿	795	0.136	(4)	1.455
	中国	332	0.019	(8)	1.422
	四国	131	0.091	(5)	1.465
	九州・沖縄	574	0.327	(1)	1.509
社会的ネットワーク・サポート	北海道	252	−0.124	(10)	1.337
	東北	384	0.020	(5)	1.391
	関東	1,598	−0.107	(9)	1.327
	甲信越	241	0.095	(3)	1.352
	北陸	106	−0.084	(8)	1.217
	東海	601	0.103	(2)	1.293
	近畿	760	0.062	(4)	1.363
	中国	326	0.007	(6)	1.280
	四国	125	−0.066	(7)	1.311
	九州・沖縄	561	0.139	(1)	1.353
市民参加	北海道	254	0.012	(6)	1.520
	東北	391	0.005	(7)	1.450
	関東	1,594	−0.166	(10)	1.320
	甲信越	250	0.131	(3)	1.369
	北陸	103	0.304	(1)	1.366
	東海	607	0.154	(2)	1.383
	近畿	767	0.054	(5)	1.430
	中国	327	−0.002	(8)	1.267
	四国	127	−0.017	(9)	1.247
	九州・沖縄	554	0.114	(4)	1.446
信頼と協調の規範	北海道	243	−0.246	(10)	1.252
	東北	373	−0.113	(9)	1.337
	関東	1,584	−0.034	(7)	1.320
	甲信越	243	0.026	(4)	1.290
	北陸	98	0.014	(5)	1.236
	東海	576	0.141	(1)	1.243
	近畿	761	−0.013	(6)	1.245
	中国	316	0.104	(2)	1.338
	四国	123	−0.104	(8)	1.282
	九州・沖縄	548	0.104	(3)	1.319

注：平均の（ ）は平均値でみた場合の順位を示している。

第 5 章　新たな指標で地域間の違いを測る　*117*

表 5-10　都市規模別平均の比較

	地域ブロック	N	平均	標準偏差
個人的ネットワーク	東京 23 区・政令市	1,315	−0.292 (5)	1.403
	20 万人以上	1,196	−0.135 (4)	1.435
	10 万人以上 20 万人未満	801	−0.094 (3)	1.403
	5 万人以上 10 万人未満	884	0.245 (2)	1.443
	5 万人未満	913	0.440 (1)	1.484
社会的ネットワーク・サポート	東京 23 区・政令市	1,277	−0.153 (5)	1.312
	20 万人以上	1,158	−0.101 (4)	1.350
	10 万人以上 20 万人未満	788	−0.060 (3)	1.355
	5 万人以上 10 万人未満	853	0.155 (2)	1.344
	5 万人未満	877	0.257 (1)	1.270
市民参加	東京 23 区・政令市	1,284	−0.233 (5)	1.303
	20 万人以上	1,158	−0.129 (4)	1.269
	10 万人以上 20 万人未満	783	−0.032 (3)	1.306
	5 万人以上 10 万人未満	866	0.267 (2)	1.531
	5 万人未満	882	0.275 (1)	1.467
信頼と協調の規範	東京 23 区・政令市	1,255	−0.045 (5)	1.296
	20 万人以上	1,139	0.048 (1)	1.272
	10 万人以上 20 万人未満	764	0.023 (3)	1.279
	5 万人以上 10 万人未満	843	0.025 (2)	1.309
	5 万人未満	863	−0.045 (4)	1.330

注：平均の（　）は平均値でみた場合の順位を示している。

性がある。この点を補うため、回答者の居住する市区町村の人口規模でも比較してみよう。ここでは、東京 23 区・政令市、人口 20 万人以上、人口 10 万人以上 20 万人未満、人口 5 万人以上 10 万人未満、人口 5 万人未満の 5 区分で比較した（表 5-10）。

　これをみると、個人的ネットワーク、社会的ネットワーク・サポート、市民参加の 3 つについては都市規模が大きいほど低くなる傾向がある。例えば、個人的ネットワークについては、東京 23 区・政令市では −0.292 であるが、人口 5 万人未満の地域では 0.440 と非常に高い。また、社会的ネットワーク・サポートについても −0.153 と 0.257 であり、人口規模が大きくなると平均が低くなっていく。しかし、信頼と協調の規範については東京 23 区・政令市

表5-11　DID の有無別の比較

	DID の有無	N	平均	標準偏差
個人的ネットワーク	DID なし	702	0.561 （1）	1.500
	DID あり	4,407	−0.090 （2）	1.429
社会的ネットワーク・サポート	DID なし	679	0.267 （1）	1.310
	DID あり	4,274	−0.043 （2）	1.334
市民参加	DID なし	677	0.362 （1）	1.538
	DID あり	4,296	−0.057 （2）	1.349
信頼と協調の規範	DID なし	657	−0.070 （2）	1.370
	DID あり	4,207	0.010 （1）	1.284

注：平均の（　）は平均値でみた場合の順位を示している。

と人口5万人未満で −0.045 と最も小さくなるものの、人口 20 万人以上の都市で 0.048 と最も高くなっており、必ずしも大都市ほど低くなるという傾向はみられない。つまり、地方の非都市的な地域ほど古くからの共同体的なつながりが残されておりソーシャル・キャピタルが蓄積されているというイメージは、個人的ネットワークや社会的ネットワーク・サポートといった側面にはあてはまるが、信頼と協調の規範については必ずしもそうはなっていない可能性がある。

　この点を確認するため、DID（人口集中地区）の有無で市区町村を分類し、DID のない市区町村に居住する回答者の平均と DID のある市区町村に居住する回答者との平均を比較した（表5-11）。これをみると、個人的ネットワーク、社会的ネットワーク・サポート、市民参加の3つについては DID のない地域のほうが高い。しかし、信頼と協調の規範については、ほかの3つほどの明確な差はないものの DID のない地域のほうが低くなっており明確な違いがみられる。このことは、昔ながらのコミュニティが維持されているかどうかだけがソーシャル・キャピタルの豊かさに影響しているわけではなく、特に信頼と協調の規範といった側面については、そうしたコミュニティ内でのネットワークとは異なるところから形成されるものであることを示唆している。

回帰分析による地域差の確認

　以上のように、新しく作成した指標をみると、わが国のソーシャル・キャピタルには側面ごとに異なる地域差があることが分かる。この点をさらに詳しく分析するため、地域要因のみで個人のソーシャル・キャピタルを回帰し、地域要因と個人のソーシャル・キャピタルに有意な関係があるかを確認してみよう。具体的には、個人のソーシャル・キャピタルを被説明変数とし、地域ブロックダミーおよび都市規模ダミーの2種類のみを説明変数として最小二乗法による推定を行い、それぞれのダミーが有意になるかどうかをチェックする。ここでは、地域ブロックについては関東地方以外の地域ブロックのダミー変数を考慮し、都市規模ダミーについては人口10万人以上20万人未満を基準として、それ以外の都市規模のダミー変数を考慮する。つまり、関東にある人口10万人以上20万人未満の市区町村に居住する人を基準とした場合に、それ以外の地域の人には統計的に有意な差がみられるかどうかを確認することになる。

　表5-12の推定結果をみると、地域ブロックダミーについては、東海に関しては4つのすべてについて有意に正となっている。このほか、九州・沖縄については、個人的ネットワークおよび信頼と協調の規範について有意に正となった。また、東北、近畿、四国では個人的ネットワーク、中国では信頼と協調の規範について有意に正となっている。北海道については信頼と協調の規範において10%の有意水準ではあるものの有意に負となっている。

　都市規模に関しては、個人的ネットワークでは東京23区・政令市で有意に負、人口5万人以上10万人未満、人口5万人未満において有意に正となっている。市民参加についても東京23区・政令市において有意に負となり、人口5万人以上10万人未満、人口5万人未満において有意に正となる。また、社会的ネットワーク・サポートでは人口5万人以上10万人未満、人口5万人未満で有意で正となった。しかし、信頼と協調の規範は、都市規模に関してはいずれのダミーも有意な結果となっておらず、都市規模による違いはみられない。

　以上の結果は、都市規模を調整したうえでも地域ブロック間では有意な差

表5-12　推定結果

被説明変数	(1) 個人的 ネットワーク	(2) 社会的ネット ワーク・サポート	(3) 市民参加	(4) 信頼と協調の 規範
地域ブロック ダミー				
北海道	−0.069 (0.171)	−0.080 (0.093)	0.111 (0.184)	−0.189* (0.098)
東北	0.279** (0.126)	0.021 (0.069)	0.013 (0.123)	−0.078 (0.080)
甲信越	0.082 (0.147)	0.026 (0.120)	0.040 (0.149)	0.085 (0.111)
北陸	0.296 (0.235)	−0.065 (0.085)	0.360 (0.297)	0.040 (0.080)
東海	0.294*** (0.102)	0.198** (0.078)	0.272*** (0.103)	0.172*** (0.064)
近畿	0.321*** (0.105)	0.123* (0.070)	0.144 (0.090)	0.022 (0.066)
中国	0.164 (0.110)	0.043 (0.074)	0.073 (0.109)	0.145** (0.070)
四国	0.296*** (0.085)	0.010 (0.089)	0.072 (0.102)	−0.105 (0.078)
九州・沖縄	0.349*** (0.105)	0.091 (0.075)	0.085 (0.120)	0.161** (0.062)
都市規模ダミー				
東京23区・ 政令市	−0.197** (0.090)	−0.096 (0.067)	−0.189** (0.090)	−0.059 (0.056)
20万人以上	−0.087 (0.096)	−0.048 (0.067)	−0.096 (0.088)	0.045 (0.064)
5万人以上 10万人未満	0.227* (0.118)	0.173** (0.087)	0.278** (0.118)	−0.025 (0.061)
5万人未満	0.481*** (0.118)	0.326*** (0.079)	0.324*** (0.106)	−0.064 (0.067)
定数項	−0.226*** (0.086)	−0.106* (0.062)	−0.122* (0.073)	−0.019 (0.049)
Adj R^2	0.042	0.014	0.025	0.004
N	5,109	4,953	4,973	4,864

注1：（　）内はグループ（市町村）内の相関に対して頑健なクラスタロバスト標準誤差。
***、**、*は、それぞれ1％、5％、10％水準で有意であることを示す。

がみられることを示すとともに、個人的ネットワーク、社会的ネットワーク・サポート、市民参加については人口規模の小さい地方部においては高くなる傾向があるものの、信頼と協調の規範については都市の人口規模による差異はみられないことを示している。

5． まとめ

　本章では、OECD 提案を踏まえたソーシャル・キャピタルの計測・定量化のため、既存調査において用いられてきたソーシャル・キャピタルに関する質問項目を抽出・分類し、実際のデータを用いて主成分分析を行い、4つの側面それぞれの指標を作成した。主成分分析の結果をみると、用いた質問項目は対応する側面をバランスよく反映するものとなっている。このことは、OECD の提案する分類の妥当性と今回抽出・分類した質問がそれぞれの側面をうまく捉えるものであることを示していると考えられる。

　また、作成された指標を地域別に集計してみると、ソーシャル・キャピタルの地域差は、それぞれの側面によって傾向が異なることが明らかとなった。特に都市規模別で比較した場合、個人的ネットワーク、社会的ネットワーク・サポートや市民参加については人口の少ない自治体になるほど高くなる傾向があるが、信頼と協調の規範については必ずしもそのような傾向はみられない。このような傾向が一般性のあるものかどうかについては、今後、異なるデータを用いた検証が必要である。しかし、以上の結果は、わが国におけるソーシャル・キャピタルには地域差があり、また、その地域差は側面によって異なる可能性があることを示している。

　各地域でソーシャル・キャピタルを政策的に活用していく際には、それぞれの地域の現状を的確に把握しておくことが必要であり、また、政策によるソーシャル・キャピタルの変化も適切にモニタリングしていくことが求められる。こうした課題に対応していくため、引き続き、ソーシャル・キャピタルの計測・把握に向けた検討を進めていくことが重要である。

第6章

ソーシャル・キャピタルはいかに形成されるか？

1. はじめに

　ソーシャル・キャピタルを活用して地域をより豊かにしていくことを考えるなら、ソーシャル・キャピタルの形成にどのような政策が有効かを明らかにしておくことは極めて重要である。そして、そのためには、ソーシャル・キャピタルの形成要因や地域差が生まれる背景を把握しておかなければならない。

　第1章でも紹介したように、パットナムは南北イタリアにおけるソーシャル・キャピタルの格差の背景を歴史的な経緯に求めた。わが国においてもそれぞれの地域には独自の風土や歴史・文化があり、このことが地域的な差異に影響を与えている可能性は十分に考えられる。しかし、わが国の場合、南北イタリアのように政治システムや社会制度が地域間で大きく異なってはいなかったことを踏まえると、歴史的な経緯よりも、まずはより身近な要因、例えば個人の属性やその人が住む地域の状況などの要因について考慮する必要があるのではないだろうか。また、一口にソーシャル・キャピタルと言っても、前章でみたように側面ごとに地域差は異なる。このような地域差が存在する背景には、側面によって形成要因が異なることが影響しているのではないだろうか。

以上の問題意識のもと、本章では、前章で作成したソーシャル・キャピタルの指標を用いて、年齢、所得、教育などの個人の属性や、高齢化や都市化の進展、所得水準といった地域の経済・社会環境がソーシャル・キャピタルにどのような影響を与えているかを分析し、ソーシャル・キャピタルの側面ごとの形成要因を明らかにする。以下、第2節では、ソーシャル・キャピタルの形成要因に関する先行研究について紹介し、第3節では本章で用いる分析の方法について説明する。第4節において実証分析を行い、第5節で全体のまとめを行う。

2. 先行研究

理論に関する先行研究

ソーシャル・キャピタルを「資本」として捉えた場合、その形成過程では通常の資本と同じような投資行動を想定することができる[1]。すなわち、資本を形成するためには何らかの投資が必要であり、その投資量の決定には最適化行動がその背景にあるはずである。Glaeser et al. (2002) は、ソーシャル・キャピタルの蓄積過程のモデル化を試みており、個人によるソーシャル・キャピタルへの投資は集団的活動に参加することによって行われると想定した。投資により得られる利益と集団活動に時間を費やすことによって失われるコスト（時間の機会費用）との差分が個人の便益に反映され、この便益を最大化するように投資量は決定される[2]。つまり、ボランティア活動や地域活動などへの参加は、ソーシャル・キャピタルの蓄積のための投資であり、投資のためのコストや投資から得られるリターンの大きさによってその量が決定される。

このモデルの考察から、Glaeser et al. (2002) は、年齢とソーシャル・キャ

1） ただし、ソーシャル・キャピタルが「資本」と呼ぶに足る性質をもっているかどうかという点については批判もある（Arrow (1999) や Solow (1999) など）。

2） Glaeser et al. (2002) のモデルについては山崎 (2004) において分かりやすく解説されている。

ピタルとの関係性や、機会費用の上昇や居住地の移動がソーシャル・キャピタルへの投資を阻害する要因となることなどを指摘した。このように、個人の属性や地域の経済・社会環境は、個人のソーシャル・キャピタルの形成に影響を与える要因となる。

実証分析に関する先行研究

形成要因に関する実証研究としては、Uslaner（2002）、Alesina and La Ferrara（2002）、Helliwell and Putnam（2007）などの研究があり、個人属性や経済・社会環境が個人のソーシャル・キャピタルの形成にどのような影響を与えているかが分析されている[3]。そして、わが国においても Glaeser et al.（2002）のモデルを拡張して実証的な分析を行った小林（2009）、都市化の影響に着目した埴淵ほか（2012）などの先行研究がある。しかし、これらの研究では、ソーシャル・キャピタルの特定の側面のみに着目しているものが多い。例えば、Alesina and La Ferrara（2002）は信頼に焦点をあてており、「一般的に言って、あなたはたいていの人は信頼できると思いますか、それとも人と接するときには用心するに越したことはないと思いますか」という信頼に関する質問への回答を用いた分析を行っている。また、個人の教育や地域の教育水準がソーシャル・キャピタルに与える影響を検証した Helliwell and Putnam（2007）が用いているのは、一般的な信頼に関する質問と加入している団体に関する質問である。

他方、ソーシャル・キャピタルの多様な側面を考慮して分析を行っている研究もある。Iyer et al.（2005）は、ほとんどの人は信頼できるか、近所の人をどれくらい信頼できるか、といった質問項目から作成された「社会的信頼（Social trust）」、選挙において投票に行ったか、政治集会に参加したことがあるか、といった質問項目から作成された「市民参加（Civic participation）」をはじめとするソーシャル・キャピタルに関する 8 つの指標を作成し、それぞれ

3）　これらの研究は、個人のソーシャル・キャピタルの形成要因を対象としたものであるが、国や地域といったマクロレベルでのソーシャル・キャピタルの形成要因を分析したものとして Bjørnskov（2006）、Ferragina（2012）などの研究がある。

の形成要因についての分析を行った[4]。用いられたデータは、全米の40の地域コミュニティを対象に個々の家計への電話調査により実施された「Social Capital Benchmark Survey 2000」の個票データであり、作成された指標を地域間で比較すると、地域・指標によってその高低には違いがあることが指摘されている。また、Iyer らは、これらの指標を、教育、現住地の居住期間、職業、年齢、収入などの変数を説明変数として順序ロジット・モデルにより推定し、その形成要因を検証している。その結果、教育水準の高さや所得はすべての側面に正の影響を与えていること、年齢や居住期間の長さは多くの指標について正の影響を与えていることが示される一方で、社会的信頼や市民参加といった指標については、都市的な地域では低く、信仰に基づくソーシャル・キャピタル（Faith-based social capital）や非公式な社会的交流（Informal social interactions）といった指標については、都市的な地域では高くなることが指摘されている。

　このような Iyer et al.（2005）の結果は、ソーシャル・キャピタルの側面によって形成要因が異なる可能性を示しており、より効果的なソーシャル・キャピタルの形成方策を考えるうえでは、側面ごとにその形成要因を把握する必要があることを示唆している。そこで、本章では、前章で作成したソーシャル・キャピタルの指標を用いて、OECD の提案する4つの側面ごとの形成要因を検証する。

3．分析の方法

　本章で考慮する要因は、個人属性に関する要因と地域の経済・社会環境に関する要因の大きく2つである。推定式は以下のとおりであり、この推定式

4） Iyer et al.（2005）が成した指標は、社会的信頼（Social trust）、人種的信頼（Racial trust）、市民参加（Civic participation）、友人関係ネットワークの多様性（Diversity of friendship networks）、グループ参加（Group involvement）、信仰に基づくソーシャル・キャピタル（Faith-based social capital）、組織化された交流（Organized interactions）、非公式な社会的交流（Informal social interactions）である。

表6-1 推定において考慮する要因

個人属性	地域の経済・社会環境
性別	人口流動性
年齢	都市化の程度
配偶者の有無	高齢者比率
職業	平均所得
教育	所得格差
持ち家の有無	
居住年数	
所得	

を最小二乗法により推定する。

$$SC = \alpha + \beta_1 \cdot x_1 + \beta_2 \cdot x_2 + \cdots + \beta_k \cdot x_k$$
$$+ \gamma_1 \cdot region_1 + \cdots + \gamma_l \cdot region_l + \delta_1 \cdot city\_size_1 + \cdots + \delta_m \cdot city\_size_m + \varepsilon$$

$$\left(\begin{array}{l} SC：ソーシャル・キャピタル \quad x_1 \sim x_k：個人属性、地域の経済・社会環境 \\ region_i：i 地域のダミー \quad city\_size_j：都市規模 j のダミー \quad \varepsilon：誤差項 \end{array} \right)$$

　具体的に考慮する要因は、個人属性に関しては、性別、年齢、配偶者の有無、職業、教育、持ち家の有無、現在の地域での居住年数、所得であり、地域の経済・社会環境については、回答者の居住する市区町村の人口流動性、都市化の程度、高齢者比率、平均所得、所得格差を用いる（表6-1）。

　ここで、地域の経済・社会環境として考慮する要因について説明しておこう。人口流動性は、Glaeser et al.（2002）が居住地の移動がソーシャル・キャピタルへの投資インセンティブの低下につながる可能性を指摘している点を踏まえたものである。地域コミュニティ内のネットワーク形成を考える場合、その中のメンバーが頻繁に入れ替わってしまう可能性が高いと、今いる人との間にネットワークを形成しようとするインセンティブは失われやすくなる。この変数は、こうしたコミュニティ内の人口の流動性を考慮するための変数である。都市化の程度は、都市化が進んでいる地域とそうではない地域との違いを考慮するためのものであり、都市化が進んでいる地域では人間関係の希薄さが指摘される点を踏まえたものである。高齢者比率は、地域における

高齢化の進展を考慮するための変数である。高齢化が進むことがソーシャル・キャピタルにどのような影響を与えるかは理論的には不明であるが、ここでは地域の特性を考慮するための変数として考慮する。平均所得、所得格差は、地域の経済水準や経済的な不平等を考慮するために用いている。

変数の説明と記述統計

表6-2は、推定に用いる説明変数の記述統計を示している。性別は、女性の場合に1を、男性の場合には0をとるダミー変数である。今回用いたデータでは女性の割合が若干高い。年齢については、各年齢層に属する場合に1を、それ以外の場合には0をとるダミー変数である。配偶者の有無は、配偶者がいる場合に1をとるダミー変数である。職業については、稲葉調査では「1. 自営業、またはその手伝い」「2. 民間企業・団体の経営者、役員」「3. 民間企業・団体の勤め人」「4. 公務員・教員」「5. 臨時・パート勤め人」「6. 学生」「7. 無職」「8. 専業主婦・主夫」「9. その他」の中から選択することとなっている[5]。ここでは「民間企業・団体の勤め人」を基準として、「1. 自営業、またはその手伝い」を自営業、「2. 民間企業・団体の経営者、役員」を民間・団体の経営者、「4. 公務員・教員」を公務員、「5. 臨時・パート勤め人」「8. 専業主婦・主夫」「9. その他」を臨時・パート、専業、その他、「6. 学生」「7. 無職」を学生、無職と区分して、それぞれに該当する場合に1をとるダミー変数としている。

教育については、最終学歴が高等学校である場合を基準として、それぞれの学歴に該当する場合に1をとるダミー変数である[6]。持ち家の有無は、居住している住居が持ち家（一戸建て、集合住宅）である場合には1をとるダミー変数、居住年数は、現在の地域（市区町村）での居住年数に応じたダミー変数

5）　2013年調査では、「3. 民間企業・団体の勤め人」の選択肢が正規社員、契約・派遣社員に区分されているが、ここではすべて民間企業・団体の勤め人として扱っている。

6）　稲葉調査では最終学歴を問う質問において「その他」という選択肢が設けられている。この選択肢を選択している回答者は非常に少ないため、今回の分析においては欠損値として取り扱っている。

第6章　ソーシャル・キャピタルはいかに形成されるか？　*129*

表6-2　説明変数の記述統計

	平均	標準偏差	最小値	最大値
性別（女性ダミー）	0.545	0.498	0	1
年齢ダミー				
20代以下	0.094	0.292	0	1
30代	0.150	0.357	0	1
50代	0.177	0.382	0	1
60代	0.233	0.423	0	1
70代	0.175	0.380	0	1
配偶者の有無（配偶者ダミー）	0.780	0.414	0	1
職業ダミー				
自営業	0.107	0.309	0	1
民間・団体の経営者	0.026	0.159	0	1
公務員	0.121	0.326	0	1
臨時・パート、専業、その他	0.142	0.349	0	1
学生、無職	0.283	0.451	0	1
教育ダミー				
小中学校	0.110	0.312	0	1
専修・各種	0.114	0.317	0	1
高専・短大	0.110	0.313	0	1
大学	0.239	0.427	0	1
大学院	0.023	0.150	0	1
持ち家の有無（持ち家ダミー）	0.790	0.407	0	1
居住年数ダミー				
1年未満	0.022	0.148	0	1
1年以上2年未満	0.025	0.157	0	1
2年以上5年未満	0.092	0.289	0	1
10年以上20年未満	0.186	0.389	0	1
20年以上	0.567	0.496	0	1
所得ダミー				
200万円未満	0.103	0.304	0	1
200万円以上400万円未満	0.299	0.458	0	1
600万円以上800万円未満	0.152	0.359	0	1
800万円以上1,000万円未満	0.104	0.306	0	1
1,000万円以上1,200万円未満	0.048	0.214	0	1
1,200万円以上	0.052	0.223	0	1
人口流動性	0.428	0.117	0.223	0.712
都市化の程度	0.638	0.342	0.000	1.000
高齢者比率	0.236	0.047	0.117	0.371
平均所得	1.456	0.344	0.750	2.733
所得格差	0.305	0.013	0.274	0.339

であり5年以上10年未満を基準としている。稲葉調査では、回答者に世帯全体での1年間での合計収入（ボーナス・年金・生活保護を含む、税込み）を尋ねる質問があることから、その回答の階層に応じて所得に関するダミー変数を作成している[7]。基準となるのは400万円以上600万円未満の階層である。

人口流動性は、2010年国勢調査のデータを用いた市区町村別の変数であり、当該地域における居住年数に関して「居住年数20年以上」もしくは「出生時から」となっている人の人口割合である。このため、この値が高いことは地域内の居住者の流動性が低いことを示す。都市化の程度についても2010年国勢調査のデータを用いており、回答者が居住している市区町村におけるDID人口比率である。高齢者比率についても同じく2010年国勢調査から得られる市区町村ごとの65歳以上人口比率を用いている。平均所得は「市町村税課税状況等の調」（総務省）における各市町村の課税対象所得のデータを2007年度～2009年度で平均し、2010年国勢調査から得られる人口データを用いて一人あたりに換算したものを用いている[8]。所得格差については、2009年の「全国消費実態調査」（総務省）における都道府県別のジニ係数（所得）を利用している。

個人属性などを考慮することによる地域差への影響

第5章の最後に行った推定では、地域ブロックダミーや都市規模ダミーの多くは有意な結果となり、ソーシャル・キャピタルの地域差が確認された。しかし、個人属性や地域の経済・社会環境を考慮することでその結果は変わるかもしれない。もし歳をとるにつれてソーシャル・キャピタルが蓄積されていく傾向がある場合、高齢者の多い地域では若者が多い地域に比べてソーシャル・キャピタルは高くなるはずである。このため、第5章でみられた地域差は、実は地域間での回答者の年齢層の違いに影響されているかもしれな

---

7) 世帯所得についても「分からない」という選択肢が設けられているため、この選択肢を選んだサンプルについては欠損値として取り扱っている。

8) 政令市における区別の課税対象所得のデータは掲載されていないため、政令市の区については政令市全体での一人あたり課税対象所得額を用いている。

い。この場合、回答者の年齢を考慮すれば、地域ダミーは統計的に有意ではなくなる可能性がある。同様に、他の要因も考慮することで地域ダミーが有意ではなくなれば、ソーシャル・キャピタルの地域差は、その地域に住む人々の個人属性やその地域の経済・社会環境の違いで説明できることを意味する。逆に、これらの変数を考慮しても地域ダミーが有意になる場合には、考慮した要因では説明できない地域差が存在している可能性があることになる。

4. 形成要因の実証分析

4.1. 推定結果と考察

推定結果は表6-3に示されている。まず、地域ブロックダミー、都市規模ダミーについてみてみよう。第5章表5-12と比較すると分かるように、地域ブロックダミーに関しては、東北、中国、四国において有意な結果ではなくなっている。また、都市規模ダミーに関しても、個人的ネットワークおよび市民参加では人口5万人以上10万人未満の区分で有意であることを除いて、有意な結果ではなくなっている。このため、一見観察される地域差も、回答者の個人属性やその地域の経済・社会環境によってある程度説明できることを示している。

ただし、東海ブロックダミーは依然として有意であり、近畿地方においては社会的ネットワーク・サポートや市民参加が有意となっている。これは今回用いた稲葉調査のデータの特性によるものかもしれないが、その地域の歴史的な風土や文化、気風といった要因が影響している可能性もある。

以下では、個人属性、地域の経済・社会環境それぞれの推定結果についてみていこう。

年齢の影響

年齢については4つの側面によって異なる傾向がみられる。市民参加、信頼と協調の規範の2つについては、ほとんどの年齢階層において有意な結果となっている。推定においては40代を基準としており、それぞれの年代ダ

表 6-3　推定結果

被説明変数	(1) 個人的ネットワーク	(2) 社会的ネットワーク・サポート	(3) 市民参加	(4) 信頼と協調の規範
地域ブロックダミー				
北海道	0.201 (0.186)	0.248 (0.153)	0.210 (0.199)	-0.293 (0.153)*
東北	0.034 (0.118)	0.013 (0.096)	0.000 (0.130)	-0.070 (0.092)
甲信越	-0.083 (0.099)	0.058 (0.119)	-0.045 (0.115)	0.082 (0.103)
北陸	0.107 (0.061)*	-0.003 (0.091)	0.239 (0.182)	0.084 (0.131)
東海	0.152 (0.095)	0.144 (0.088)	0.206 (0.099)**	0.193 (0.060)***
近畿	0.288 (0.105)***	0.189 (0.085)**	0.145 (0.098)	-0.044 (0.064)
中国	0.050 (0.147)	0.091 (0.097)	-0.099 (0.128)	0.124 (0.079)
四国	0.076 (0.162)	0.082 (0.086)	-0.182 (0.175)	-0.166 (0.113)
九州・沖縄	0.293 (0.146)**	0.178 (0.106)*	0.124 (0.148)	0.018 (0.089)
都市規模ダミー				
東京23区・政令市	0.070 (0.087)	0.008 (0.075)	0.056 (0.088)	-0.036 (0.063)
20万人以上	0.069 (0.085)	-0.008 (0.075)	0.039 (0.089)	0.064 (0.067)
5万人以上10万人未満	0.195 (0.103)*	0.150 (0.100)	0.266 (0.112)**	0.046 (0.064)
5万人未満	0.135 (0.109)	0.168 (0.107)	0.050 (0.118)	-0.005 (0.080)
女性ダミー	0.469 (0.046)***	0.180 (0.050)***	-0.037 (0.049)	-0.128 (0.045)***
年齢ダミー				
20代以下	0.014 (0.094)	0.408 (0.097)***	-0.362 (0.080)***	-0.255 (0.097)***
30代	0.024 (0.076)	0.255 (0.072)***	-0.202 (0.065)***	-0.119 (0.070)*
50代	-0.057 (0.064)	-0.125 (0.071)*	0.069 (0.056)	0.211 (0.064)***
60代	0.366 (0.074)***	0.142 (0.067)**	0.478 (0.074)***	0.195 (0.071)***
70代	0.696 (0.078)***	0.410 (0.085)***	0.907 (0.094)***	0.311 (0.084)***
配偶者ダミー	0.376 (0.058)***	0.096 (0.058)	0.235 (0.052)***	-0.012 (0.057)
職業ダミー				
自営業	0.550 (0.079)***	0.180 (0.077)**	0.319 (0.086)***	0.123 (0.082)
民間・団体の経営者	0.198 (0.129)	0.159 (0.121)	0.288 (0.146)*	0.140 (0.120)
公務員	0.192 (0.079)**	0.065 (0.079)	0.218 (0.064)***	0.079 (0.072)

注：（　）内はグループ（市町村）内の相関に対して頑健なクラスタロバスト標準誤差。
***，**，*，は，それぞれ1％，5％，10％水準で有意であることを示す。

臨時・パート，専業，その他	0.335 (0.068)***	0.158 (0.075)**	0.026 (0.067)	-0.054 (0.068)
学生，無職	0.203 (0.064)***	0.028 (0.062)	0.180 (0.066)***	0.030 (0.064)
教育ダミー				
小中学校	0.094 (0.077)	0.063 (0.074)	-0.347 (0.081)***	-0.322 (0.076)***
専修・各種	-0.058 (0.069)	-0.027 (0.074)	0.015 (0.058)	0.054 (0.065)
高専・短大	-0.047 (0.065)	0.036 (0.073)	0.118 (0.060)*	0.181 (0.076)**
大学	0.030 (0.056)	0.078 (0.059)	0.142 (0.054)***	0.239 (0.050)***
大学院	-0.055 (0.129)	-0.062 (0.156)	0.192 (0.152)	0.425 (0.131)***
持ち家ダミー	0.362 (0.066)***	0.216 (0.061)***	0.108 (0.062)	0.107 (0.055)*
居住年数ダミー				
1年未満	-0.230 (0.143)	0.098 (0.160)	-0.067 (0.123)	-0.188 (0.152)
1年以上2年未満	-0.322 (0.157)**	-0.250 (0.165)	-0.322 (0.116)***	-0.193 (0.145)
2年以上5年未満	0.016 (0.082)	0.002 (0.091)	-0.044 (0.075)	-0.104 (0.084)
10年以上20年未満	0.130 (0.066)*	-0.041 (0.077)	0.014 (0.066)	-0.023 (0.067)
20年以上	0.385 (0.072)***	0.008 (0.073)	0.234 (0.068)***	-0.066 (0.066)
所得ダミー				
200万円未満	-0.359 (0.083)***	-0.395 (0.093)***	-0.257 (0.100)**	-0.403 (0.096)***
200万円以上400万円未満	-0.195 (0.055)***	-0.164 (0.058)***	-0.115 (0.054)**	-0.158 (0.057)***
600万円以上800万円未満	-0.066 (0.067)	0.044 (0.070)	-0.055 (0.061)	-0.020 (0.060)
800万円以上1,000万円未満	0.114 (0.078)	0.085 (0.073)	0.035 (0.071)	0.014 (0.067)
1,000万円以上1,200万円未満	0.114 (0.105)	0.210 (0.095)**	0.066 (0.094)	0.006 (0.077)
1,200万円以上	-0.003 (0.100)	0.182 (0.096)*	0.249 (0.092)***	0.152 (0.095)
人口流動性	0.555 (0.647)	0.304 (0.554)	0.556 (0.689)	-0.780 (0.465)*
都市化の程度	-0.424 (0.143)***	-0.294 (0.164)*	-0.301 (0.163)*	-0.061 (0.139)
高齢者比率	0.583 (1.069)	-0.581 (0.940)	1.862 (1.243)	0.752 (0.647)
所得水準	0.084 (0.215)	0.114 (0.128)	0.187 (0.232)	-0.224 (0.115)*
所得格差	3.845 (2.506)	3.417 (2.001)*	1.439 (2.505)	0.096 (1.929)
定数項	-2.946 (1.044)***	-1.675 (0.757)**	-1.980 (1.054)*	0.448 (0.748)
Adj R²	0.215	0.049	0.176	0.049
N	4,256	4,148	4,161	4,090

ミーの符号は30代以下では負、50代よりも上の年代では正になっていることから、年齢の上昇に伴って市民参加、信頼と協調の規範が高まることが分かる。個人的ネットワークについては、50代までは有意な結果になっていないが、60代、70代では有意に正となっている。これはGlaeser et al.（2002）やIyer et al.（2005）とも整合的な結果であり、年齢が高くなるにつれてソーシャル・キャピタルが蓄積されていく傾向があることを示している。

　Glaeser et al.（2002）は、高齢になれば将来的に投資からのリターンを得る可能性が低くなり、ソーシャル・キャピタルへの投資は低下していくため逆U字型の関係となることを指摘している。しかし、今回の分析結果からはそのような傾向はみられない。また、社会的ネットワーク・サポートについては結果が異なり、30代までは有意に正、50代では有意に負、そして60代以上は有意に正となっておりU字型の関係がみられる。社会的ネットワーク・サポートについてのみこのような傾向がみられる背景としては、50代までは年齢の上昇に伴って家庭内、地域内、組織内での地位が高まり、人を頼りにするよりも自分が人に頼られるような状況になることが影響している可能性がある。自分が世帯を支える中心となった場合、困ったことを気軽に相談して頼りにできる人が限られてくることが影響しているのかもしれない。

配偶者の有無

　4つの側面のうち、社会的ネットワーク・サポート、信頼と協調の規範に対しては、配偶者の有無は有意な結果となっていない。しかし、個人的ネットワーク、市民参加については有意に正となっている。結婚を契機とした家族の形成により、親戚づきあいや交流関係が広がり、新しい人と人とのつながりや他者との交流が増えていくことから、その影響がこのような結果につながっていると思われる。また、市民参加に関しては、結婚を契機に地域内でのつきあいが深まり、様々な社会的活動に積極的に参加したり、参加が求められたりする機会が増えていくためと考えられる。

職業の違い

　職業については、民間企業・団体の勤め人を基準として推定を行っている。このため、ここでの推定結果は、民間企業・団体の勤め人を基準とした場合と比べて、他の職業において相対的な違いがみられるかどうかを検証していることとなる。4つの側面ごとの結果を比較すると、自営業については、信頼と協調の規範以外では有意に正となっている。自営業の場合、仕事柄地域とのつながりが生まれやすく様々な友人・知人や近所の人々とのつながり、結びつきができるきっかけが多いことが影響していると考えられる。また、公務員については個人的ネットワークと市民参加において、臨時・パート、専業、その他については、個人的ネットワークと社会的ネットワーク・サポートにおいて、学生、無職については、個人的ネットワークと市民参加において有意に正となっている。これらの違いは職業の特性からくる時間の使い方が影響していると考えられる。しかし、信頼と協調の規範については、どの職業においても有意な結果となっておらず、職業による違いはみられない。

教育の違い

　教育の影響については、4つの側面で明確な違いがみられる。市民参加および信頼と協調の規範に関しては、教育は有意な影響を与えており、学歴が高まるとその影響も大きくなる。しかし、個人的ネットワーク、社会的ネットワーク・サポートについては有意な影響を与えていない。Uslaner（2002）は、様々な調査データをもとにした一連の分析から、一般的な信頼の形成要因として楽観性（optimism）やコントロール感覚（sense of control）の重要性を指摘しつつ、それ以外に影響を与える要因として年齢、教育、人種を挙げている。また、稲葉（2007）は、「公共財としての信頼・規範は主に幼年期に形成されるもので、両親や学校教育、地域の状況が大きく影響している」と述べるとともに、わが国の都道府県別データを用いて、人口に占める高卒比率が高い都道府県ほどソーシャル・キャピタルのインデックスが高い傾向にあることを指摘している。市民参加および信頼と協調の規範は、Scrivens and Smith（2013）において集合的なものとして区分されており、集合行為問題の

解決に資するソーシャル・キャピタルの公共財的な側面を捉えたものと考えられる。したがって、教育がソーシャル・キャピタルの各側面に与える影響の違いは、教育が公共財としてのソーシャル・キャピタルの形成に重要な役割を果たしている可能性を示している。

持ち家の有無

　持ち家の有無については、4つの側面すべてについて有意に正となっている。DiPasquale and Glaeser（1999）や Glaeser et al.（2002）は、居住地の移動はこれまでに蓄積したソーシャル・キャピタルを失うことを意味することから、家を所有することは居住地を移動しないことのコミットメントともなり、積極的にソーシャル・キャピタルを蓄積しようとするインセンティブになることを指摘している。この結果は、こうした考え方とも整合的である。また、家を所有することで、居住する地域をより良くしたいというインセンティブと相まって地域とのつながりが深まり、近所の人、友人・知人、親戚とのつきあいが深まっていくことも影響していると考えられる。

居住年数による影響

　個人的ネットワークと市民参加の2つについては、1年以上2年未満では有意に負、20年以上では有意に正となっており、居住年数が長くなることが正の影響を与えている。同一の地域に長く居住することで、地域内での人間関係が確立されて、つきあい・交流の程度が深まり、地域活動などへの参加も積極的になるためと考えられる。しかし、社会的ネットワーク・サポートと信頼と協調の規範については有意な結果になっておらず、特定の地域に長く住んでいることが必ずしもその蓄積にはつながらないことを示している。

所得の違い

　所得については、4つの側面すべてにおいて、所得が低い場合には負の影響があり、社会的ネットワーク・サポートと市民参加については所得が高い場合には正の影響がみられる。所得が一定水準以上にあることは生活のゆと

りにもつながり、人への信頼を高め、人とのつきあい、社会参加を深めることにつながるためと考えられる。Glaeser et al.（2002）や Iyer et al.（2005）の検証結果においても所得はソーシャル・キャピタルの高さと深く関係している要因であり、これらの先行研究と整合的な結果となっている。

人口流動性、高齢者比率、都市化の程度の違い

　人口流動性は、生まれてからずっと現在の居住地に住んでいる人もしくは20年以上住んでいる人の割合を用いており、この割合が大きいほどその地域では住民移動は少なく、一度築いた人間関係が、相手の移動により損なわれる可能性が低いことを示している。Putnam（2000）は移動性の高さがコミュニティを基盤としたソーシャル・キャピタルを毀損する可能性を指摘しており、人口流動性の符号は正となることが想定される。しかし、今回の推定において有意な結果となったのは信頼と協調の規範のみであり、その符号は負となっている。

　高齢者比率については、4つすべての側面で有意な結果にはなっておらず、地域の高齢化が進んでいることが個人のソーシャル・キャピタルには影響を与えていないという結果となった。

　都市化の程度については、個人的ネットワーク、社会的ネットワーク・サポート、市民参加において有意に負となっている。都市化の程度は、Iyer et al.（2005）においてもソーシャル・キャピタルに負の影響を与える要因となっているが、本章の分析においても同様の傾向がみられる。一般的に、都市化が進むことで近隣とのつきあいが疎遠になり、地域的なつながりが薄れていくと考えられるが、こうした直感とも整合的な結果である。

所得水準、所得格差の違い

　所得水準、所得格差に関しては、所得水準は信頼と協調の規範において10％水準で有意に負、所得格差は社会的ネットワーク・サポートにおいて10％水準で有意に正となっているが、それ以外では有意な関係はみられない。Putnam（2000）では州別のデータから所得の不平等さとソーシャル・キャピ

タルとの相関を指摘し、Inaba（2008）においても都道府県別データを用いた分析の結果から、経済格差の拡大がソーシャル・キャピタルを毀損する可能性を指摘している。このため、所得格差についてはソーシャル・キャピタル蓄積の阻害要因となることが予想されたが、今回の検証では有意な結果となっていない。ただし、ここで用いている所得格差の変数は都道府県別のジニ係数であり、必ずしも回答者の居住している市町村内での格差を反映していない可能性もあるため、この結果の解釈には留意が必要である。

4.2. 分析結果のまとめ

以上の結果を、4つの側面ごとに整理すると以下のようにまとめられよう。

（個人的ネットワーク）

個人的ネットワークは、60代以上の高齢になると高くなり、結婚によっても高まる。また、職業によってその高さが異なるが、教育水準による違いはない。持ち家があることや同じ地域に長く住むことにより個人的ネットワークは強化され、所得が低いと低下する。地域の経済・社会環境からの影響をみると、非都市的な地域ほど高くなる傾向がある。

（社会的ネットワーク・サポート）

社会的ネットワーク・サポートは、40代、50代に低下するが、その後再び高まっていく。また、結婚により社会的ネットワーク・サポートは高まる。自営業など一部の職業では強くなる傾向があり、教育に関しては大卒以上の場合にのみ高くなる傾向がみられる。家をもっていることは社会的ネットワーク・サポートを高めるが、居住期間が長くなることによる影響はない。そして、所得が高まるにつれて社会的ネットワーク・サポートも高まっていく。

（市民参加）

市民参加については、年齢の上昇に伴い積極的になり、結婚によっても高

められる。職業による違いもみられ、教育水準が高まることで市民参加の程度は高まっていく。持ち家があり同じ地域に長く居住することも市民参加の程度を高める。200万円未満の低所得の場合には市民参加に消極的になり、1,200万円を超える高所得になると積極的になる。経済・社会環境からの影響に関しては、都市化が進んでいない地域において市民参加の程度が高まる傾向がみられる。

（信頼と協調の規範）

　信頼と協調の規範に関しては、年齢の上昇に伴い高まり、教育水準の違いは信頼の高さに明確な影響を与える。持ち家があることや一定以上の高い所得があることは信頼と協調の規範に正の影響をもつが、職業や居住年数による違いはない。

　このように、一口にソーシャル・キャピタルと言っても、側面ごとにその形成に影響する要因は異なっているのである。

5．まとめ

　本章では、個人の属性や居住する地域の経済・社会環境に着目して、ソーシャル・キャピタルの形成に影響を与える要因について分析を行った。分析の結果、年齢、教育、所得といった個人属性や都市化の程度といった経済・社会環境は、個人のソーシャル・キャピタルの違いに影響しているが、その影響はソーシャル・キャピタルの側面によって異なることが明らかとなった。この結果は、ソーシャル・キャピタルのどの側面に働きかけるかによって有効となる政策手段も異なることを示しており、地域における側面ごとの現状を踏まえて、その形成に向けた効果的な政策の検討が必要になると考えられる。

　また、個人属性や経済・社会環境を考慮することで、前章でみられた有意な地域差もある程度は解消されることも分かった。つまり、観察される地域

差の一部は、その地域に居住する個人の属性の違いなどで説明できる。しかし、それでも残る地域差については、地域独自の歴史や風土といったものに影響されている可能性がある。そして、こうした歴史や風土の違いは、世代から世代へと受け継がれて今日に至っている。次章では、この点に着目し、世代間でのソーシャル・キャピタルの継承について考えてみたい。

第6章 ソーシャル・キャピタルはいかに形成されるか？　*141*

〔補論3〕　所得とソーシャル・キャピタルとの関係
　　　　　　——内生性を考慮した分析

　本章で用いている説明変数の多くは、性別や年齢のような外生的に決まっている変数である。しかし、例えば所得について考えた場合、必ずしも外生変数であるとは言い切れず、ソーシャル・キャピタルが所得を高めるという効果をもつ可能性もある[9]。こうした逆方向の関係性があると、第3章でも述べたような内生性の問題が生じてしまう。そこで、以下では所得が内生変数である可能性を考慮した推定を行うこととする。

　前述のように、内生性の問題に対処するための一般的な方法は操作変数法による推定を行うことである。操作変数法を用いるには、被説明変数であるソーシャル・キャピタルとは直接関係がなく、かつ内生変数である所得とは相関をもつ変数（操作変数）をみつけることが必要となる。

　稲葉調査では、日常生活における問題や心配事に関する質問が設けられており、自身の健康、老後の自分の世話、家族の健康といった項目のほか、年収や家計という項目が含まれている。そこで、この質問を操作変数に用いることを考えてみよう。年収や家計に関する問題や心配事は、所得とは当然相関をもつはずである。所得が低い人は家計に対する心配事も増えると考えるのは自然である。しかし、年収や家計に問題や心配事を抱えていることがその人のソーシャル・キャピタルを左右することは考えにくい。家計に困っているから友人・知人や親戚とのつきあいが大きく変わるというような影響はないと思われるし、家計のやりくりに困っているから人を信頼しなくなると

9）　ソーシャル・キャピタルが、いわゆるコネをもっているかどうかという側面を反映している場合、その人の地位や所得に影響を与えると考えられる（Lin 2001）。また、ソーシャル・キャピタルが所得に与える影響については、Narayan and Pritchett（1999）やZhang et al.（2011）などの研究がある。

か、頼りになる人がいなくなるといったことはないだろう。そこで、この質問への回答を用いて操作変数法による推定を行う。なお、所得については、ここでは階層ごとのダミー変数とはせず、200万円未満の場合には100万円、200万円以上400万円未満の場合には300万円というように金額に換算した変数を用いる。

　推定結果は表6-4に示されている。第1段階推定における操作変数の説明力やF値から判断すると、操作変数は内生変数と一定の相関をもっており、操作変数の弱相関の問題は生じていない。また、内生変数と想定する所得の外生性を検定するWu-Hausman検定の結果をみると、説明変数が外生変数であるという帰無仮説は、いずれの場合も1％の有意水準で棄却される。このため、収入や家計に関する問題や心配事を操作変数として用いることによる問題はないように思われる。

　内生性を考慮した所得については個人的ネットワーク、社会的ネットワーク・サポート、市民参加、信頼と協調の規範のすべてについて有意に正となっており、所得の増加がソーシャル・キャピタルを高めるという結果となった。この結果は最小二乗法による推定結果とも整合的であり、内生性を考慮しても所得の増加がソーシャル・キャピタルの各側面を高める可能性があることが示されている。

　都市規模ダミーや地域ブロックダミーをみると、東海地域については4つすべてで有意な結果になるなど一部において変化がみられるが、基本的な結論に大きな変化はないように思われる。また、性別や年齢についても大きな変化はみられない。配偶者ダミーについては、市民参加においては有意ではなくなり、信頼と協調の規範において有意な結果となっている。

　しかし、職業と教育については最小二乗法による推定結果とは異なる結果となっている。職業については、信頼と協調の規範においては有意な結果になっていなかったが、ここでは、自営業、公務員、学生、無職で有意に正、民間・団体の経営者で有意に負となっている。また、教育については、市民参加、信頼と協調の規範においては、小中学校は有意に負のままであるが、高専・短大、大学では有意な結果ではなくなっている。一方、個人的ネット

ワーク、社会的ネットワーク・サポートでは、大学院が有意に負となっている[10]。このように、職業と教育については、最小二乗法による推定結果とは大きな違いがみられるが、この結果からも市民参加や信頼と協調の規範に対しては教育、特に高校までの教育がその違いに影響を与えることを示しており、ソーシャル・キャピタルの側面によって教育の効果は異なる可能性が示唆される。

　持ち家の有無についても個人的ネットワーク以外では有意な結果ではなくなっている。このため、家を所有することの効果はソーシャル・キャピタルの側面によって異なるのかもしれない。居住年数については、最小二乗法の結果と同様に、個人的ネットワークと市民参加において20年以上の場合に有意に正となっており、長期間居住することによる影響が確かめられる。

　また、地域の経済・社会環境については、最小二乗法の場合にはすべてにおいて有意ではなかった高齢者比率が市民参加において有意に正となり、所得格差についても個人的ネットワークにおいて有意な結果となっている。このような違いはあるものの、主要な結果に大きな変化はみられず、都市化の程度についてはやはり信頼と協調の規範では有意となっていない。

　以上の結果は、所得の内生性を考慮した推定においても、ソーシャル・キャピタルの形成要因はその側面によって異なることを支持するものとなっており、ソーシャル・キャピタルの形成に向けては、側面によって異なる対応が必要であることを示している。

---

10)　このことは高い教育水準が個人的ネットワークなどの形成に負の影響を及ぼす可能性があることを示している。しかし、教育水準の高さは所得を高める効果があるため、教育は所得という経路を通じて間接的にソーシャル・キャピタルを高めるとも考えられる。教育による総合的な効果を考えるためには、こうした点にも考慮する必要がある。

表 6-4 内生性を考慮した場合の推定結果

被説明変数	(1) 個人的ネットワーク	(2) 社会的ネットワーク・サポート	(3) 市民参加	(4) 信頼と協調の規範
地域ブロックダミー				
北海道	0.242 (0.144)*	0.336 (0.149)**	0.303 (0.146)**	−0.202 (0.149)
東北	0.064 (0.102)	0.025 (0.106)	0.023 (0.104)	−0.055 (0.105)
甲信越	−0.090 (0.105)	0.036 (0.110)	−0.056 (0.107)	0.092 (0.108)
北陸	0.162 (0.149)	0.044 (0.153)	0.295 (0.150)**	0.174 (0.157)
東海	0.153 (0.071)**	0.171 (0.074)**	0.242 (0.073)***	0.206 (0.074)***
近畿	0.302 (0.076)***	0.218 (0.080)***	0.181 (0.078)**	0.001 (0.079)
中国	0.094 (0.100)	0.096 (0.104)	−0.062 (0.102)	0.132 (0.104)
四国	0.053 (0.141)	0.063 (0.147)	−0.183 (0.144)	−0.154 (0.145)
九州・沖縄	0.305 (0.108)***	0.204 (0.111)*	0.149 (0.110)	0.057 (0.111)
都市規模ダミー				
東京23区・政令市	0.069 (0.072)	0.023 (0.074)	0.059 (0.073)	−0.023 (0.074)
20万人以上	0.065 (0.070)	−0.008 (0.073)	0.031 (0.072)	0.064 (0.073)
5万人以上10万人未満	0.225 (0.076)***	0.177 (0.079)**	0.295 (0.077)***	0.060 (0.079)
5万人未満	0.134 (0.086)	0.152 (0.089)*	0.053 (0.087)	−0.018 (0.089)
女性ダミー	0.419 (0.048)***	0.100 (0.050)**	−0.111 (0.049)**	−0.218 (0.050)***
年齢ダミー				
20代以下	−0.034 (0.094)	0.357 (0.097)***	−0.400 (0.095)***	−0.296 (0.098)***
30代	0.072 (0.072)	0.306 (0.075)***	−0.141 (0.074)*	−0.054 (0.075)
50代	−0.105 (0.068)	−0.183 (0.071)***	0.012 (0.070)	0.156 (0.070)**
60代	0.436 (0.076)***	0.278 (0.077)***	0.639 (0.077)***	0.356 (0.078)***
70代	0.765 (0.091)***	0.550 (0.094)***	1.087 (0.092)***	0.482 (0.094)***
配偶者ダミー	0.294 (0.064)***	−0.050 (0.066)	0.074 (0.065)	−0.160 (0.066)**
職業ダミー				
自営業	0.591 (0.075)***	0.244 (0.078)***	0.394 (0.077)***	0.176 (0.078)**

	(1)	(2)	(3)	(4)
民間・団体の経営者	−0.020 (0.143)	−0.151 (0.148)	−0.020 (0.147)	−0.265 (0.146)*
公務員	0.266 (0.074)***	0.200 (0.077)***	0.362 (0.076)***	0.224 (0.077)***
臨時・パート、専業、その他	0.388 (0.074)***	0.249 (0.077)***	0.132 (0.075)*	0.060 (0.077)
学生、無職	0.319 (0.072)***	0.209 (0.075)***	0.378 (0.073)***	0.226 (0.075)***
教育ダミー				
小中学校	0.119 (0.077)	0.097 (0.081)	−0.287 (0.080)***	−0.322 (0.081)***
専修・各種	−0.059 (0.068)	−0.025 (0.071)	−0.002 (0.069)	0.048 (0.071)
高専・短大	−0.096 (0.072)	−0.030 (0.074)	0.026 (0.073)	0.096 (0.074)
大学	−0.087 (0.066)	−0.098 (0.068)	−0.051 (0.068)	0.034 (0.068)
大学院	−0.268 (0.148)*	−0.371 (0.154)**	−0.136 (0.150)	0.071 (0.153)
持ち家ダミー	0.241 (0.069)***	0.041 (0.071)	−0.096 (0.070)	−0.091 (0.071)
居住年数ダミー				
1年未満	−0.175 (0.155)	0.158 (0.161)	−0.004 (0.158)	−0.138 (0.164)
1年以上2年未満	−0.250 (0.148)*	−0.189 (0.153)	−0.249 (0.152)	−0.113 (0.154)
2年以上5年未満	0.042 (0.090)	0.007 (0.093)	−0.034 (0.092)	−0.101 (0.094)
10年以上20年未満	0.109 (0.078)	−0.101 (0.082)	−0.039 (0.080)	−0.101 (0.081)
20年以上	0.383 (0.073)***	−0.018 (0.076)	0.217 (0.075)***	−0.106 (0.076)
所得	0.119 (0.026)***	0.170 (0.027)***	0.169 (0.027)***	0.172 (0.027)***
人口流動性	0.389 (0.513)	0.030 (0.536)	0.186 (0.525)	−0.944 (0.528)*
都市化の程度	−0.424 (0.127)***	−0.363 (0.134)***	−0.318 (0.130)**	−0.094 (0.131)
高齢者比率	0.843 (0.851)	−0.250 (0.884)	2.487 (0.871)***	0.998 (0.877)
所得水準	−0.014 (0.144)	−0.033 (0.149)	0.010 (0.147)	−0.395 (0.150)***
所得格差	3.757 (1.997)*	3.924 (2.074)*	1.602 (2.044)	0.472 (2.074)
定数項	−3.366 (0.780)***	−2.295 (0.808)***	−2.498 (0.797)***	−0.156 (0.809)
First-stage partial R^2	0.083	0.084	0.082	0.083
First-stage F statistic	371.897	371.233	358.934	357.720
Wu-Hausman 検定	12.485 (0.000)	25.477 (0.000)	31.823 (0.000)	30.995 (0.000)
N	4.169	4.094	4.083	4.010

注：（ ）内は標準誤差。Wu-Hausman 検定の（ ）内は p 値。
***，**，* は、それぞれ 1％，5％，10％水準で有意であることを示す。

第7章

ソーシャル・キャピタルは世代間で
継承できるか？

1．はじめに

　経済資本や人的資本は、地域間はもとより個人間でも偏在している。そして、これらの資本の保有量が地域や個人によって異なる背景には、世代間での資本の継承がある。ソーシャル・キャピタルについても、第5、6章でみたように地域間・個人間での偏在が観察されるが、その背景にもまた、経済資本や人的資本と同様に、世代から世代への、親から子へのソーシャル・キャピタルの継承が影響しているのだろうか。

　また、住民主体の地域活動は、その地域のソーシャル・キャピタルの豊かさのあらわれでもあるが、各地域活動の動向をみると、古くからの伝統・文化や互助の気風が今なお継承され、現在でも活発な活動が行われている地域もあれば、そのような活動が廃れてしまった地域もある[1]。そして、多様な世代が積極的に活動に参画している地域もあれば、そもそも住民主体による活動が低調な地域もある。このように地域間でソーシャル・キャピタルの豊

1）　山田（2016）では伝統ある都市祭礼（京都の祇園祭、岸和田だんじり祭など）とソーシャル・キャピタルとの関係が論じられており、例えば祇園祭の事例に関して、祇園祭山鉾連合会の祭り全体を統括するシステムにより新旧住民や企業とのソーシャル・キャピタルが形成され、祭りが継承されているとしている。

かさに違いが生まれる背景には、第6章で検証したような所得や教育などの個人属性や都市化の進展といった地域要因だけではなく、世代間でのソーシャル・キャピタルの継承という要因があるのではないだろうか。

こうした仮説を踏まえ、本章および以降の第8、9章では、世代間でのソーシャル・キャピタルの継承可能性について検討していく。以下、本章では、ソーシャル・キャピタルの継承可能性に関する先行研究を概観し、世代間での継承という要因を考慮したソーシャル・キャピタルの形成要因について整理する。そのうえで、その検証のためにどのようなデータが必要となるかについて述べ、筆者らが独自に実施した新しいアンケート調査の概要を紹介する。最後に、アンケート結果に基づく簡易な分析からソーシャル・キャピタルの継承可能性について検討する。

2. 受け継がれるソーシャル・キャピタル

第1章で述べたとおり、パットナムはイタリアにおける歴史的な経緯の違いからソーシャル・キャピタルの地域差について考察したが、このほかにもソーシャル・キャピタルの地域的な違いを歴史的経緯に求める研究がある。例えばFukuyama（1995）は、中国、イタリア、フランスの事例を取り上げて、低信頼社会ほど家族を重視する文化的特徴が観察されることについて、歴史的な経緯を踏まえて考察している。実証研究からも、例えば Nunn and Wantchekon（2011）では、サブ・サハラ17ヵ国で行われた調査データを用いて、奴隷貿易によってより深刻な被害を受けた地域のエスニック・グループ出身者を先祖にもつ個人は、他者（親戚、隣人、同じエスニック・グループ）や地方政府に対する信頼が低い傾向にあることが明らかにされている。また、Uslaner（2008）は、移民国家である米国のデータを用いて、北欧、ドイツ、英国出身の先祖をもつ個人は、他人を信頼する傾向がある一方で、アフリカ系アメリカ人やヒスパニック／ラテン系アメリカ人は、周りの市民に対してあまり信頼をもたない傾向があることを指摘している。このほかにも、同じく米国のデータを用いて、祖先の出身国における社会的信頼度の高さが3世

代目となる移民の孫の信頼の高さに有意に正の影響を与えていること、より民主的な政治制度をもっていた国を出身国にもつ移民の子孫はより高い信頼をもつことを示した研究もある（Tabellini 2008a）[2]。

親子間でのソーシャル・キャピタルの継承

　親から子へのソーシャル・キャピタルの継承に直接焦点をあてた研究もある。Guiso et al.（2008）は、パットナムが指摘した歴史的な経緯に基づく南北イタリアでのソーシャル・キャピタルの違いが、現代においてもなお続いていることを説明できるような理論モデルを検討し、親子間でのソーシャル・キャピタルの継承をモデル化している[3],[4]。そこでは、個人は3期間を生き、第1期において、信頼できる人（trustworthy individuals）の割合が高い環境にあるか、信頼できない人（cheaters）の割合が多い環境にあるかという確率に関する事前予想を親から継承する。そして、成長した第2期において信頼ゲームに投資するかどうかを決定する。この信頼ゲームは、投資の受け手が信頼できる人であれば投資額以上のリターンがあるが、信頼できない人であれば損失を被ることになるというものである。投資するかどうかは、投資によるリターンの大きさや信頼できる人が社会に実際にどれくらいいるのかといった要因によって決まる閾値よりも、親から継承された事前予想が高いかどうかにより決定される。

　このモデルでは、投資をすることで、人は実際の社会が信頼できる人の多い社会かそうではないかを学習することができると想定されている。しかし、悲観的な事前予想を親から継承している場合は投資を行わない。このため、

2）　Algan and Cahuc（2010）は、米国における移民の子孫が祖先から継承した信頼が、出身国の過去の時点の信頼と関連することに着目し、それを利用することで、信頼と経済成長の因果関係の問題に対処しつつ、信頼が経済成長を高めることを示している。

3）　親子間での文化的な要素や協調のモラルの継承についての理論モデルを提示した研究としては Bisin and Verdier（2000）、Tabellini（2008b）、Adriani and Sonderegger（2009）などがある。

4）　Guiso et al.（2008）は、ソーシャル・キャピタルを「協調を促進する信念や価値観の集合（the set of beliefs and values that foster cooperation）」と定義している。

信頼できる人の割合に関する学習は行われず、悲観的な事前予想が親子間で継承されていく。その結果、実際に社会がどのような状況かにかかわらず、低信頼の均衡に社会がたどり着く可能性がある。

　Guiso らは、こうした親子間継承の妥当性を確認するため、「世界価値観調査（World Values Survey）」の国別・世代別のデータを用いた検証により世代間での信頼の高さの関連性を確認するとともに、「ドイツ社会経済調査（German Socio Economic Panel）」の個票データを用いた分析を行い、個人の信頼を両親の信頼で回帰すると両親の信頼の係数が有意に正となることを示している[5]。

　また、Dohmen et al.（2012）は、Guiso et al.（2008）と同様に、「ドイツ社会経済調査（German Socio Economic Panel）」の個票データを用いた検証を行っている。Dohmen らの研究は、経済的選好の継承を検証するため、リスクに対する考えと他者に対する信頼の２つを対象としており、他者への信頼の指標には Guiso et al.（2008）と同じ質問項目を用いている。そして、親と子の信頼の内生性、地域からの影響などの諸要素を考慮したうえで、なお親から子への継承が頑健であることを明らかにしている。さらに、似た者同士が結婚する同類婚（Assortative mating）の可能性や、父親と母親とでの影響力の違い、子どもとの関係性など家庭内での社会化教育の環境の違いによる影響についても詳細な検証を行っており、両親と子どもの気質は非常に高い関係をもっていること、居住している地域の人々の気質も子どもの気質に影響を与えること、同類婚が行われている可能性が高いこと、また、父親よりも母親の影響が大きく、母親の影響は、子どもとの関係性や自身の幸福度によって変化しないことなどを示している。

5）　用いられている信頼の指標は、一般的な信頼（全体として、人は他人を信用している）、他者への信頼感（今日では人は誰も頼りにすることはできない）、他者に対する警戒心（見知らぬ人と接するときには、その人を信頼する前に警戒したほうがよい）という３つの設問に対する回答（完全に同意する、やや同意する、あまり同意しない、全く同意しない、の４段階の回答）である。

図 7-1 世代間での継承の可能性を考慮したソーシャル・キャピタルの形成要因

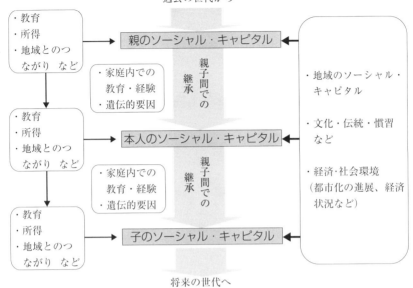

ソーシャル・キャピタルの形成要因の整理

　以上の先行研究を踏まえると、ソーシャル・キャピタルは次の世代へと受け継がれる可能性をもつ資本であり、ソーシャル・キャピタルの形成要因を考える際には、第6章で分析したような教育や所得といった個人の属性やその個人が居住している地域の経済・社会環境のほか、親からの継承という要因を考慮する必要があると考えられる。

　図 7-1 は、世代間での継承可能性を考慮して、ソーシャル・キャピタルの形成要因を整理したものである。各世代における個人のソーシャル・キャピタルの形成には、教育や所得、職業などの属性が影響している。また、その個人が居住する地域の経済・社会環境が影響を与える。そして、地域の経済・社会環境が長期にわたって大きく変化することがなければ、地域の経済・社会環境は複数の世代に同じような影響を与えることになるかもしれない。

　親からの継承については、遺伝的な影響もあるかもしれないし、家庭内で

の学習や交流といった要因が影響しているかもしれない[6]。いずれにしても親からソーシャル・キャピタルが継承されるのであれば、高いソーシャル・キャピタルをもつ親の子どものソーシャル・キャピタルは高く、ソーシャル・キャピタルの低い親をもった場合には低くなると考えられる。

3. 親子間の継承可能性をどう測るか？

どのようなデータが必要か？

　個人属性、地域の経済・社会環境、親からの継承という3つの要因がソーシャル・キャピタルの形成に影響を与えていることを確認するためには、それぞれの要因を捉えたデータが必要となる。しかし、これらの要因をすべて把握することは容易ではないし、特に親からの継承という要因を考慮できるデータを得ることは難しい。

　親からのソーシャル・キャピタルの継承という要因を考慮するには、前述の Guiso et al.（2008）や Dohmen et al.（2012）のように、親と子の双方のソーシャル・キャピタルが把握できるデータを利用することが望ましい。言うまでもなく、ソーシャル・キャピタルが親子間で継承されていれば、両者のソーシャル・キャピタルには相関関係があるはずであり、両方のデータがあれば、それを確認することができるためである。

　しかし、一般に、個人を対象としたアンケート調査の多くでは、そのサンプルは母集団からランダムに抽出される（無作為抽出法）。これは、調査対象となるサンプルの偏りをなくすためであるが、こうした方法で調査対象となるサンプルが決められた場合、その中に親と子の両方が含まれる可能性は非常に低く、仮に含まれていたとしてもサンプル間に血縁関係があることを確認するのは難しい。このため、親と子の両方のデータが得られるような調査は少ない。さらに、世代間継承の分析のためには、調査項目にソーシャル・キャピタルの計測に用いることができるような内容を含んでいる調査である

6）　Bisin and Verdier（2010）では、人間の行動を規定する選好、信念、規範などは、遺伝的な影響のほか、学習や他の社会的な交流を通じて世代間で継承されるとしている。

ことが必要になる。

内閣府「生活の質に関する調査」

　こうした条件を備えた調査として、内閣府経済社会総合研究所が2012年度に実施した「生活の質に関する調査」が挙げられる。この調査は、主観的幸福度など生活の質やそれを支える諸要因を明らかにするために実施されたものであり、その中には他人に対する信頼の意識を尋ねる質問が含まれている[7]。また、住民基本台帳から無作為抽出された4,950世帯の世帯員（15歳以上）が対象となっており、世帯主からみた続柄を尋ねる質問がある。このため、この回答を利用すれば、同一世帯内に住む回答者らの親子関係を特定することができる。つまり、それぞれの個票データから親と子の双方のソーシャル・キャピタルを指標化することができるという非常に価値の高い調査である。

　次章では、この「生活の質に関する調査」の個票データを用いて、家族内でのソーシャル・キャピタルの継承可能性について分析を行うが、残念ながらこの調査データを用いても、親子間での継承を明らかにするには、いくつかの課題が残される。

　1つ目は、このデータでは、親子間でのソーシャル・キャピタルの継承がどのように行われているかという点にまで踏み込んだ分析はできないということである。もしも家庭内での教育・経験がソーシャル・キャピタルの継承に重要な役割を果たすのであれば、そうした点を明示的に考慮することが望ましい。また、ソーシャル・キャピタルの継承が大人になるまでの間に行われ

7）「生活の質に関する調査」は2011年度から実施されており、2011年度調査では、訪問留置法により、住民基本台帳から無作為抽出された全国15歳以上の約1万人を対象とする調査と、全国15歳以上69歳以下の約1万人を対象とするインターネット調査が行われている。2012年度調査は、全国の一般世帯の15歳以上の世帯構成員を対象として、訪問留置法により行われている。また、2013年度には、2012年度調査において「次回の調査に協力してもよい」と回答した回答者を対象とした調査（訪問留置法）が行われている。これらの調査の概要については、内閣府経済社会総合研究所ホームページ（http://www.esri.go.jp/jp/prj/current_research/shakai_shihyo/survey/survey.html　最終閲覧2018年5月21日）を参照のこと。

ている場合、本来考慮すべきは、現時点の親のソーシャル・キャピタルでは
なく、継承される時点での親のソーシャル・キャピタルかもしれない。しか
し、「生活の質に関する調査」で得られる情報は、あくまでも調査時点のもの
となってしまう。そして、その人がどのような家庭内教育を受けたかやどの
ような経験をもっているかまでは分からない。

　2つ目に、「生活の質に関する調査」では、同一世帯内に住んでいる親子の
データとなるという課題もある。社会の核家族化が進み、単身世帯も増加し
ている現代では、親子で同居していない人は多い。また、仮に、ソーシャル・
キャピタルが親子間で似ているほど、その親子が同居する可能性が高くなる
といった関係があるなら、この調査データから得られるサンプルにはバイア
スが含まれていることになり、その分析結果の解釈には留意が必要になる。

　そして3つ目に、「生活の質に関する調査」では地域コミュニティのソー
シャル・キャピタルからの影響を考慮できるような質問は含まれておらず、
また、回答者が具体的にどこに居住しているかまでは分からない。このため、
地域の経済・社会環境要因を十分には考慮できないという課題もある。

新たなアンケート調査の実施

　筆者が代表者となって取り組んだ国立研究開発法人科学技術振興機構社会
技術研究開発センター (JST-RISTEX) の研究開発プロジェクト「ソーシャル・
キャピタルの世代間継承メカニズムの検討」では、上記の課題を考慮し、独
自の新たなインターネットによるアンケート調査を実施した[8]。アンケート
調査は、NTT コム　オンライン・マーケティング・ソリューション株式会社
を通じて、2017 年 3 月と 7 月に 2 回に分けて実施しており、同社のインター
ネット・アンケート調査のモニターが主な調査対象となっている[9],[10]。この

---

8)　本プロジェクトは、国立研究開発法人科学技術振興機構社会技術研究開発センター
　　(JST-RISTEX) における研究開発領域「持続可能な多世代共創社会のデザイン」におい
　　て 2016 年度に採択されたものである（実施期間：2016 年 10 月〜2017 年 9 月）。また、ア
　　ンケート調査の実施にあたっては、京都大学「エビデンス・ベース社会の構築に向けた
　　人文社会科学の学際融合・最先端研究人材養成事業」からも一部支援を受けている。

ため、サンプルが無作為抽出とはなっていないという課題はあるものの、1万人を超えるサンプルが集まっており、親と同居している人に限らず、単身者も含めた多様な世帯構成の回答者が含まれているという利点をもつ。

この調査では、「生活の質に関する調査」では把握できない要因を把握するため、回答者本人の基本的な属性（性別、年齢、学歴、職業など）やソーシャル・キャピタルを把握するための質問のほか、両親の生年、学歴、職業や両親・祖父母のソーシャル・キャピタルに関する質問、子どもの頃の家庭内経験などを尋ねる質問を設けている。さらに、地域からの影響を考慮するため、居住する地域のソーシャル・キャピタルの状況に関する質問も取り入れている[11]。

また、この調査は、まちづくり活動などの地域活動とソーシャル・キャピタルとの関係に焦点をあてている。「地域資源」を「地域のみんなが共有して利用しているもの」、「地域活動」を「地域資源を守り充実させるための取組み」と定義し、まちの文化センターや公園などの公共施設、地域の暮らしやすさ、治安、賑わい、景観、祭りや伝統行事などを地域資源の例、自治会・町内会が行う地域の清掃や商店街組合が行うまちおこし、ボランティア・グループによる地域の防犯活動や子育て支援活動などを地域活動の例として示したうえで、地域資源や地域活動に対する意識、他人への信頼や互酬性の意識といったソーシャル・キャピタルに関する質問を行っている。

表7-1は、第1回調査、第2回調査それぞれの回答者数や回答者の主な属性分布を示している。第2回調査は、第1回調査の回答者を対象として実施しているが、回答者の属性の構成比率は第1回調査とほとんど同じであり、第2回調査におけるサンプルの偏りはみられない。

9） 調査を2回に分けているのは、質問項目が多岐にわたり数多くの質問があるため、1回の調査にすべての質問を入れてしまうと、モニターからの回答が得られる可能性が低下することが危惧されたためである。

10） アンケートの回収にあたっては、地域ブロック別・都市規模別・年齢層別の人口比率をもとに、地域別・年齢層別のサンプル数の偏りが生じないような配慮をしている。

11） アンケート調査の調査票については、慶應義塾大学出版会 HP（http://www.keio-up.co.jp/）掲載資料を参照されたい。

表7-1　アンケート回答者の属性

| | 合計 | 性別 | | 年齢（歳） | | | | | |
		男性	女性	30未満	30〜39	40〜49	50〜59	60〜69	70以上
第1回調査	11,371	6,911 (60.8%)	4,460 (39.2%)	502 (4.4%)	2,447 (21.5%)	2,165 (19.0%)	2,159 (19.0%)	2,859 (25.1%)	1,239 (10.9%)
第2回調査	7,498	4,682 (62.4%)	2,816 (37.6%)	281 (3.7%)	1,493 (19.9%)	1,445 (19.3%)	1,481 (19.8%)	1,967 (26.2%)	831 (11.1%)

| | 居住地 | | | | 職業 | | | | |
	大都市（東京23区、政令市）	中都市（人口10万人以上）	その他の都市（人口10万人未満）	町・村	仕事はしていない[a]	勤め人[b]	自営業主[c]	自由業者[d]	その他
第1回調査	4,174 (36.7%)	2,613 (23.0%)	3,628 (31.9%)	956 (8.4%)	3,928 (34.5%)	5,958 (52.4%)	812 (7.1%)	304 (2.7%)	369 (3.2%)
第2回調査	2,842 (37.9%)	1,753 (23.4%)	2,278 (30.4%)	625 (8.3%)	2,643 (35.2%)	3,890 (51.9%)	543 (7.2%)	198 (2.6%)	224 (3.0%)

注：aには専業主婦・主夫、学生、引退者などが、bには会社・団体などに従業・勤務している人が、cには飲食店・卸小売店・農業などの従事者が、dには医者・弁護士・会計士・税理士などが該当する。

4.　何が受け継がれるのか──継承可能性の予備的な考察

　アンケート調査では、回答者自身のソーシャル・キャピタルを尋ねる質問に加えて、自分が子どもの頃に両親・祖父母がどのような人であったかを尋ねる質問を設けている（表7-2）。これらの質問は、あくまでも回答者からみた主観的な両親や祖父母のソーシャル・キャピタルの評価を訊くものであるため、その回答には何らかのバイアスがあるかもしれない。例えば、他人を信頼している人の場合、他人も同じように人を信頼すると考える傾向があるかもしれない。その場合、他人を信頼している人は、両親や祖父母も同じような傾向をもっていたと考える可能性がある[12]。こうした主観による影響の可能性を踏まえると、この質問を用いた結果から、親と子のソーシャル・キャピタルにつながりがあると判断するのは早計かもしれない。しかし、回答者本人に訊くことで、両親や祖父母と同居しているかどうかにかかわらず回答

第 7 章　ソーシャル・キャピタルは世代間で継承できるか？　*157*

表 7-2　両親・祖父母のソーシャル・キャピタルに関する質問

	両親・祖父母のソーシャル・キャピタルに関する質問
他人への信頼	あなたの両親や祖父母は、一般的に人を信頼する傾向がある人でしたか。
近所づきあい	あなたのご両親や祖父母は、近所の人とどの程度のおつきあいをされていましたか。
活動参加	あなたのご両親や祖父母は、以下のような活動にどの程度参加されていましたか。 以下の 4 つの活動について、それぞれ 1 つ選択してください。 　　地域活動 　　被災地支援など他地域に対するボランティア活動 　　スポーツ・趣味・娯楽活動（各種スポーツ、芸術文化活動、生涯学習など） 　　その他の団体活動（労働組合、宗教、政治など）
利他性の意識	あなたのご両親や祖父母は、人助けをすることについてどのような考えをもっていたと思いますか。

してもらうことができ、世帯を対象とするような大規模な調査を行わずに数多くのサンプルを集められるという利点もあり、両親や祖父母のソーシャル・キャピタルを把握する重要な手がかりとなると考えられる。

　以下では、この両親・祖父母のソーシャル・キャピタルに関する質問と、本人のソーシャル・キャピタルに関する質問のクロス集計の結果を示しながら、世代間継承の可能性について考察する。

一般的信頼との関係

　表 7-3 は、「あなたの両親や祖父母は、一般的に人を信頼する傾向がある人でしたか」という質問と、「一般的に言って、ほとんどの人は信頼できると考えますか、それとも人と接するには用心するには越したことはないと思いますか」という質問とをクロス集計したものである。両親・祖父母の信頼に関

---

12)　この点を考慮するため、第 8 章では、内閣府「生活の質に関する調査」により両親と子の双方からの回答を用いた分析を行うとともに、第 9 章では、回答者本人に対し、自分が子どもの頃に両親や祖父母からどのような教育・経験を得たかを尋ねる質問を用いることで、本人の主観によるバイアスに配慮した分析を行う。

158

表7-3　両親・祖父母の一般的信頼と回答者の一般的信頼とのクロス集計

問　一般的に言って、ほとんどの人は信頼できると考えますか、それとも人と接するには用心するに越したことはないと思いますか

問 あなたの両親や祖父母は、一般的に人を信頼する傾向がある人でしたか	←大半の人は信頼できる				極めて注意深く接する必要がある→						合計
	1	2	3	4	5	6	7	8	9	10	
1：全くあてはまらない	8 (4.4)	7 (3.9)	6 (3.3)	14 (7.8)	38 (21.1)	30 (16.7)	9 (5.0)	23 (12.8)	10 (5.6)	35 (19.4)	180 (100.0)
2：あまりあてはまらない	8 (0.9)	7 (0.8)	62 (7.0)	105 (11.8)	191 (21.5)	164 (18.4)	171 (19.2)	110 (12.4)	31 (3.5)	41 (4.6)	890 (100.0)
3：どちらとも言えない	16 (0.5)	36 (1.2)	138 (4.4)	376 (12.0)	987 (31.5)	748 (23.9)	450 (14.4)	228 (7.3)	55 (1.8)	95 (3.0)	3,129 (100.0)
4：ややあてはまる	35 (1.0)	88 (2.5)	453 (12.7)	762 (21.4)	899 (25.3)	558 (15.7)	457 (12.9)	211 (5.9)	42 (1.2)	50 (1.4)	3,555 (100.0)
5：よくあてはまる	139 (5.0)	247 (8.9)	558 (20.0)	629 (22.6)	477 (17.1)	245 (8.8)	246 (8.8)	154 (5.5)	36 (1.3)	58 (2.1)	2,789 (100.0)
6：分からない	11 (1.3)	11 (1.3)	41 (5.0)	83 (10.0)	242 (29.2)	173 (20.9)	79 (9.5)	71 (8.6)	29 (3.5)	88 (10.6)	828 (100.0)
合計	217 (1.9)	396 (3.5)	1,258 (11.1)	1,969 (17.3)	2,834 (24.9)	1,918 (16.9)	1,412 (12.4)	797 (7.0)	203 (1.8)	367 (3.2)	11,371 (100.0)

注1：数字は回答者数を、（　）内の値は回答者の割合を示している。
　2：分布割合が最も高いところを■、二番目に高いところを□としている。

する質問は「全くあてはまらない」「あまりあてはまらない」「どちらとも言えない」「ややあてはまる」「よくあてはまる」「分からない」の6つの選択肢の中から回答することとなっており、それぞれの選択肢を選んだ人が、自分自身が他人を信頼するかどうかについて、どのように回答しているかを把握することができる。自分自身の信頼に関する質問は、「大半の人は信頼できる」を1、「極めて注意深く接する必要がある」を10とした10段階の選択肢の中から回答するものとなっている。

　これをみると、両親・祖父母について「全くあてはまらない」と回答している人の約2割は「極めて注意深く接する必要がある」と回答している。逆に、両親・祖父母について「よくあてはまる」と回答している人で、「極めて

注意深く接する必要がある」と回答している人の割合は非常に少ない。自分の両親・祖父母が人を信頼しない人だったと回答する人はそれほど多くないが、両親・祖父母について「どちらとも言えない」と回答している人と、「ややあてはまる」「よくあてはまる」と回答している人との傾向の違いをみても、「どちらとも言えない」と回答している人は、他人に対する質問については中間の5や6を選択している人が多いのに対して、「ややあてはまる」と回答している人では4以下を選択している人の割合が高くなる。また、「よくあてはまる」と回答している人をみると、5割以上の人が4以下を選択している。このように、両親・祖父母が人を信頼する傾向があったと回答している人は、その人自身も他人を信頼できると回答する傾向があることが分かる[13]。前述のとおり、この結果は、他人を信頼する人は、自分の両親・祖父母も他人を信頼する人と考える傾向があることを示している可能性もあるものの、親からの継承という仮説と整合的な結果となっており、この仮説にはより踏み込んだ分析を行う価値があることを示唆している。

利他性との関係

　表7-4は、両親・祖父母の利他性に関する質問と、本人の互酬性に関する質問とをクロス集計したものであるが、同様の傾向が確認できる。ここで用いている質問は、「あなたの両親や祖父母は、人助けをすることについてどのような考えをもっていたと思いますか」という質問と、「人を助ければ、今度は自分が困っているときに誰かが助けてくれる」という考えに同意するかどうか、という質問である。

　両親・祖父母が、「積極的に人助けをすべき」という考えをもっていたと回答している人の4割近くは、「人を助ければ、今度は自分が困っているときに誰かが助けてくれる」という考えに同意すると回答している。一方で、両親・祖父母の利他性の意識について「どちらとも言えない」と回答している人では、「同意する」と回答する人の割合は減り、「どちらとも言えない」と回答

---

13)　この傾向は、両親や祖父母と同居していないサンプルに限定した場合にも確認できる。

表7-4　両親・祖父母の利他性の意識と回答者の互酬性の意識とのクロス集計

	問　あなたは、以下のような考えについてどのくらい同意しますか 「人を助ければ、今度は自分が困ったときに誰かが助けてくれる」					
問　あなたのご両親や祖父母は、人助けをすることについてどのような考えをもっていたと思いますか		1：同意する	2：どちらかといえば同意する	3：どちらとも言えない	4：どちらかといえば同意しない	5：同意しない	合計
	1：積極的に人助けをすべき	380 (38.7)	342 (34.9)	211 (21.5)	29 (3.0)	19 (1.9)	981 (100.0)
	2：できる範囲で人助けをすべき	1,082 (16.9)	2,993 (46.7)	1,897 (29.6)	282 (4.4)	149 (2.3)	6,403 (100.0)
	3：どちらとも言えない	288 (11.3)	717 (28.2)	1,273 (50.0)	124 (4.9)	142 (5.6)	2,544 (100.0)
	4：人助けはなるべくしないほうがよい	34 (17.0)	63 (31.5)	67 (33.5)	20 (10.0)	16 (8.0)	200 (100.0)
	5：人助けはすべきではない	14 (15.7)	11 (12.4)	16 (18.0)	7 (7.9)	41 (46.1)	89 (100.0)
	6：分からない	136 (11.8)	230 (19.9)	581 (50.4)	57 (4.9)	150 (13.0)	1,154 (100.0)
	合計	1,934 (17.0)	4,356 (38.3)	4,045 (35.6)	519 (4.6)	517 (4.6)	11,371 (100.0)

注1：数字は回答者数を、（　）内の値は回答者の割合を示している。
　2：分布割合が最も高いところを■、二番目に高いところを□としている。

する人の割合が大きくなる。また、両親・祖父母の利他性の意識について「人助けをすべきではない」という考えをもっていたと回答した人は89人と少数であるが、これらの回答をしている人の互酬性の意識をみると、半数近くの人が「同意しない」と回答しており、両親・祖父母の意識と本人の意識との間には相関関係があることが推察される。

地域活動参加との関係

　表7-5は、自分が子どもの頃に、両親・祖父母が地域活動に参加していたかどうかを尋ねる質問と、本人の地域活動への参加頻度に関する質問とをクロス集計したものである。地域活動への参加は、他人に対する信頼や利他性

第7章　ソーシャル・キャピタルは世代間で継承できるか？　*161*

表7-5　両親・祖父母の地域活動参加と回答者の地域活動参加とのクロス集計

		問　あなたは地域活動に参加されていますか					
問　あなたのご両親や祖父母は、地域活動にどの程度参加されていましたか		1：ほぼ毎週	2：月に2〜3日程度	3：月に1日程度	4：年に数回程度	5：活動していない	合計
	1：積極的に参加していた	111 (7.7)	138 (9.6)	232 (16.1)	469 (32.6)	489 (34.0)	1,439 (100.0)
	2：ある程度参加していた	94 (2.1)	365 (8.2)	571 (12.8)	1,633 (36.5)	1,814 (40.5)	4,477 (100.0)
	3：どちらとも言えない	23 (1.0)	111 (4.7)	236 (10.1)	616 (26.2)	1,362 (58.0)	2,348 (100.0)
	4：あまり参加していなかった	11 (1.1)	39 (3.9)	89 (8.9)	253 (25.2)	611 (60.9)	1,003 (100.0)
	5：全く参加していなかった	8 (1.0)	23 (2.7)	28 (3.3)	87 (10.3)	699 (82.7)	845 (100.0)
	6：分からない	9 (0.7)	30 (2.4)	48 (3.8)	198 (15.7)	974 (77.4)	1,259 (100.0)
	合計	256 (2.3)	706 (6.2)	1,204 (10.6)	3,256 (28.6)	5,949 (52.3)	11,371 (100.0)

注1：数字は回答者数を、（　）内の値は回答者の割合を示している。
　2：分布割合が最も高いところを■、二番目に高いところを□としている。

の意識と比較すれば客観的な評価がしやすいため、本人の意識によるバイアスの影響は小さいと考えられる。

　これをみると、両親・祖父母の地域活動への参加の程度にかかわらず、「活動していない」と回答する人の割合が最も高い。ただし、両親・祖父母が「積極的に参加していた」と回答した人では、自分自身が「活動していない」と回答している人は3分の1程度であるのに対し、両親・祖父母について「どちらとも言えない」と回答した人では、5割以上の人が「活動していない」と回答し、両親・祖父母が「全く参加していなかった」と回答している人をみると、8割以上の人が「活動していない」と回答している。このように、両親・祖父母が地域活動に積極的に参加していたと回答している人ほど、その人自身が地域活動に参加している傾向が確認される。

表 7-6　両親・祖父母の地域活動参加と回答者の地域活動参加とのクロス集計
（現在の居住地が 15 歳頃までの居住地と異なる回答者に限定した場合）

		1：ほぼ毎週	2：月に2～3日程度	3：月に1日程度	4：年に数回程度	5：活動していない	合計
問　あなたのご両親や祖父母は、地域活動にどの程度参加されていましたか	1：積極的に参加していた	59 (6.8)	79 (9.1)	111 (12.7)	286 (32.8)	338 (38.7)	873 (100.0)
	2：ある程度参加していた	53 (1.9)	180 (6.5)	343 (12.5)	990 (35.9)	1,190 (43.2)	2,756 (100.0)
	3：どちらとも言えない	14 (1.1)	49 (3.7)	133 (10.1)	361 (27.4)	760 (57.7)	1,317 (100.0)
	4：あまり参加していなかった	5 (0.8)	23 (3.7)	58 (9.2)	158 (25.1)	385 (61.2)	629 (100.0)
	5：全く参加していなかった	8 (1.6)	10 (2.0)	17 (3.5)	55 (11.2)	401 (81.7)	491 (100.0)
	6：分からない	6 (0.7)	22 (2.7)	33 (4.1)	138 (17.1)	608 (75.3)	807 (100.0)
	合計	145 (2.1)	363 (5.3)	695 (10.1)	1,988 (28.9)	3,682 (53.6)	6,873 (100.0)

問　あなたは地域活動に参加されていますか

注1：数字は回答者数を、（　）内の値は回答者の割合を示している。
　2：分布割合が最も高いところを■、二番目に高いところを□としている。

　しかし、この結果は、古くから続く祭りや行事などに、回答者の両親・祖父母も含めて参加してきたということを示しているのかもしれない。このようなケースでは、親から子へとソーシャル・キャピタルが継承されるというよりは、地域の中でソーシャル・キャピタルが維持されていると理解したほうがより適当である。この点を確認するため、回答者のうち、15 歳頃までの居住地（市区町村）と異なる地域に住んでいると回答している者に限定して、同じように両親・祖父母の地域活動参加と回答者本人の地域活動参加との関係をみたのが表 7-6 である。これをみると、やはり表 7-5 と同じ傾向が確認される。つまり、地域活動に積極的に参加していた両親・祖父母をもつ人は、生まれ育った地域と異なるところに住んでいても、地域活動に参加する傾向がある。この場合、参加する地域活動は、両親・祖父母が参加していた地域

活動とは異なるものである可能性が高い[14]。このことは、地域活動に参加しようとする意識そのものが親子間で継承されている可能性を示しているのではないだろうか。

5.　まとめ

　以上は、両親・祖父母のソーシャル・キャピタルに関する質問と本人のソーシャル・キャピタルに関する質問とのクロス集計によるシンプルな考察である。しかし、これらの結果を踏まえれば、両親・祖父母のソーシャル・キャピタルと本人のソーシャル・キャピタルとの間には何らかのつながりがありそうである。少なくとも、ソーシャル・キャピタルが世代間で継承されている可能性を探ることには、一定の意義があると言ってよいだろう。

　したがって、ソーシャル・キャピタルの形成要因を明らかにするには、図7-1に示したように、個人の特性や地域の経済・社会環境といった要因に加えて、親からの継承という過去からの時系列的な影響を考慮する必要があると考えられる。

　次章および第9章では、本章で紹介した内閣府の「生活の質に関する調査」およびアンケート調査のデータを用いて、個人属性や地域の経済・社会環境といった要因を考慮しつつ、世代間でのソーシャル・キャピタルの継承を考慮した分析を行う。具体的には、次章では「生活の質に関する調査」の個票データを用いた分析を行い、家族内でソーシャル・キャピタルが継承・共有されていることを明らかにする。続く第9章では、アンケート調査のデータを用いて、家庭内での教育・経験の重要性を明らかにするとともに、地域コミュニティのソーシャル・キャピタルなどを考慮した分析を行い、親子間での継承のメカニズムやソーシャル・キャピタルの外部効果などソーシャル・キャピタルの形成要因をより詳細により総合的に検討していく。

---

14)　現在の居住地は異なっていても、休みの折に実家に戻って古くからの祭りや伝統行事に参加するというケースもあると考えられるが、参加している活動が両親・祖父母が参加していた地域活動と異なるかどうかまでは確認できない。

第8章

家族内で継承・共有されるソーシャル・キャピタル

1. はじめに

　前章での分析結果を踏まえると、両親・祖父母のソーシャル・キャピタルと本人とのソーシャル・キャピタルとの間には何らかのつながりがありそうである。本章では、この点をさらに踏み込んで検証するため、内閣府経済社会総合研究所の「生活の質に関する調査」の個票データを用いて、ソーシャル・キャピタルの世代間継承を分析する[1]。前章でも紹介したように、「生活の質に関する調査」は世帯を対象とした調査であり、15歳以上の世帯構成員がそれぞれ調査票に記入・回答する形式となっている。このため、個票データをもとにすれば、世帯構成員それぞれのソーシャル・キャピタルを指標化することが可能であり、親子関係にあるサンプルを用いることで、親と子のソーシャル・キャピタルの関係性を定量的に検証できる。

　また、父親・母親・兄弟姉妹が同居している場合には、それぞれのソーシャル・キャピタルを別々に把握することができ、さらに教育や就業状況などの

---

1) 　本研究は、矢野誠氏（経済産業研究所）、広田茂氏（内閣府）との共同研究の一環として筆者が行った分析をもとにしたものであり、「生活の質に関する調査」の個票データの利用にあたっては広田茂氏に多大なるご支援を頂いている。利用を許可いただいた内閣府経済社会総合研究所とともに、記して感謝したい。

個人属性をはじめとする種々の質問項目が含まれていることから、親子間・家族内でどのように継承・共有されているかをより詳細に分析することが可能である。

　以下、第2節では、分析に用いるデータと基本的な分析方法を説明する。そして、第3節において両親と子のソーシャル・キャピタルの関係性を分析するとともに、両親の他の属性や子から親への逆の因果関係を考慮した検証を行い、親子間でのソーシャル・キャピタルの継承を明らかにする。第4節では、父親と母親とでの影響の違いや両親のソーシャル・キャピタルの同質性・異質性による影響の違い、夫婦間でのソーシャル・キャピタルの関係性を検証し、家族内での継承・共有を明らかにする。第5節は本章のまとめである。

2．親子間での影響を測定する

2.1．分析に用いるソーシャル・キャピタルの指標

　「生活の質に関する調査」は、全国から無作為に抽出された4,950世帯を対象とした調査であり、対象となった世帯に居住する15歳以上の世帯構成員それぞれが回答している。このため、この調査データには同一世帯に住む親子のデータが含まれる。そして、調査票には世帯主からみた続柄を問う設問があるため、この回答を利用して世帯内での親子関係を把握することができる[2),3)]。本章では、この「生活の質に関する調査」の7,717人のサンプルと、そこから抽出した親子関係が分かるサンプルを利用して分析を行う。

他人への信頼と公的な組織・機関への信頼

　これまでも紹介してきたように、ソーシャル・キャピタルには多様な側面がある。しかし、「生活の質に関する調査」には、第5章で用いた種々の質問があるわけではないため、同じように指標化することは難しい。また、それぞれの側面を考えた場合、属人的な関係・つながりを反映する個人的ネットワークや社会的ネットワーク・サポートという側面よりも、信頼と協調の規

範のような個人の規範的意識に関する側面のほうが、家庭内での子育てや教育などを通じて世代間で継承される可能性が高いと考えられる。このため、本章では、信頼と協調の規範という側面に焦点をあて、個人のソーシャル・キャピタルを指標化する。

「生活の質に関する調査」には、①「世の中のほとんどの人は、基本的に正直である」、②「私は人を信頼するほうである」、③「世の中のほとんどの人は、基本的に善良で親切である」、④「世の中のほとんどの人は、他人を信頼している」、⑤「世の中のほとんどの人は信用できる」、⑥「たいていの人は人から信頼された場合、同じようにその相手を信頼する」、⑦「世の中には偽善者が多い」の7つのステートメントについて、それぞれ「全くそう思わない」「どちらかと言えばそう思わない」「どちらとも言えない」「どちらかと言えばそう思う」「非常にそう思う」の5つの選択肢の中から1つを選んで回答する質問がある。

これらの項目のうち、①～⑥は、米国人と日本人との他人に対する信頼の違いを検証したYamagishi and Yamagishi (1994) において、個人の一般的信頼の測定に用いられているものであり、回答者が他人に対してもつ信頼をあらわす指標と考えることができる[4]。本章では、この6つの項目の回答それ

---

2) 世帯主からみて親子関係にあるとみなすことができるのは、

　　①世帯主—子ども

　　②世帯主の父母—世帯主、世帯主の兄弟姉妹

　　③子ども—孫

　　④世帯主の義父母—世帯主の配偶者、配偶者の兄弟姉妹

である。なお、「生活の質に関する調査」では、子どもの配偶者という続柄がないため、子どもの配偶者については子どもとして回答されているものが多い。しかし、子どもの配偶者は世帯主とは血縁関係にない。このため、子どもの配偶者と思われるサンプルについては、世帯主との間の親子関係はないものとして取り扱っている。具体的には、配偶者の両親との同居、別居などを問う設問があることから、この設問の回答を利用して、子どもの配偶者かどうかを識別した。また、子どもが複数いて、それぞれがその子ども（世帯主の孫）をもっている場合、その孫の親が特定できなくなる。このような可能性があるサンプルについては、親子関係を特定できないサンプルとして取り扱っている。

3) 両親のいずれかが特定できたサンプルは2,228人であり、その内訳は、父親と母親の両方が特定できるサンプルが1,507人、父親のみが特定できるサンプルが166人、母親のみが特定できるサンプルが555人である。

ぞれについて、「非常にそう思う」を5、「全くそう思わない」を1とし、その単純平均を他人への信頼の指標として用いる[5]。

また、「生活の質に関する調査」では、国、地方公共団体、国会、地方議会、裁判所、報道機関、企業、NPO（非営利活動法人）の8つについて、それぞれどの程度信頼しているかを尋ねる設問がある[6]。第2章でも紹介したように、組織や制度への信頼は、信頼と協調の規範を把握するための質問例の1つであり、OECD（2015）においても、公共機関に対する信頼と中央政府に対する信頼は、ソーシャル・キャピタルの指標として用いられている。そこで、国、地方公共団体、国会、地方議会、裁判所の5つに対する回答を用いた指標を作成し、それを公的な組織・機関への信頼の指標として用いる。具体的には、「非常に信頼している」を5、「全く信頼していない」を1として、5つの項目の単純平均を用いる[7]。

表8-1は、作成した2つのソーシャル・キャピタルの指標の記述統計を示したものである。それぞれ、全体、男性、女性を対象とした場合のほか、父親にあたるサンプルのみ、母親にあたるサンプルのみ、子どもにあたるサンプルのみを対象とした場合についても掲載している[8]。どちらの指標も、子どもを対象とした場合には全体よりも平均値が若干低くなり、父親、母親では男性、女性の平均値よりも多少高くなる傾向がみられる。しかし、ともに全体の傾向からの大きな乖離はみられない。

4） 山岸（1998）では、この6つの項目からなる指標を「一般的信頼尺度」としている。

5） 用いた6つの項目のCronbachのα（各変数が全体として同じ概念を測定しているかどうかを評価するもの。0から1までの値をとり、0.8を超えることが目安とされる）を「生活の質に関する調査」の利用可能なすべてのサンプルから計算すると、0.8859となる。

6） この設問は「あなたは以下の組織をどの程度信頼していますか」というものであり、「全く信頼していない」「どちらかと言えば信頼していない」「どちらでもない」「どちらかと言えば信頼している」「非常に信頼している」の5つの中から1つを選択するものとなっている。

7） 用いた5つの項目のCronbachのαを、「生活の質に関する調査」の利用可能なすべてのサンプルから計算すると、0.9213となる。

8） 一部未回答のサンプルもあるため、全体数はサンプル総数7,717人とは一致しない。

第 8 章　家族内で継承・共有されるソーシャル・キャピタル　*169*

表 8-1　ソーシャル・キャピタルの指標の記述統計

＜ 他人への信頼 ＞

	サンプル数	平均	標準偏差	最小値	最大値
全体	7,550	3.014	0.726	1	5
男性	3,535	3.005	0.768	1	5
女性	4,015	3.021	0.687	1	5
父親にあたるサンプル	1,631	3.106	0.732	1	5
母親にあたるサンプル	2,014	3.085	0.632	1	5
子どもにあたるサンプル	2,204	2.856	0.780	1	5

＜ 公的な組織・機関への信頼 ＞

	サンプル数	平均	標準偏差	最小値	最大値
全体	7,524	2.688	0.832	1	5
男性	3,525	2.669	0.883	1	5
女性	3,999	2.704	0.783	1	5
父親にあたるサンプル	1,628	2.711	0.880	1	5
母親にあたるサンプル	1,994	2.716	0.780	1	5
子どもにあたるサンプル	2,205	2.587	0.846	1	5

　表 8-2 は全体、父親、母親、子どもをそれぞれ対象とした場合のデータの分布を比較したものであるが、ここでも大きな分布の偏りはみられない。他人への信頼、公的な組織・機関に対する信頼を比較すると、他人への信頼については 3 よりも高い値をとるサンプルが多くなっているのに対して、公的な組織・機関への信頼については、2 前後の低い値をとるサンプルが多くなっている。なお、この 2 つの指標には正の相関関係がみられ、他人への信頼の高い人は、公的な組織・機関への信頼も高くなる傾向がある[9]。

2.2.　分析モデルと考慮する個人属性

　親子間でのソーシャル・キャピタルの継承を検証するため、本章では子どものソーシャル・キャピタルを被説明変数、子どもの個人属性などと親のソーシャル・キャピタルを説明変数とした以下の推定式を用いて分析を行う。

---

9)　全サンプルを対象とした場合、他人への信頼と公的な組織・機関への信頼の相関係数は 0.438 である。

表8-2　ソーシャル・キャピタル指標のデータの分布

＜ 他人への信頼 ＞

(％)

データ区間	全体	父親	母親	子ども
1.00	1.6	1.8	0.7	2.7
1.25	0.7	0.5	0.2	1.2
1.50	2.3	1.8	1.3	3.5
1.75	1.6	1.8	1.0	2.1
2.00	5.4	4.8	4.1	7.4
2.25	3.5	2.4	2.9	4.8
2.50	9.0	6.5	9.6	10.7
2.75	5.9	5.8	5.4	6.4
3.00	21.7	20.2	21.7	23.1
3.25	9.6	9.9	11.3	7.6
3.50	17.0	16.6	21.2	13.5
3.75	7.0	8.6	7.3	5.7
4.00	11.7	16.2	11.1	8.1
4.25	1.3	1.5	1.0	1.1
4.50	0.9	0.4	0.9	0.9
4.75	0.3	0.5	0.1	0.3
5.00	0.6	0.7	0.2	0.8

＜ 公的な組織・機関への信頼 ＞

(％)

データ区間	全体	父親	母親	子ども
1.00	6.0	6.3	4.7	8.7
1.25	1.4	1.5	1.2	1.8
1.50	2.9	3.1	2.7	3.2
1.75	2.3	2.5	1.9	2.3
2.00	12.9	12.8	13.9	12.9
2.25	7.0	7.4	5.3	7.9
2.50	5.9	5.5	6.4	5.0
2.75	6.0	6.1	5.4	5.9
3.00	29.9	25.9	33.0	31.5
3.25	6.2	5.7	6.2	5.8
3.50	4.4	4.5	5.0	3.3
3.75	3.7	4.4	4.1	2.9
4.00	9.3	11.2	9.2	6.7
4.25	0.8	1.2	0.2	0.6
4.50	0.3	0.4	0.3	0.1
4.75	0.2	0.3	0.2	0.1
5.00	0.9	1.2	0.4	1.1

$$Social\ capital = \beta_0 + \beta_1 x_1 + \beta_2 x_2 + \cdots + \beta_n x_n + \gamma \cdot parent's\ social\ capital + \varepsilon$$

$Social\ capital$：個人のソーシャル・キャピタル
$x_1 \cdots x_n$：個人属性などの説明変数
$parent's\ social\ capital$：親のソーシャル・キャピタル
ε：誤差項

　推定された γ が有意に正であれば、親子間のソーシャル・キャピタルにはつながりがあり、親のソーシャル・キャピタルを子どもが継承している可能性が示されることとなる。

推定において考慮する個人属性など

　個人属性については、性別（女性ダミー）、年齢、年齢の二乗項、配偶者の有無（配偶者ダミー）、持ち家の有無（持ち家ダミー）、学歴、従業上の地位、世帯年収のほか、本章では新たに、楽観性、人間を超えた力への感謝、信心深さという3つの個人属性を考慮することとする。

　学歴は、高卒未満と大卒以上をそれぞれダミー変数として考慮するものである。従業上の地位は、就業していない人を基準とし、常用雇用、臨時・日雇い、会社などの役員、自営業主、自営業の手伝い、内職をそれぞれダミー変数として考慮する。世帯年収については、400万円以上600万円未満を基準とし、400万円未満、600万円以上1,000万円未満、1,000万円以上をそれぞれダミー変数として考慮している。

　本章で新たに用いる楽観性は、Uslaner（2002）において一般的な信頼の重要な決定要因として楽観主義（optimism）が挙げられていることを踏まえたものである。「生活の質に関する調査」には、「自分自身とても前向きなほうだと感じている」「いつも将来には楽観的である」というステートメントについて0から10の11段階評価で回答する設問があり、これを利用して、その人が楽観的な気質をもっているかどうかを指標化することができる。ここでは、この2つの設問に対する回答の平均を楽観性の指標として用いる。

また、これまでの研究では、ソーシャル・キャピタルと信仰心や宗教との関わりが指摘されており、ソーシャル・キャピタルの形成要因を検証した海外での研究には、個人が信仰する宗教を考慮するものもある（Alesina and La Ferrara（2002）、Kaasa and Parts（2008）など）。残念ながら「生活の質に関する調査」には信仰に関する直接的な質問はない。しかし、①「自然などの人間を超えた力に感謝の気持ちをもつことがある」、②「自然は大切な存在である」、③「信心深いほうである」という３つのステートメントに対して、「全くそう思わない」から「非常にそう思う」の５段階で回答する設問がある。そこで、①と③の回答をそれぞれ用いることで、個人の信仰に関する意識を考慮することとした。

なお、こうした個人属性のほか、推定においては回答者の居住する地域ブロックのダミー（関東を基準とする）と居住している市区町村の人口規模（人口100万人以上、20万人以上100万人未満、10万人以上20万人未満、5万人以上10万人未満、5万人未満の5段階で区分し、10万人以上20万人未満を基準とする）に関するダミーを考慮する[10]。

以上の変数の記述統計は、表8-3に示されている。

3. 何がどのように継承されるのか？

3.1. 基本推定の結果

表8-4は、他人への信頼をソーシャル・キャピタルの指標として用いた場合、表8-5は公的な組織・機関への信頼を用いた場合の推定結果である。それぞれ、最小二乗法により推定を行っており、(1) 列は親のソーシャル・キャピタルを考慮せずに全サンプルを用いて推定した場合、(2) 列は父親のソーシャル・キャピタルのみを考慮した場合、(3) 列は母親のソーシャル・キャピタルのみを考慮した場合、(4) 列は父親と母親の両方を考慮した場合の推定結果を示している。

---

10) 回答者の具体的な居住地までは分からないが、個票データにおいては回答者の居住する地域ブロックおよび居住する市町村の人口規模に関するデータが提供されている。

第8章　家族内で継承・共有されるソーシャル・キャピタル　*173*

表 8-3　説明変数の記述統計

	サンプル数	平均	標準偏差	最小値	最大値
女性ダミー	7,717	0.533	0.499	0	1
年齢	7,717	48.503	18.882	15	102
年齢（二乗）	7,717	2,708.995	1,868.361	225	10,404
配偶者ダミー	7,717	0.653	0.476	0	1
持ち家ダミー	7,717	0.827	0.379	0	1
学歴ダミー					
高卒未満	7,717	0.125	0.331	0	1
大卒以上	7,717	0.192	0.394	0	1
従業上の地位ダミー					
常用雇用	7,717	0.414	0.493	0	1
臨時・日雇い	7,717	0.062	0.242	0	1
会社などの役員	7,717	0.031	0.174	0	1
自営業主	7,717	0.053	0.224	0	1
自営業の手伝い	7,717	0.034	0.182	0	1
内職	7,717	0.007	0.085	0	1
世帯年収ダミー					
400万円未満	7,717	0.311	0.463	0	1
600万円以上 　1,000万円未満	7,717	0.300	0.458	0	1
1,000万円以上	7,717	0.122	0.327	0	1
楽観性	7,585	5.440	2.298	0	10
自然などの人間を超 えた力への感謝	7,614	3.708	1.000	1	5
信心深さ	7,604	3.019	1.139	1	5
地域ブロックダミー					
北海道・東北	7,717	0.133	0.340	0	1
北陸・東山	7,717	0.098	0.297	0	1
東海	7,717	0.121	0.326	0	1
近畿	7,717	0.142	0.349	0	1
中国・四国	7,717	0.092	0.289	0	1
九州・沖縄	7,717	0.111	0.314	0	1
都市規模ダミー					
100万人以上	7,717	0.172	0.378	0	1
20万人以上 　100万人未満	7,717	0.296	0.457	0	1
5万人以上 　10万人未満	7,717	0.171	0.377	0	1
5万人未満	7,717	0.188	0.391	0	1

表 8-4 推定結果（他人への信頼）

	(1)	(2)	(3)	(4)
女性ダミー	−0.005 (0.016)	0.031 (0.037)	−0.020 (0.034)	0.017 (0.038)
年齢	0.000 (0.003)	−0.020 (0.010)*	−0.007 (0.007)	−0.022 (0.012)*
年齢（二乗）	0.000 (0.000)***	0.000 (0.000)**	0.000 (0.000)*	0.000 (0.000)**
配偶者ダミー	0.038 (0.023)	−0.033 (0.063)	−0.015 (0.054)	0.014 (0.068)
持ち家ダミー	0.034 (0.027)	0.023 (0.061)	0.058 (0.055)	0.024 (0.061)
学歴ダミー				
高卒未満	−0.118 (0.029)***	−0.160 (0.112)	−0.035 (0.091)	−0.123 (0.122)
大卒以上	0.091 (0.021)***	0.087 (0.045)*	0.051 (0.041)	0.096 (0.047)**
従業上の地位ダミー				
常用雇用	0.016 (0.021)	0.023 (0.045)	0.034 (0.041)	0.024 (0.048)
臨時・日雇	0.002 (0.034)	−0.001 (0.068)	−0.018 (0.065)	0.011 (0.074)
役員	0.016 (0.047)	−0.241 (0.158)	−0.101 (0.126)	−0.288 (0.165)*
自営業主	−0.026 (0.039)	−0.101 (0.121)	−0.181 (0.102)*	−0.205 (0.140)
自営業手伝い	−0.022 (0.044)	−0.167 (0.129)	−0.211 (0.134)	−0.072 (0.143)
内職	−0.162 (0.101)	−0.052 (0.427)	−0.154 (0.354)	−0.033 (0.409)
世帯年収ダミー				
400万円未満	−0.063 (0.024)***	−0.007 (0.055)	−0.094 (0.050)*	−0.040 (0.057)
600万円以上1,000万円未満	0.033 (0.025)	−0.001 (0.048)	−0.047 (0.045)	−0.051 (0.049)
1,000万円以上	0.078 (0.031)**	−0.054 (0.062)	−0.028 (0.057)	−0.108 (0.064)*
楽観性	0.067 (0.004)***	0.088 (0.008)***	0.087 (0.008)***	0.091 (0.009)***
自然などの人間を超えた力への感謝	0.082 (0.010)***	0.062 (0.020)***	0.060 (0.018)***	0.064 (0.021)***
親の属性				
信心深さ	0.060 (0.009)***	0.098 (0.018)***	0.088 (0.017)***	0.096 (0.020)***
（父）他人への信頼		0.192 (0.027)***		0.158 (0.029)***
（母）他人への信頼			0.179 (0.032)***	0.109 (0.034)***
定数項	1.863 (0.075)***	1.456 (0.213)***	1.409 (0.184)***	1.293 (0.240)***
Adj R^2	0.159	0.196	0.180	0.205
N	7,478	1,610	1,986	1,438

注1：（ ）内はグループ（世帯）内の相関に対して頑健なクラスタロバスト標準誤差。***、**、*は、それぞれ1％、5％、10％水準で有意であることを示す。

注2：推定に際しては、地域ブロックと都市規模に関するダミー変数を加えているが、その結果については省略している。

表 8-5　推定結果（公的な組織・機関への信頼）

	(1)	(2)	(3)	(4)
女性ダミー	0.015 (0.019)	0.109 (0.042)**	0.058 (0.037)	0.091 (0.044)**
年齢	-0.022 (0.003)***	-0.058 (0.012)***	-0.033 (0.009)***	-0.060 (0.015)***
年齢（二乗）	0.000 (0.000)***	0.001 (0.000)***	0.000 (0.000)***	0.001 (0.000)***
配偶者ダミー	0.060 (0.028)**	-0.092 (0.074)	-0.110 (0.062)*	-0.126 (0.079)
持ち家ダミー	-0.013 (0.033)	0.025 (0.074)	0.039 (0.059)	0.051 (0.071)
学歴ダミー				
高校未満	-0.051 (0.035)	-0.123 (0.128)	-0.198 (0.097)**	-0.155 (0.127)
大卒以上	0.060 (0.027)**	0.078 (0.056)	0.062 (0.050)	0.094 (0.059)
従業上の地位ダミー				
常用雇用	-0.080 (0.023)***	-0.140 (0.053)***	-0.098 (0.046)**	-0.109 (0.055)**
臨時・日雇	-0.103 (0.042)**	-0.136 (0.081)*	-0.167 (0.071)**	-0.155 (0.084)*
役員	-0.017 (0.057)	-0.421 (0.143)***	-0.152 (0.139)	-0.460 (0.171)***
自営業主	-0.093 (0.045)**	-0.150 (0.112)	-0.083 (0.099)	-0.096 (0.126)
自営業手伝い	-0.041 (0.050)	-0.003 (0.171)	-0.094 (0.153)	0.193 (0.190)
内職	-0.229 (0.115)**	-0.139 (0.404)	-0.035 (0.399)	-0.060 (0.446)
世帯年収ダミー				
400 万円未満	0.003 (0.030)	0.103 (0.064)	-0.009 (0.054)	0.087 (0.066)
600 万円以上 1,000 万円未満	0.103 (0.031)***	0.042 (0.055)	0.009 (0.048)	-0.020 (0.058)
1,000 万円以上	0.164 (0.040)***	0.082 (0.068)	0.033 (0.065)	-0.024 (0.074)
楽観性	0.049 (0.005)***	0.034 (0.010)***	0.032 (0.008)***	0.035 (0.010)***
自然などの人間を超えた力への感謝	0.045 (0.012)***	0.044 (0.023)*	0.039 (0.021)*	0.048 (0.024)**
信心深さ	0.058 (0.011)***	0.090 (0.021)***	0.081 (0.019)***	0.088 (0.022)***
親の属性				
（父）公的な組織・機関への信頼		0.184 (0.026)***		0.118 (0.026)***
（母）公的な組織・機関への信頼			0.277 (0.026)***	0.226 (0.031)***
定数項	2.302 (0.087)***	2.284 (0.234)***	1.858 (0.188)***	1.948 (0.262)***
Adj R^2	0.085	0.112	0.131	0.146
N	7,455	1,607	1,969	1,424

注1：（　）内はグループ（世帯）内の相関に対して頑健なクラスタロバスト標準誤差。***、**、*は、それぞれ1％、5％、10％水準で有意であることを示す。

注2：推定に際しては、地域ブロックと都市規模に関するダミー変数を加えているが、その結果については省略している。

表 8-4（1）列の結果をみると、年齢、学歴、世帯年収が有意な結果となっており、第6章での分析結果とおおむね整合的なものとなっている。このため、異なるデータを用いた場合でも、第6章での結果はおおむね支持されることが確認できる。

年齢についてみると、表 8-4 では有意な結果ではない場合もあるものの、二乗項の係数が有意に正となっている。また、表 8-5 ではすべて1％水準で有意な結果となっており、いずれにおいても年齢の符号は負、二乗項の符合は正となっている。この結果は、ある年齢を底として年齢の上昇とともに信頼は高まる傾向があることを示している[11]。

学歴に関しては、高卒以上大卒未満を基準として、高卒未満の場合のダミーと大卒以上の場合のダミーを考慮している。表 8-4 の（1）列では、高卒未満については有意に負、大卒以上は有意に正となっており、表 8-5 の（1）列においても、大卒以上は5％の有意水準で正となっている。ただし、両親のソーシャル・キャピタルを考慮した場合には、あまり有意な結果ではなくなっている。

従業上の地位についてみると、他人への信頼に関しては、ほとんど有意な結果となっていないが、公的な組織・機関への信頼では、常用雇用や臨時・日雇などで有意に負となっているほか、役員や自営業主、内職において一部で有意に負となっている。ここでは就業していない人が基準となっているため、こうした地位にある人に比べて就業していない人のほうが公的な組織・機関への信頼は高くなる傾向があることを示している。就業していない人は公的な機関からの様々な支援を受ける機会があり、そのような経験が公的な組織・機関への信頼に影響しているのかもしれない。

世帯年収に関しては、他人への信頼では、低所得の場合に有意に負となる場合があり、第6章での分析と整合的である。一方、高所得については（1）列では5％の有意水準で正であるものの、（4）列では10％水準で負となっており、結果が安定していない。公的な組織・機関への信頼については、（1）

11）　表 8-4 および表 8-5 の（4）列の結果から計算すると、他人への信頼については28〜29歳、公的な組織・機関への信頼については 36〜37 歳を境に増加に転じることになる。

列では高所得の場合に有意に正となっている。

　楽観性については、すべてのケースでその符号が正となっており1％水準で有意な結果となっている。これは、Uslaner（2002）とも整合的な結果である。また、自然などの人間を超えた力への感謝については、他人への信頼に対しては1％水準で、公的な組織・機関への信頼に対しては1〜10％水準で正となっており、信心深さはいずれの場合においても有意に正となっている。これらの要因は、第6章の分析では考慮できていなかった点であり、個々人のソーシャル・キャピタルの水準には、その人がもつ楽観性や信心深さといった気質も影響しており、楽観的な人や信仰に関する意識が高い人は他人や公的な組織・機関を信頼する傾向があることを示している。

両親からの継承可能性

　父親や母親のソーシャル・キャピタルの係数をみると、他人への信頼を用いた場合も、公的な組織・機関への信頼を用いた場合もすべてその符号は正であり、1％水準で有意な結果となっている。これは、父親・母親の両方を考慮した場合も同様である。この結果は、父親や母親のソーシャル・キャピタルが高ければ、その子どものソーシャル・キャピタルも高くなる傾向があることを示しており、ソーシャル・キャピタルが親子間で継承されることを支持している。

　また、父親と母親のソーシャル・キャピタルの係数の大きさを比較すると、他人への信頼に関しては父親の係数が大きくなる傾向があるのに対し、公的な組織・機関への信頼では母親のほうが大きくなる傾向がみられる。つまり、他人への信頼については父親からの影響が大きく、公的な組織・機関への信頼については母親からの影響が大きい可能性が示唆される結果となっている。

3.2.　本当にソーシャル・キャピタルが継承されているのか？
両親の学歴、気質による影響の分析

　以上の分析では、親のソーシャル・キャピタルを考慮してきたが、親子間での継承を考えるうえでは、親の様々な属性も考慮しておく必要があるだろ

表8-6　親の属性を考慮した場合の推定結果（他人への信頼）

	(1)	(2)	(3)
親の属性			
（父）他人への信頼	0.196(0.027)***		0.164(0.029)***
（母）他人への信頼		0.184(0.032)***	0.112(0.034)***
（父）高卒未満	0.039(0.059)		0.077(0.065)
（父）大卒以上	−0.031(0.043)		−0.011(0.046)
（母）高卒未満		0.101(0.053)*	0.015(0.071)
（母）大卒以上		−0.045(0.061)	−0.083(0.071)
（父）楽観性			
（父）自然などの人間を超えた力への感謝			
（父）信心深さ			
（母）楽観性			
（母）自然などの人間を超えた力への感謝			
（母）信心深さ			
Adj R^2	0.195	0.181	0.205
N	1,610	1,986	1,438

注1：（　）内はグループ（世帯）内の相関に対して頑健なクラスタロバスト標準誤差。***、**、*
　2：他の説明変数の結果については省略している。

う。両親の教育水準は、子どものしつけや子育ての仕方への影響を通じて、子どものソーシャル・キャピタルの形成にも影響を与えるかもしれない。また、親の性格や気質なども子どもの成長過程において様々な影響を与える可能性がある。こうした点を確認するため、親の学歴や性格そのものも説明変数に含めて分析を行ってみよう。

　表8-6は他人への信頼を用いた場合、表8-7が公的な組織・機関への信頼を用いた場合の推定結果を示したものである。それぞれ、(1)〜(3)列は学歴を追加した場合、(4)〜(6)列は楽観性、自然などの人間を超えた力への感謝、信心深さを追加した場合の結果を示している。

　追加した変数についてみると、他人への信頼に関しては、母親の高卒未満ダミーと楽観性については有意になる場合がある。しかし、父親のそれを同時に考慮した場合には有意な結果にはなっておらず、また、公的な組織・機

(4)	(5)	(6)
0.201(0.029)***		0.164(0.030)***
	0.202(0.035)***	0.128(0.036)***
0.042(0.060)		0.058(0.068)
−0.028(0.043)		0.000(0.047)
	0.105(0.054)*	0.039(0.074)
	−0.039(0.061)	−0.078(0.072)
−0.012(0.010)		−0.011(0.011)
0.002(0.021)		−0.010(0.022)
0.013(0.020)		0.011(0.021)
	−0.017(0.008)**	−0.006(0.009)
	−0.003(0.023)	−0.006(0.026)
	−0.001(0.019)	−0.005(0.021)
0.197	0.183	0.204
1,585	1,967	1,405

は、それぞれ1％、5％、10％水準で有意であることを示す。

関への信頼については、母親の信心深さが10％水準で有意になる場合があるもののそれ以外では有意な結果にはなっていない。

　一方で、これらの親の属性を考慮した場合においても、親の他人への信頼は1％水準で有意な結果となっており、公的な組織・機関への信頼についてみても、親の信頼はいずれも有意な結果となっている。

　このことは、親の教育水準や、親が楽観的かどうか、信心深い性格かどうかといった気質にかかわらず、親のソーシャル・キャピタルが高ければその子どものソーシャル・キャピタルは高くなることを示しており、親のソーシャル・キャピタルそのものが、子どものソーシャル・キャピタルの形成に影響を与えることを示唆していると考えられる[12]。

表8-7 親の属性を考慮した場合の推定結果（公的な組織・機関への信頼）

	(1)	(2)	(3)
親の属性			
（父）公的な組織・機関への信頼	0.185(0.026)***		0.120(0.026)***
（母）公的な組織・機関への信頼		0.278(0.026)***	0.229(0.031)***
（父）高卒未満	0.086(0.066)		0.112(0.078)
（父）大卒以上	−0.022(0.049)		−0.053(0.053)
（母）高卒未満		0.069(0.063)	0.028(0.088)
（母）大卒以上		0.050(0.065)	0.037(0.077)
（父）楽観性			
（父）自然などの人間を超えた力への感謝			
（父）信心深さ			
（母）楽観性			
（母）自然などの人間を超えた力への感謝			
（母）信心深さ			
Adj R²	0.112	0.131	0.147
N	1,607	1,969	1,424

注1： （ ）内はグループ（世帯）内の相関に対して頑健なクラスタロバスト標準誤差。***、**、*
2： 他の説明変数の結果については省略している。

マルチレベル分析による兄弟姉妹間での親子間継承の検証

「生活の質に関する調査」では、同一世帯内に居住する世帯構成員のデータが利用できるため、兄弟姉妹が同居している場合には、それぞれのデータを

---

12) ここでは結果を省略しているが、両親の他人への信頼と学歴を考慮した場合、本人の大卒以上ダミーは5％水準で有意に正となり、両親の公的な組織・機関への信頼と学歴などを考慮した場合、本人の大卒以上ダミーが10％水準で有意に正となる場合がある。教育がソーシャル・キャピタルの形成に影響を与えている場合、教育水準の高い親のソーシャル・キャピタルは高くなる。一方で、教育水準の高い親の子どもは教育水準が高くなる傾向があることから、親と子のソーシャル・キャピタルの相関は、教育水準の相関により生じている可能性が考えられる。しかし、この結果を踏まえると、両親のソーシャル・キャピタルとは別に本人の教育水準もソーシャル・キャピタルに影響を与えていることから、親からのソーシャル・キャピタルの継承と教育の両方が本人のソーシャル・キャピタルの形成に影響を与えていると考えられる。

(4)	(5)	(6)
$0.197(0.028)^{***}$		$0.130(0.028)^{***}$
	$0.283(0.027)^{***}$	$0.237(0.032)^{***}$
$0.076(0.067)$		$0.073(0.079)$
$-0.024(0.050)$		$-0.062(0.053)$
	$0.081(0.063)$	$0.048(0.091)$
	$0.047(0.067)$	$0.038(0.078)$
$-0.008(0.012)$		$-0.007(0.012)$
$0.002(0.024)$		$-0.006(0.025)$
$-0.010(0.021)$		$-0.020(0.022)$
	$-0.007(0.009)$	$-0.004(0.011)$
	$0.010(0.026)$	$0.021(0.030)$
	$-0.034(0.021)^{*}$	$-0.034(0.024)$
0.116	0.131	0.148
1,581	1,953	1,394

は、それぞれ1％、5％、10％水準で有意であることを示す。

利用することができる。一般的に、兄弟姉妹は両親から同じような影響を受けていると考えられる。そのため、同じ両親から生まれた兄弟姉妹を1つのグループと考えた場合、兄弟姉妹は同じ両親からソーシャル・キャピタルを継承するグループであり、かつ、グループごとに継承するソーシャル・キャピタルが異なると考えることができる。もし、グループ間でソーシャル・キャピタルの水準に違いがあり、そして、このグループごとの違いが、両親のソーシャル・キャピタルの違いで説明されるのであれば、やはり両親からのソーシャル・キャピタルの継承が重要ということになるだろう。

このようなグループの特性を考慮する分析手法として、マルチレベル分析と呼ばれる方法がある。マルチレベル分析とは、個人とグループといった階層があるようなデータにおいて、被説明変数に対する個人の属性による影響

図8-1 マルチレベル分析のイメージ

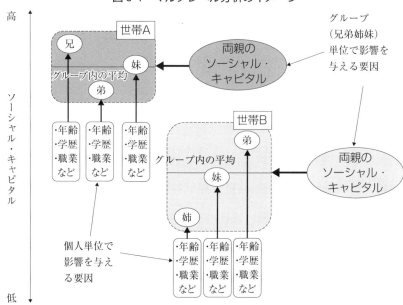

と、その人が所属するグループの属性による影響とを分けて分析する手法であり、最もシンプルなマルチレベル分析では、グループによって被説明変数の水準（切片）が異なることが想定される（図8-1)[13]。そして、その切片のばらつきは、各グループに対して影響を与える要因を除けば、全体の母集団を構成する各グループではランダムな分布になっていると仮定される。

具体的な定式化は以下のとおりであり（添え字のiは個人を、jはグループをあらわす）、グループ属性を考慮することで、グループ間の平均の差がそのグループ属性による影響を受けているかどうかを確認することができる。ここでは、持ち家ダミー、世帯年収、両親のソーシャル・キャピタルは兄弟姉妹では同じ変数となるため、グループ属性として考慮される。そして、これら

---

[13] グループ間の被説明変数の水準（切片）だけではなく、説明変数の係数もグループ間で異なることを想定することもできる。マルチレベル分析の詳細については、清水（2014）などを参照されたい。

以外の要因によるグループごとの水準の違いは、推定においてはランダムなものとして考慮されることとなる。

レベル1（個人）　$Social\ capital_i = \beta_{0j} + \beta_1 x_{1i} + \beta_2 x_{2i} + \cdots + \beta_m x_{mi} + \varepsilon_i$

レベル2（家族）　$\beta_{0j} = m_0 + \gamma_1 z_{1j} + \gamma_2 z_{2j} + \cdots + \gamma_n z_{nj} + \varepsilon_{0j}$

$x_1 \cdots x_m$：個人属性の説明変数

ε_i：誤差項

$z_1 \cdots z_n$：グループ属性（世帯年収、両親のソーシャル・キャピタルなど）

m_0：（グループ属性がすべて0の場合の）切片 β_{0j} の値

ε_{0j}：切片 β_{0j} の誤差項

分析結果

　表8-8は、兄弟姉妹となるサンプルのみを抽出して、マルチレベル分析による推定を行った結果を示している。(1)、(2)列は他人への信頼、(3)、(4)列は公的な組織・機関への信頼が被説明変数となっており、(2)、(4)列では親のソーシャル・キャピタルがグループ属性として考慮されている。

　(2)、(4)列の結果をみると、両親のソーシャル・キャピタルはどちらの場合においても有意な結果となっており、やはり、両親のソーシャル・キャピタルの高さがその子どもたちのソーシャル・キャピタルの水準に影響を与えていることが確認できる。また、親のソーシャル・キャピタル以外の推定結果をみると、これまでとほぼ同様の結果となっており、楽観性、自然などの人間を超えた力への感謝、信心深さについてはおおむね1％水準で有意な結果となっている。このため、グループ間での水準の違いを考慮しても、兄弟姉妹間ではソーシャル・キャピタルの違いがあり、それは、個人の性格や気質の違いによるものであることが分かる。

　次に、両親のソーシャル・キャピタルを考慮した場合と考慮しない場合の結果を比較すると、両親のソーシャル・キャピタルを考慮した場合のランダム切片の分散の値は、考慮しない場合の値と比べて小さくなっている。これはグループ間の平均の違いのばらつきが小さくなっていることを示している。

表 8-8　推定結果（兄弟姉妹を対象としたマルチレベル分析）

被説明変数	(1) 他人への信頼	(2) 他人への信頼
【個人属性】		
女性ダミー	−0.045 (0.044)	−0.015 (0.052)
年齢	−0.011 (0.011)	0.000 (0.027)
年齢（二乗）	0.000 (0.000)*	0.000 (0.000)
配偶者ダミー	−0.044 (0.106)	−0.071 (0.143)
学歴ダミー		
高卒未満	−0.086 (0.116)	−0.182 (0.162)
大卒以上	0.036 (0.068)	0.051 (0.079)
従業上の地位ダミー		
常用雇用	−0.028 (0.054)	−0.037 (0.066)
臨時・日雇	−0.121 (0.078)	−0.131 (0.091)
役員	−0.382 (0.176)**	−0.659 (0.216)***
自営業主	0.060 (0.182)	0.124 (0.269)
自営業手伝い	−0.619 (0.204)***	−0.456 (0.251)*
内職	0.210 (0.318)	0.183 (0.315)
楽観性	0.067 (0.009)***	0.079 (0.011)***
自然などの人間を超えた力への感謝	0.067 (0.022)***	0.081 (0.026)***
信心深さ	0.110 (0.021)***	0.097 (0.025)***
【世帯属性】		
持ち家ダミー	0.136 (0.074)*	−0.007 (0.085)
世帯年収ダミー		
400万円未満	−0.028 (0.077)	−0.004 (0.091)
600万円以上1,000万円未満	−0.010 (0.062)	−0.037 (0.072)
1,000万円以上	−0.032 (0.079)	−0.145 (0.089)
両親のソーシャル・キャピタル		
（父）他人への信頼		0.158 (0.040)***
（母）他人への信頼		0.107 (0.047)**
（父）公的な組織・機関への信頼		
（母）公的な組織・機関への信頼		
定数項	2.047 (0.219)***	1.103 (0.413)***
ランダム切片分散	0.124 (0.022)	0.071 (0.023)
対数尤度	−1186.8	−778.1
級内相関係数（ICC）	0.240	0.152
N	1,106	752
グループ数	514	348

注1：（ ）内は標準誤差。***、**、*は、それぞれ1％、5％、10％水準で有意であることを示す。
　　2：推定に際しては、地域ブロックと都市規模に関するダミー変数を加えているが、その結果に

第8章　家族内で継承・共有されるソーシャル・キャピタル　*185*

(3) 公的な組織・機関への信頼	(4) 公的な組織・機関への信頼
0.052　(0.049)	0.096　(0.058)*
−0.031　(0.012)**	−0.078　(0.030)***
0.000　(0.000)**	0.001　(0.001)**
0.053　(0.120)	−0.003　(0.161)
−0.250　(0.129)*	−0.111　(0.179)
−0.055　(0.076)	0.061　(0.089)
−0.113　(0.061)*	−0.043　(0.074)
−0.210　(0.087)**	−0.226　(0.102)**
−0.280　(0.199)	−0.480　(0.251)*
−0.216　(0.205)	0.045　(0.300)
−0.206　(0.228)	0.217　(0.276)
0.320　(0.358)	0.317　(0.352)
0.033　(0.010)***	0.039　(0.012)***
0.092　(0.025)***	0.110　(0.029)***
0.074　(0.023)***	0.050　(0.028)*
0.129　(0.080)	0.135　(0.091)
0.014　(0.083)	0.055　(0.098)
0.055　(0.068)	0.008　(0.077)
0.178　(0.086)**	0.009　(0.098)
	0.105　(0.036)***
	0.312　(0.043)***
2.210　(0.241)***	1.719　(0.436)***
0.119　(0.026)	0.052　(0.028)
−1312.0	−854.4
0.186	0.090
1,107	749
514	346

ついては省略している。

また、級内相関係数をみると、両親のソーシャル・キャピタルを考慮することで、他人への信頼の場合には0.240から0.152へ、公的な組織・機関については0.186から0.090へと低下している。つまり、両親のソーシャル・キャピタルの水準を考慮することで、グループ間での水準の差は大きく解消される。こうした結果も、両親からのソーシャル・キャピタルの継承の重要性を示唆するものである。

3.3. 親子のソーシャル・キャピタルの相互関係——内生性の考慮
親子間での継承は一方通行か？

「生活の質に関する調査」で利用できる親子のデータは、あくまで同一世帯内に居住している親子である。このため、このデータから親と子のソーシャル・キャピタルに統計的に有意な相関関係が得られたとしても、その解釈には留意する必要がある。もし、親子が同一世帯内で生活を営む中で、子のソーシャル・キャピタルが親のソーシャル・キャピタルに影響を与えているとすると、逆方向の因果関係があることになる。この場合も、両者には相関関係が確認されるが、内生性の問題により通常の最小二乗法では正しい推定が行えなくなってしまう。

この問題は、個人のソーシャル・キャピタルが人生のどの段階で形成されるのかという点にも関わってくる。Whiteley（1999）は、社会的な信頼はその人のパーソナリティや道徳観などによって生み出されるという可能性を提示し、「家庭内での社会化プロセスや成人早期の経験によって効果的に説明される個人の価値観や心理的変数は、ソーシャル・キャピタルの形成において、組織内でのフェイス・トゥ・フェイスの相互の影響よりも重要な役割を果たす」と指摘した[14]。また、Uslaner（2002）は、個人のもつ一般的な信頼は若年期に形成されるものであり、生涯にわたって大きく変化することはないと指摘している。こうした考えに基づけば、親の他人への信頼は、子どものそれが決まる前に決まっていることとなり、子のソーシャル・キャピタルが親

---

14) Whiteley（1999）pp. 41-42.

のソーシャル・キャピタルに影響を与える可能性は低い。

一方で、ソーシャル・キャピタルは自発的な団体活動への参加における他人との相互作用によって形成されるという見方もある。例えば Stolle（1998）は、クラブ活動などへの参加が他人への信頼を高める可能性があることを指摘している。これは多様な人との交流の中で他人に対する信頼の意識が変化していく可能性を示したものであり、こうした指摘を踏まえると、特に同一世帯内に住んでいる親子に限定されたデータでは、親子間相互の影響を無視できない可能性もある。

操作変数法による分析

そこで、操作変数法を用いることでこの問題に対処することを考えたい。用いる操作変数は、親の年齢と親の安全・安心感に対する満足度である。これまでの分析結果が示すように、年齢とソーシャル・キャピタルとの間には関係がある。しかし、親の年齢は子どもにとっては外生的に決まっているものであり、それが子どものソーシャル・キャピタルに直接的な影響を与えるとは考えにくい。このため、親の年齢は操作変数の候補となるだろう。また、これまでの研究では、個人の生活満足度はその人のソーシャル・キャピタルと関連があることが指摘されている（Helliwell and Putnam（2004）、Helliwell（2006）、Elgar et al.（2011）、Inaba et al.（2015）など）。安全・安心感に対する満足度は、「生活の質に関する調査」において設けられている生活の満足度に関する質問項目の中の1つであり、親が主観的に感じている安全・安心感に対する満足度が、子ども自身のソーシャル・キャピタルに直接的な影響を与えるということは考えにくい[15]。このため、この質問への回答も操作変数として用いることができよう。

以上の操作変数を用いて操作変数法で推定した結果が表8-9に示されている。まず操作変数に関する検定結果をみると、第1段階の推定におけるF値

---

15) 生活の満足度に関する質問は、0：全く満足していない、から10：非常に満足している、の11段階で回答する設問となっており、分析においては、このまま11段階の変数として用いている。

表 8-9　推定結果（操作変数法による推定）

被説明変数	(1) 他人への信頼	(2) 他人への信頼	(3) 他人への信頼
女性ダミー	0.031(0.036)	−0.016(0.033)	0.014(0.039)
年齢	−0.021(0.010)**	−0.007(0.008)	−0.021(0.012)*
年齢（二乗）	0.000(0.000)**	0.000(0.000)*	0.000(0.000)*
配偶者ダミー	−0.027(0.068)	−0.031(0.057)	0.012(0.075)
持ち家ダミー	0.022(0.059)	0.067(0.051)	0.030(0.061)
学歴ダミー			
高卒未満	−0.159(0.101)	−0.057(0.084)	−0.092(0.113)
大卒以上	0.090(0.049)*	0.061(0.044)	0.114(0.052)**
従業上の地位ダミー			
常用雇用	0.040(0.045)	0.026(0.042)	0.047(0.049)
臨時・日雇	0.005(0.067)	−0.036(0.063)	0.021(0.073)
役員	−0.227(0.138)	−0.017(0.125)	−0.114(0.160)
自営業主	−0.053(0.124)	−0.174(0.101)*	−0.145(0.143)
自営業手伝い	−0.183(0.132)	−0.229(0.123)*	−0.107(0.145)
内職	−0.033(0.287)	−0.165(0.270)	0.020(0.289)
世帯年収ダミー			
400万円未満	−0.022(0.053)	−0.093(0.047)**	−0.062(0.057)
600万円以上 1,000万円未満	−0.014(0.046)	−0.042(0.041)	−0.058(0.049)
1,000万円以上	−0.054(0.058)	−0.012(0.057)	−0.111(0.064)*
楽観性	0.086(0.007)***	0.089(0.007)***	0.088(0.008)***
自然などの人間を超えた力への感謝	0.064(0.018)***	0.057(0.017)***	0.067(0.020)***
信心深さ	0.096(0.016)***	0.091(0.015)***	0.098(0.017)***
親のソーシャル・キャピタル			
（父）他人への信頼	0.176(0.073)**		0.055(0.084)
（母）他人への信頼		0.111(0.101)	0.256(0.130)**
（父）公的な組織・機関への信頼			
（母）公的な組織・機関への信頼			
定数項	1.529(0.264)***	1.599(0.319)***	1.142(0.389)***
First-stage partial R^2（父親）	0.113		0.104
First-stage partial R^2（母親）		0.0661	0.060
First-stage F statistic	98.711	67.646	20.705
過剰識別制約検定	0.330(0.566)	0.092(0.762)	1.449(0.485)
Wu-Hausman 検定	0.039(0.843)	0.542(0.462)	1.004(0.367)
N	1,578	1,944	1,382

注1：（ ）内は標準誤差。***、**、*は、それぞれ1%、5%、10%水準で有意であることを示す。
　2：過剰識別制約検定、Wu-Hausman 検定の（ ）内はp値。
　3：推定に際しては、地域ブロックと都市規模に関するダミー変数を加えているが、その結果に

第8章　家族内で継承・共有されるソーシャル・キャピタル　*189*

(4) 公的な組織・機関への信頼	(5) 公的な組織・機関への信頼	(6) 公的な組織・機関への信頼
$0.1058(0.042)^{**}$	$0.066(0.038)^{*}$	$0.100(0.044)^{**}$
$-0.059(0.012)^{***}$	$-0.032(0.009)^{***}$	$-0.060(0.014)^{***}$
$0.001(0.000)^{***}$	$0.000(0.000)^{***}$	$0.001(0.000)^{***}$
$-0.072(0.078)$	$-0.102(0.065)$	$-0.076(0.085)$
$0.000(0.067)$	$0.039(0.056)$	$0.062(0.070)$
$-0.134(0.117)$	$-0.213(0.095)^{**}$	$-0.144(0.127)$
$0.044(0.056)$	$0.058(0.050)$	$0.079(0.060)$
$-0.127(0.052)^{**}$	$-0.096(0.047)^{**}$	$-0.094(0.056)^{*}$
$-0.104(0.077)$	$-0.177(0.070)^{**}$	$-0.139(0.082)^{*}$
$-0.432(0.161)^{***}$	$-0.169(0.141)$	$-0.470(0.180)^{***}$
$-0.083(0.141)$	$-0.084(0.114)$	$-0.057(0.157)$
$0.049(0.153)$	$-0.049(0.142)$	$0.208(0.172)$
$-0.130(0.333)$	$-0.018(0.304)$	$-0.034(0.332)$
$0.097(0.061)$	$-0.024(0.052)$	$0.075(0.065)$
$0.030(0.053)$	$-0.032(0.049)$	$-0.061(0.060)$
$0.072(0.067)$	$-0.035(0.066)$	$-0.100(0.080)$
$0.032(0.009)^{***}$	$0.032(0.008)^{***}$	$0.035(0.009)^{***}$
$0.045(0.021)^{**}$	$0.031(0.019)^{*}$	$0.041(0.022)^{*}$
$0.085(0.019)^{***}$	$0.080(0.017)^{***}$	$0.086(0.020)^{***}$
$0.213(0.070)^{***}$		$0.123(0.082)$
	$0.433(0.075)^{***}$	$0.373(0.101)^{***}$
$2.253(0.273)^{***}$	$1.498(0.250)^{***}$	$1.602(0.333)^{***}$
0.112		0.098
	0.101	0.090
96.702	107.043	29.994
$0.058(0.810)$	$0.164(0.685)$	$0.817(0.665)$
$0.157(0.692)$	$4.777(0.029)$	$1.437(0.238)$
$1,572$	$1,932$	$1,371$

ついては省略している。

は十分大きく、過剰識別制約検定も条件を満たしている。ただし、Wu-Hausman 検定の結果をみると、(5) 列の結果を除いて、外生変数であるという帰無仮説は棄却されない。このことは、そもそも親のソーシャル・キャピタルは、子どものソーシャル・キャピタルとは無関係に決まっている変数である可能性が高いことを示している。また、推定結果をみても、両親のソーシャル・キャピタルはおおむね有意な結果となっている。(5) 列については、親のソーシャル・キャピタルが外生変数であるという帰無仮説が 5％の有意水準で棄却されるが、この場合でも母親の信頼は 1％水準で有意な結果となっている。

このように、子どもから親への影響という可能性を考慮した場合でも、親のソーシャル・キャピタルが高ければ子どものソーシャル・キャピタルも高くなるという結果が得られる。

4. 家族内での継承と共有

4.1. 父親と母親からの影響の違い

父親と母親のどちらが重要か？

Dohmen et al. (2012) では、他人に対する信頼に関しては母親からの影響が強いことが指摘されており、その理由として、子どもの社会化のプロセスで、父親と母親との役割が異なることが挙げられている。しかし、今回の分析結果からは、公的な組織・機関への信頼については母親からの影響が強い傾向がみられるものの、他人への信頼については逆の結果となっている。これは、ドイツと日本で家庭内における親の役割が異なるためであろうか。また、わが国では一般に女の子は父親に似る、と言われるが、こうしたことがソーシャル・キャピタルの継承にも影響しているのだろうか。

父親と母親とでの影響の違いは、サンプルの問題にも起因している可能性もある。「生活の質に関する調査」のデータは、同一世帯内に住んでいる親子に限られる。一般的に、女性の場合、結婚することで両親のもとを離れ、配偶者と同居するケースが多い。このため、「生活の質に関する調査」から得ら

れる子どものデータでは、一定の年齢層で親子関係が特定できるのは、男性のサンプルに偏ってしまっている可能性があり、それが推定結果に影響を与えているのかもしれない。

この点を考慮するため、ここで同性間・異性間での影響の違いについて検証しておこう。成長の過程で同性の親からより大きな影響を受けるのであれば、男性は父親からの影響を強く受け、女性の場合は母親からの影響を強く受けることになる。このため、女性ダミーと親のソーシャル・キャピタルとの交差項を考慮した場合、女性ダミーと父親のソーシャル・キャピタルの交差項の係数は負、逆に母親のソーシャル・キャピタルとの交差項は正となることが予想される。

表8-10が推定結果を示したものであり、ここでは両親のソーシャル・キャピタルと女性ダミーとの交差項のみの結果を示している。推定結果をみると、父親のソーシャル・キャピタルとの交差項の係数はすべて負となり、母親との交差項は正となっている。しかし、いずれの場合においても交差項そのものは有意な結果となっておらず、この結果からは同性の親からより大きな影響を受けているとは言えない。また、父親と母親のソーシャル・キャピタルの係数をみると、やはり、他人への信頼については父親のほうが、公的な組織・機関への信頼については母親のほうが大きくなる。

以上の分析からは、子どもの性別に関係なく、他人への信頼に関しては父親からの影響が重要であり、一方で、公的な組織・機関への信頼では母親からの影響が大きいと考えることができる。

父親と母親の相乗効果

次に、両親のソーシャル・キャピタルの組み合わせによる子どもへの影響について考えてみたい。父親、母親がともに他人に対して高い信頼の意識をもつ場合、そうした両親の考え方がより強く子どもの教育に反映され、どちらか一方の親のソーシャル・キャピタルが高くない場合に比べてより強い影響があるかもしれない。実際、Dohmen et al.（2012）においても、両親の組み合わせによって、子どもへの影響が異なるかどうかの検証が行われており、

192

表 8-10　推定結果（女性ダミーとの交差項）

被説明変数	(1) 他人への信頼	(2) 他人への信頼	(3) 他人への信頼
（父）他人への信頼	0.235(0.040)***		0.205(0.043)***
女性ダミーとの交差項	−0.082(0.054)		−0.087(0.058)
（母）他人への信頼		0.154(0.042)***	0.093(0.046)**
女性ダミーとの交差項		0.055(0.057)	0.030(0.065)
（父）公的な組織・機関への信頼			
女性ダミーとの交差項			
（母）公的な組織・機関への信頼			
女性ダミーとの交差項			
Adj R²	0.197	0.180	0.205
N	1,610	1,986	1,438

注1：（ ）内はグループ（世帯）内の相関に対して頑健なクラスタロバスト標準誤差。***、**、*
　2：他の説明変数の推定結果については省略している。

表 8-11　推定結果（親の同質性・異質性を考慮した場合）

被説明変数	(1) 他人への信頼	(2) 他人への信頼	(3) 他人への信頼
（父）他人への信頼	0.128(0.064)**	0.120(0.035)***	0.169(0.141)
（母）他人への信頼	0.186(0.069)***	0.039(0.048)	0.120(0.144)
他人への信頼の交差項			−0.004(0.045)
（父）公的な組織・機関への信頼			
（母）公的な組織・機関への信頼			
公的な組織・機関への信頼の交差項			
Adj R²	0.198	0.250	0.204
N	942	496	1,438

注1：（ ）内はグループ（世帯）内の相関に対して頑健なクラスタロバスト標準誤差。***、**、*
　2：他の説明変数の推定結果については省略している。

(4) 公的な組織・機関 への信頼	(5) 公的な組織・機関 への信頼	(6) 公的な組織・機関 への信頼
$0.197(0.037)^{***}$		$0.127(0.039)^{***}$
$-0.027(0.050)$		$-0.018(0.052)$
	$0.259(0.036)^{***}$	$0.220(0.044)^{***}$
	$0.039(0.049)$	$0.013(0.060)$
0.112	0.131	0.145
1,607	1,969	1,424

は、それぞれ1%、5%、10%水準で有意であることを示す。

(4) 公的な組織・機関 への信頼	(5) 公的な組織・機関 への信頼	(6) 公的な組織・機関 への信頼
$0.176(0.065)^{***}$	$0.088(0.034)^{***}$	$0.212(0.091)^{**}$
$0.185(0.069)^{***}$	$0.212(0.045)^{***}$	$0.319(0.090)^{***}$
		$-0.035(0.032)$
0.138	0.174	0.146
905	519	1,424

は、それぞれ1%、5%、10%水準で有意であることを示す。

父親・母親ともに他人への信頼の意識が高い場合、その子どもの信頼の意識はそうではない子どもよりも高くなることが示されている。

そこで、Dohmen et al. (2012) にならい、父親と母親のソーシャル・キャピタルが1標準偏差以内のサンプル（同質な両親）とそれ以外のサンプル（異質な両親）に分けた推定を行い、両親のソーシャル・キャピタルの係数がどのように変化するかを比較した。また、ソーシャル・キャピタルの高い親同士での相乗効果がある可能性を考慮するため、父親と母親のソーシャル・キャピタルの交差項を考慮した場合の推定も合わせて行った。

表8-11 (1)、(4) 列は同質な両親をもつサンプルを対象とした場合、(2)、(5) 列は異質な両親をもつサンプルを対象とした場合、(3)、(6) 列は交差項を考慮した場合の推定結果である。他人への信頼の推定結果をみると、(1) 列のほうが (2) 列の場合に比べて父親・母親ともにその係数は大きくなる。また (2) 列では母親の他人への信頼は有意ではなくなる。このことは、同質な両親をもった場合のほうが、子どもが親から受ける影響は大きくなることを示唆している。なお、交差項を考慮した (3) 列では、交差項を含めて有意な結果ではなくなっているが、これは、父親の信頼、母親の信頼、交差項間の相関が高く、そのことが影響しているのかもしれない。

公的な組織・機関への信頼に関しては、(4) 列と (5) 列を比較すると、父親については (4) 列の係数のほうが0.176と (5) 列の0.088と比べて非常に大きくなっているが、母親については (5) 列のほうが大きい。つまり、父親と母親の公的な組織・機関に対する信頼の意識が似ている場合には、父親・母親から同じような影響を受けるが、父親と母親とで意識が大きく異なる場合には、母親からの影響を大きく受ける。また、(6) 列では交差項が有意な結果となっていないが、やはり母親の係数が大きくなっている。

このように、他人への信頼と公的な組織・機関への信頼では、父親と母親の組み合わせにより異なる継承関係がある可能性が示唆される。

第8章　家族内で継承・共有されるソーシャル・キャピタル　*195*

4.2.　夫婦間での共有

似たもの同士が結婚するのか、結婚すると似てくるのか？

　以上の分析では親子間での関係をみてきたが、夫婦の間でもソーシャル・キャピタルの影響はあるのだろうか。実際、今回用いたデータで配偶者同士のソーシャル・キャピタルの相関をみてみると、両者には正の相関が確認される[16]。

　夫婦間で正の相関がある原因の1つとして、同質の人同士が結婚する同類婚（Assortative mating）が考えられる。つまり、自分と同じようなソーシャル・キャピタルをもつ人を配偶者として選択する、という可能性である。もう1つの理由は、夫婦となって一緒に生活を送る中で双方が互いに影響を与え合い、結果として両者のソーシャル・キャピタルの水準が似通ってくるという可能性である。最後にこの点についても確認しておこう。

　表8-12は、「生活の質に関する調査」に含まれる配偶者同士のサンプルを対象として推定を行った結果であり、男性のみを対象とした場合、女性のみを対象とした場合のそれぞれを示している。(1)、(4) 列ではすべてのサンプルを用いており、(2)、(5) 列では結婚してからの期間が5年未満の夫婦を対象として推定を行っている。これは、結婚してからの期間が5年未満の夫婦であれば、一緒に生活している時間もそれほど長くはなく、お互いの価値観からの影響が少ないと考えられるためである。そして、(3)、(6) 列は操作変数法による推定結果である[17]。

　(1)、(4) 列の結果をみると、配偶者のソーシャル・キャピタルの係数はいずれも有意に正となっており、個人属性などをコントロールしても夫婦間のソーシャル・キャピタルには影響があることが示されている。しかし、結婚後5年未満のサンプルのみを対象とした (2)、(5) 列の結果をみると、(5) 列では有意に正となっているが、妻サンプルを対象とした場合の (2) 列では有意な結果になっていない。結婚後5年未満の夫婦となるとサンプル数は200人程度であり、サンプル数の少なさが推定結果に影響している可能性も

---

16)　他人への信頼の相関係数は 0.284、公的な組織・機関への信頼は 0.359 である。

17)　操作変数に用いたのは、配偶者の年齢と配偶者の安全・安心感に対する満足度である。

表 8-12　推定結果（夫婦間での推定）

＜ 夫サンプルを対象とした場合 ＞

被説明変数	(1) 他人への信頼	(2) 他人への信頼	(3) 他人への信頼
推定方法	OLS	OLS	2 SLS
配偶者のソーシャル・キャピタル 　他人への信頼（妻） 　公的な組織・機関への 　信頼（妻）	0.236（0.023）***	0.190（0.084）**	0.336（0.074）***
Adj R^2	0.197	0.077	—
N	2178	207	2157
First-stage partial R^2	—	—	0.095
First-stage F statistic	—	—	111.962
過剰識別制約検定	—	—	0.004（0.947）
Wu-Hausman 検定	—	—	2.005（0.157）

＜ 妻サンプルを対象とした場合 ＞

被説明変数	(1) 他人への信頼	(2) 他人への信頼	(3) 他人への信頼
推定方法	OLS	OLS	2 SLS
配偶者のソーシャル・キャピタル 　他人への信頼（夫） 　公的な組織・機関への 　信頼（夫）	0.204（0.018）***	0.064（0.063）	0.298（0.052）***
Adj R^2	0.172	0.255	—
N	2179	199	2150
First-stage partial R^2	—	—	0.117
First-stage F statistic	—	—	140.994
過剰識別制約検定	—	—	0.102（0.750）
Wu-Hausman 検定	—	—	3.370（0.067）

注 1 :（　）内は標準誤差。***、**、*は、それぞれ 1 ％、 5 ％、10％水準で有意であることを示す。
　 2 : 他の変数の推定結果については省略している。
　 3 : 過剰識別制約検定、Wu-Hausman 検定の（　）内は p 値。

(4) 公的な組織・機関への信頼 OLS	(5) 公的な組織・機関への信頼 OLS	(6) 公的な組織・機関への信頼 2 SLS
0.353 (0.023)***	0.281 (0.079)***	0.378 (0.066)***
0.189	0.125	—
2162	211	2141
—	—	0.117
—	—	139.147
—	—	3.025 (0.082)
—	—	0.173 (0.678)

(4) 公的な組織・機関への信頼 OLS	(5) 公的な組織・機関への信頼 OLS	(6) 公的な組織・機関への信頼 2 SLS
0.288 (0.018)***	0.241 (0.064)***	0.401 (0.056)***
0.169	0.119	—
2163	202	2136
—	—	0.106
—	—	125.258
—	—	1.531 (0.216)
—	—	4.661 (0.031)

考えられるが、この結果を踏まえると、公的な組織・機関への信頼については似たような意識をもつ人同士が結婚している可能性がある。

操作変数法による推定を行った（3）、（6）列の結果をみると、（3）列では弱相関の検定、過剰識別制約検定はいずれもパスしており、Wu-Hausman検定では、夫を対象とした分析では、妻のソーシャル・キャピタルが外生変数であるという帰無仮説は10％の有意水準でも棄却されない。一方、妻を対象とした分析で夫のソーシャル・キャピタルが外生変数であるという帰無仮説は10％の有意水準で棄却される。また、（6）列では、夫サンプルを対象とした場合、過剰識別制約の検定が10％の有意水準で棄却され、妻を対象とした分析では、夫のソーシャル・キャピタルが外生変数であるという帰無仮説は５％の有意水準で棄却される。このように操作変数の妥当性といった課題が残るものの、いずれの場合でも、配偶者のソーシャル・キャピタルの係数は有意に正となる。このため、ソーシャル・キャピタルについては、夫婦間で相互に影響を与え合っている可能性が高いと考えられる。

以上の結果からは、同じようなソーシャル・キャピタルをもつ者同士が夫婦となっている可能性と、結婚後に相互に影響を与え合っている可能性の両方が示唆されるが、いずれにしても父親と母親のソーシャル・キャピタルの水準は似通っている。そして、両親のソーシャル・キャピタルが同質である場合に子どもへの影響が大きくなることを踏まえると、夫婦間でソーシャル・キャピタルが共有されているほど、家族内でもソーシャル・キャピタルが共有されやすくなると考えられる。

5．まとめ

本章では、家族内でのソーシャル・キャピタルの継承・共有に焦点をあて、世帯を対象とした内閣府「生活の質に関する調査」の個票データを用いた検証を行った。得られた主要な結論は、①ソーシャル・キャピタルは親から子へと継承されている、②父親からの影響と母親からの影響は異なり、他人への信頼は父親からの影響を強く受ける一方で、公的な組織・機関への信頼は

母親からの影響を強く受ける、③夫婦間ではソーシャル・キャピタルの水準が似通っている傾向があり、夫婦のソーシャル・キャピタルの水準が同質であるほど子どもへの影響は大きい、の3点である。

　以上の結果は、個人のソーシャル・キャピタルの形成において、家族内での継承が重要な役割を果たしていることを示すものである。他人への信頼と公的な組織・機関への信頼とでは継承のされ方に違いがみられるものの、親のソーシャル・キャピタルは子どものソーシャル・キャピタルに影響する。そして、ソーシャル・キャピタルの高い親をもつ子どものソーシャル・キャピタルは高くなりやすい。つまり、現世代へのソーシャル・キャピタルの形成は、次の世代へのソーシャル・キャピタルの形成につながっていくのである。このため、ソーシャル・キャピタルの形成を政策的に考える場合には、世代を超えた長期的な視野が必要になってくる。

　しかし、以上の分析では親のソーシャル・キャピタルが子どもに継承されていることは分かるものの、具体的にどのようにして継承されるのかは分からない。政策の立案・実施を考えた場合、誰に対する、どのような働きかけが有効なのであろうか。次章では家庭内での教育・経験に焦点をあてた分析を行い、世代間継承が具体的にどのように行われているかを明らかにする。さらに、地域コミュニティからの影響も考慮することで、ソーシャル・キャピタルの形成要因を総合的に分析・検討する。

第**9**章

家庭や地域コミュニティが及ぼす影響

1. はじめに

　両親のソーシャル・キャピタルは子どもに継承されている。では、その継承は具体的にどのように行われているのだろうか。ソーシャル・キャピタルの継承においても遺伝的な要因が一定の役割を果たしている可能性はある[1]。しかし、遺伝的な要因ですべてが決まるとは考えにくいし、ソーシャル・キャピタル形成に向けた政策を考えるうえでは、遺伝的な要因以外の側面を明らかにしておくことも必要である。そして、人格や価値観の形成には、幼少期、若年期における両親や家族などからの影響が重要な役割を果たすことを踏まえると、ソーシャル・キャピタルの継承においても、子どもの頃の家庭内での教育・経験が何らかの影響を与えているのではないだろうか。

1）　近年、経済学の分野においても Genoeconomics（遺伝子経済学）と呼ばれる遺伝子情報を用いた実証研究が行われるようになってきている（Israel et al.（2009）、Dreber et al.（2009）、Kuhnen and Chiao（2009）など）。また、Benjamin et al.（2012）では、スウェーデンにおける双子のコホートデータを用いた実証分析により、信頼を含む人の経済的政治的選好と遺伝子情報との間に有意な関係がみられることを指摘している。わが国では、遺伝子情報と社会科学特性とを結びつけた利用可能なデータがほとんどないため、遺伝的な要因を社会科学の分野で考慮した研究は少ないが、Yano et al.（2018）は特定の遺伝子がソーシャル・キャピタルの形成に影響を与えている可能性を検証したものである。

また、ソーシャル・キャピタルの継承・形成を考えた場合、地域コミュニティからの影響も無視できない。第4章の補論で述べたように、地域内の住民活動が人々のつながりや協調関係の構築に影響している可能性も考えられる。協調的な行動をとった場合にそれが裏切られることが少ない社会と、それが裏目に出ることが多い社会とでは、その中で成長する個人の意識形成に何らかの影響があるかもしれない。このように、個人のソーシャル・キャピタルの形成には、家庭外の他者のソーシャル・キャピタルが関係してくる可能性もある。こうしたソーシャル・キャピタルの外部性を想定すると、ソーシャル・キャピタルの継承・形成をより詳細に把握するためには、地域からの影響、特に地域コミュニティのソーシャル・キャピタルの豊かさといった要因を考慮することが必要と考えられる。

　以上を踏まえ、本章では、第7章で紹介した独自のアンケート調査の個票データを用いて、子どもの頃の家庭内での教育・経験と地域コミュニティからの影響という2つの側面に焦点をあてた分析を行う。以下、第2節において分析に用いるソーシャル・キャピタルや家庭内での教育・経験に関する指標やデータの説明を行い、第3節で家庭内での教育・経験がソーシャル・キャピタルの形成に有意な影響をもつかどうかを検証する。その際、子どもの頃にどのような活動をしていたか、どのような環境が家庭内での教育・経験に影響を与えるのかといった点についても考慮し、家庭内での教育・経験には両親・祖父母のソーシャル・キャピタルが重要であることを示す。第4節では地域コミュニティのソーシャル・キャピタルの状況を考慮した分析を行い、地域コミュニティ内のソーシャル・キャピタルの外部効果があることを検証する。第5節がまとめとなる。

2.　家庭内での互酬的気質と地域資源の共有意識の継承

2.1.　ソーシャル・キャピタルの指標
——互酬性の意識と地域資源の共有意識
　本章で用いるソーシャル・キャピタルの指標は、「互酬性の意識」と「地域

資源の共有意識」の２つである。「互酬性の意識」は、OECD の分類における信頼と協調の規範を計測するための指標の１つであり、第７章で用いた「人を助ければ、今度は自分が困っているときに誰かが助けてくれる」ということに同意するかどうかを尋ねる質問の回答を用いる。本章では、「同意する」を５、「どちらかと言えば同意する」を４、「どちらとも言えない」を３、「どちらかと言えば同意しない」を２、「同意しない」を１とする５段階の変数として利用する。

　もう１つの「地域資源の共有意識」は、地域資源（地域のみんなが共有して利用しているもの）と地域活動（地域資源を守り充実させるための取組み）に着目して独自に指標化するものである。地域活動への参加は、OECD の分類では「市民参加」に対応する指標の１つであるが、仕事や健康上の問題など様々な事情により、参加しようとする意向があっても実際には参加できない人もいるし、逆に本人の意向にかかわらず参加せざるをえないような場合もある。このため、活動への参加の背景にある意識やモチベーションに着目したほうが、ソーシャル・キャピタルの継承や形成要因を考えるうえでは重要であると考えられる。また、こうした活動への参加の背景にある意識は、その個人の協調的な規範の意識と密接な関わりをもつものであり、OECD の分類における信頼と協調の規範に対応するものと捉えることができる[2]。そこで本章では、地域活動への参加の背景にあると考えられる意識を、地域資源と地域活動に対する意識を反映したものと捉え、これを指標化する。具体的には表9-1 にある６つの項目を利用して「地域資源の共有意識」の指標を作成する。これらの質問も「同意する」から「同意しない」の５段階の選択肢の中から１つを選択する質問となっており、「同意する」を５、「同意しない」を１として、６つの項目の平均を用いる[3]。

2）　なお、Scrivens and Smith（2013）では、市民参加の指標は信頼と協調の規範の代理変数としても用いることができるとしている（p. 55）。

3）　この６つの項目について Cronbach の α を計算すると 0.899 となり、項目間の関連性は非常に高い。

表9-1　地域資源の共有意識に用いる質問項目

地域資源	地域資源についてのあなたのお考えをお訊きします。以下のような考えに、あなたはどの程度同意しますか。 項目1　自分が積極的に関わることで、地域資源を守ったりより充実させていきたい。 項目2　地域資源は、地域のみんなが協力して、その価値を守ったり充実させていくことが必要だ。
地域活動	「地域活動」に対する以下の考え方に、あなたはどの程度同意しますか。 項目1　「地域活動」が積極的に行われることはよいことだ。 項目2　「地域活動」には積極的に参加したい。 項目3　「地域活動」には、地域の全員が積極的に参加すべきだ。 項目4　「地域活動」には、特定の世代の人だけではなく、様々な世代の人が参加すべきだ。

表9-2　互酬性の意識と地域資源の共有意識との関係

		互酬性の意識				
		同意しない	どちらかと言えば同意しない	どちらとも言えない	どちらかと言えば同意する	同意する
		1	2	3	4	5
地域資源の共有意識	4.5-5.0	18	27	222	477	597
	4.0-4.5	37	57	529	1,086	435
	3.5-4.0	59	112	904	1,363	396
	3.0-3.5	119	149	1,661	992	345
	2.5-3.0	82	84	425	297	96
	2.0-2.5	76	56	199	110	39
	1.5-2.0	35	26	64	19	12
	1.0-1.5	91	8	41	12	14
	平均	2.63	3.17	3.32	3.66	3.93
	合計	517	519	4,045	4,356	1,934

注：■は、平均値が含まれる階層を示している。

互酬性の意識と地域資源の共有意識の関係

　表9-2は、互酬性の意識のそれぞれの選択肢を選んでいる回答者の地域資源の共有意識の分布を示している。これをみると、「同意しない」と回答している人の平均は2.63であるが、「同意する」と回答している人の平均は3.93

第9章　家庭や地域コミュニティが及ぼす影響　205

表 9-3　子どもの頃の家庭内での教育・経験に関する変数

被説明変数	経験に関する変数	質問内容
互酬性の意識	利他性に関する家庭内経験	あなた自身の経験について、あてはまるかどうかをお訊きします。 　子どもの頃、親や祖父母が人を助けるのをみて育った。 　子どもの頃、家庭内で人助けの大切さを学ぶ機会があった。
地域資源の共有意識	地域活動に関する家庭内経験	あなた自身の経験について、あてはまるかどうかをお訊きします。 　子どもの頃、親や祖父母が地域活動に参加する際に一緒に参加して育った。 　子どもの頃、親や祖父母が地域活動に参加しているのをみて育った。 　子どもの頃、家庭内で地域活動に参加することの大切さを学ぶ機会があった。

であり、互酬性の意識が高くなるにつれて、地域資源の共有意識の平均が高くなることが分かる。また、「同意する」と回答している人の地域資源の共有意識の分布をみても、半数以上は 4.0 以上となっており、互酬性の意識の高い人の多くは地域資源の共有意識も高いことが分かる。

2.2.　子どもの頃の家庭内教育・経験の指標

　本章の第 1 の目的は、家庭内での教育や経験がその後のソーシャル・キャピタルの形成に影響を与えたかどうかを把握することであり、用いるソーシャル・キャピタルの指標に関連して、家庭内でどのような教育を受けたか、どのような経験をしたかを指標化する必要がある。アンケート調査では、子どもの頃の家庭内での教育や経験に関する質問を設けており、各項目について「全くあてはまらない」から「よくあてはまる」の 5 段階で回答することになっている。そこで、この質問の回答を用いて家庭内での教育や経験を指標化する。

　指標化に用いた質問は表 9-3 に示されている。互酬性の意識については、

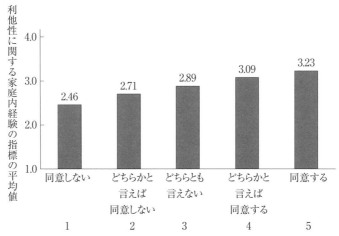

図9-1 互酬性の意識と利他性に関する家庭内経験

互酬性の意識（問：人を助ければ、今度は自分が困っているときに誰かが助けてくれる）

「子どもの頃、親や祖父母が人を助けるのをみて育った」、「子どもの頃、家庭内で人助けの大切さを学ぶ機会があった」という利他性に関する項目を用いる。地域資源の共有意識については、「子どもの頃、親や祖父母が地域活動に参加する際に一緒に参加して育った」「子どもの頃、親や祖父母が地域活動に参加しているのをみて育った」「子どもの頃、家庭内で地域活動に参加することの大切さを学ぶ機会があった」という3つの項目を用いる。

それぞれの項目について、「全くあてはまらない」を1、「よくあてはまる」を5とし、含まれる項目の平均を、子どもの頃に家庭内でどのような教育を受けたか、またはどのような経験をしたかをあらわす指標とする（以下「家庭内経験」という）。この指標が大きいほど、子どもの頃の家庭内経験が豊かであることを示している。

家庭内経験とその後の意識

図9-1は、互酬性の意識と家庭内経験の2つの指標との関係をみるため、互酬性の意識の回答ごとに、回答者の利他性に関する家庭内経験の平均値を示したものである。ここから、互酬性の意識が高いほど、家庭内経験がある

と回答している人が多いことが分かる。この結果からも家庭内経験の重要性が示唆されるが、以下では、この関係性がほかの様々な要因を考慮しても変わらないものかどうかを検証する。

2.3. 分析モデルと考慮する諸要因

これまでの分析と同様に、互酬性の意識、地域資源の共有意識を被説明変数とし、それぞれに対応する経験に関する変数を説明変数とする以下の推定式を推定することで、子どもの頃の家庭内経験が回答者の現在のソーシャル・キャピタルに有意な影響を与えているかどうかを検証する。

$$Social\ capital = \beta_0 + \beta_1 x_1 + \beta_2 x_2 + \cdots + \beta_n x_n + \gamma \cdot exp\ social\ capital + \varepsilon$$

$Social\ capital$：個人のソーシャル・キャピタル

$x_1 \cdots x_n$：個人属性などの説明変数

$exp\ social\ capital$：ソーシャル・キャピタルに関する家庭内経験

ε：誤差項

推定においては、その他の要因をコントロールするため、性別、年齢、配偶者の有無、子どもの有無、学歴、就業形態、世帯年収、世帯金融資産といった属性や、前章で用いた楽観性、自然などの人間を超えた力への感謝、信心深さという個人の気質のほか、居住する市区町村の高齢者比率、DID 人口比率（都市化の程度）といった地域要因を考慮する。そして、本章では、これまでの分析では考慮できていなかった時間選好、リスク態度という経済的選好に関する要因についても考慮することとしよう。

時間選好

時間選好は、現在の消費から得られる効用が将来の消費から得られる効用に比べてどれくらい高いかを示すものである。時間選好の高い人は、将来の消費に比べて現在の消費を重視する。つまり、現在の消費（所得）を諦める場合、その見返りとして将来相当大きな消費（所得）を得ることが必要になる。

これがなぜソーシャル・キャピタルに影響するかというと、人に何かをし

てあげるといつか自分に返ってくるといった互酬性の意識は、今の自分の時間を犠牲にして将来の何らかの利益を期待することと関連していると考えられるためである。将来に期待される見返りは、現在の自分が犠牲にした時間や労力に対して、どれくらいの埋め合わせをするものになるのかは分からない。このため、時間選好の低い人のほうが互酬性の意識をもちやすいのではないだろうか。

　アンケート調査には、「あなたは、「今日6万円受け取る」のと「1週間後まで待って6万50円受け取る」のとどちらを選びますか」という質問がある。今日受け取ると回答する人は、今日の6万円は、1週間後の6万50円よりも価値があると考えている人であり、時間選好が高い人とみなすことができる。この質問の回答を用いて、「今日6万円受け取る」と回答した場合に1、「1週間後6万50円を受け取る」と回答した場合を0とするダミー変数を作成する。つまり、この変数が1であれば時間選好が高いことをあらわしている。

リスク態度

　リスク態度は、大きな利益が得られる可能性がある一方で、大きな損失を被る可能性も併せもつような不確実性の高い投資と、少ない利益であっても確実にそれが得られるような投資のどちらを好むか、というようなリスクに対する考え方を示すものである。前述のように、互酬性の意識は、将来どのような形で返ってくるか、またそもそも返ってくるかどうかが分からないものへの投資の一種とも言えるし、見知らぬ他人への信頼も、ある意味リスクを伴う行為である。このように、他人への信頼や互酬性の意識は、リスク態度とも関連しており、多少のリスクを受け入れることができる人のほうが互酬性の意識をもちやすいのではないかと考えられる。

　リスク態度については、「あなたは、「確実に6万円受け取る」か、「当たれば12万円もらえるが、外れたら1円ももらえないクジを引く」かを選ぶことができるとします。そのクジは、10本のうち3本の「当たり」が含まれています。このとき、あなたはクジを引きますか、それともクジを引かずに6万円を受け取りますか」という質問の回答を用いる。具体的には、「クジを引く」

表9-4 記述統計

	サンプル数	平均	標準偏差	最小値	最大値
互酬性の意識	10,916	3.582	0.973	1	5
地域資源の共有意識	10,916	3.508	0.762	1	5
利他性に関する家庭内経験	10,916	2.990	0.969	1	5
地域活動に関する家庭内経験	10,916	2.929	0.984	1	5
女性ダミー	10,916	0.397	0.489	0	1
年齢	10,916	51.379	13.908	20	80
年齢（二乗）	10,916	2833.160	1439.871	400	6400
配偶者ダミー	10,916	0.678	0.467	0	1
離婚ダミー	10,916	0.049	0.216	0	1
死別ダミー	10,916	0.019	0.137	0	1
子どもダミー	10,916	0.604	0.489	0	1
持ち家ダミー	10,916	0.744	0.437	0	1
楽観性	10,916	5.931	2.194	1	11
自然などの人間を超えた力への感謝	10,916	3.482	0.960	1	5
信心深さ	10,916	2.739	1.028	1	5
時間選好率	10,916	0.711	0.453	0	1
リスク態度	10,916	0.137	0.344	0	1
学歴ダミー（高卒が基準）					
高卒未満	10,916	0.021	0.142	0	1
専門学校卒	10,916	0.094	0.292	0	1
短大・高専卒	10,916	0.099	0.298	0	1
大卒以上	10,916	0.519	0.500	0	1
就業形態ダミー（勤め人*が基準）					
就業なし（学生・主婦・主夫など）	10,916	0.336	0.472	0	1
自営業主	10,916	0.071	0.257	0	1
自由業者	10,916	0.027	0.162	0	1
家族従業者	10,916	0.008	0.090	0	1
在宅就労・内職	10,916	0.011	0.105	0	1
委託労働・請負	10,916	0.013	0.113	0	1
世帯年収ダミー（400万円以上600万円未満が基準）					
400万円未満	10,916	0.390	0.488	0	1
600万円以上1,000万円未満	10,916	0.262	0.440	0	1
1,000万円以上	10,916	0.103	0.303	0	1
世帯金融資産ダミー（400万円以上600万円未満が基準）					
400万円未満	10,916	0.432	0.495	0	1
600万円以上1,000万円未満	10,916	0.154	0.361	0	1
1,000万円以上	10,916	0.293	0.455	0	1
居住している市区町村に関する変数					
高齢者比率	10,916	0.258	0.047	0.149	0.539
DID人口比率	10,916	0.729	0.310	0	1

注：居住地が不明なサンプルは除外しているため、アンケートの回答者数とは一致しない。

*会社、団体などに従業・勤務している人（雇用主と雇用関係にある人）。

と回答した場合には 1、「クジを引かない」と回答した場合には 0 とするダミー変数を作成する。この変数も 1 であればリスクを受け入れるタイプであることをあらわす。

分析に用いる各変数の記述統計は、表 9-4 に示されている。

3. 家庭内での教育・経験の影響

3.1. 子どもの頃の家庭内経験の影響

表 9-5 (1) 列は互酬性の意識、(2) 列は地域資源の共有意識を被説明変数とした場合の推定結果を示したものである[4]。推定結果をみると、互酬性の意識については、人助けに関する家庭内経験が有意に正となっており、子どもの頃の経験が本人の互酬性の意識の形成に影響を与えていることが分かる。地域資源の共有意識についても、地域活動経験は有意に正となっており、子どもの頃に両親・祖父母との関わりで地域活動に関する家庭内経験をもつことが、その後の地域資源の共有意識に影響を与えていることが示されている。

その他の説明変数についてみると、楽観性、自然などの人間を超えた力への感謝、信心深さという個人の気質は、互酬性の意識、地域資源の共有意識の両方について正の影響を与えており、前章の結果とも整合的な結果が得られている。また、新たに追加したリスク態度については有意に正となっており、リスクを取ろうとする人は互酬性の意識、地域資源の共有意識が高いことが示されている。時間選好については、互酬性の意識に対して有意に負となっており、時間選好の高い人は、互酬性の意識が低くなるという関係がみられる。

以上の結果は、様々な個人の属性を考慮しても、子どもの頃の家庭内経験が、互酬性の意識、地域資源の共有意識の形成に影響を与えていることを示

---

4) (1) 列、(2) 列ともに最小二乗法による推定結果を示している。互酬性の意識については、1〜5 までの順序変数であるため、順序プロビットモデルによる推定も行ったが、基本的な結果は同じである。なお、本章では、特に断わりのない限り最小二乗法により推定を行っている。

第9章　家庭や地域コミュニティが及ぼす影響　*211*

表9-5　推定結果

被説明変数	(1) 互酬性の意識	(2) 地域資源の共有意識
利他性に関する家庭内経験	0.111 (0.011)***	
地域活動に関する家庭内経験		0.128 (0.008)***
女性ダミー	0.106 (0.021)***	0.002 (0.016)
年齢	0.000 (0.006)	−0.036 (0.004)***
年齢（二乗）	0.000 (0.000)	0.000 (0.000)***
配偶者ダミー	0.068 (0.032)**	0.041 (0.022)*
離婚ダミー	0.026 (0.051)	0.002 (0.036)
死別ダミー	−0.009 (0.073)	−0.032 (0.050)
子どもダミー	0.055 (0.027)**	0.093 (0.019)***
持ち家ダミー	0.041 (0.025)	0.060 (0.017)***
楽観性	0.053 (0.005)***	0.051 (0.004)***
自然などの人間を超えた力への感謝	0.108 (0.012)***	0.112 (0.009)***
信心深さ	0.086 (0.010)***	0.062 (0.007)***
時間選好率	−0.081 (0.020)***	−0.004 (0.015)
リスク態度	0.202 (0.025)***	0.237 (0.021)***
学歴ダミー		
高卒未満	−0.037 (0.069)	−0.011 (0.056)
専門学校卒	−0.071 (0.035)**	−0.003 (0.024)
短大・高専卒	−0.079 (0.032)**	−0.008 (0.025)
大卒以上	−0.017 (0.023)	0.024 (0.017)
就業形態ダミー		
就業なし（学生・主婦・主夫など）	−0.079 (0.023)***	−0.050 (0.016)***
自営業主	−0.053 (0.037)	0.002 (0.026)
自由業者	−0.062 (0.060)	−0.068 (0.041)*
家族従業者	0.090 (0.095)	0.075 (0.068)
在宅就労・内職	−0.146 (0.085)*	−0.114 (0.063)*
委託労働・請負	−0.082 (0.088)	−0.180 (0.064)***
世帯年収ダミー		
400万円未満	0.014 (0.024)	−0.050 (0.017)***
600万円以上1,000万円未満	0.008 (0.025)	0.009 (0.018)
1,000万円以上	−0.047 (0.033)	−0.038 (0.026)
世帯金融資産ダミー		
400万円未満	−0.042 (0.028)	−0.046 (0.022)**
600万円以上1,000万円未満	0.006 (0.033)	0.000 (0.024)
1,000万円以上	−0.019 (0.031)	0.004 (0.022)
居住している市区町村に関する変数		
高齢者比率	0.158 (0.243)	0.279 (0.168)*
DID人口比率	−0.013 (0.037)	0.000 (0.027)
定数項	2.221 (0.177)***	2.756 (0.123)***
Adj R²	0.097	0.210
N	10,916	10,916

注：（　）内は、グループ内（市区町村）の相関に頑健なクラスタロバスト標準誤差。
　　***、**、*は、それぞれ1％、5％、10％水準で有意であることを示す。

しており、ソーシャル・キャピタルの継承・形成における家庭内経験の重要性が確認される。

3.2. 子どもの頃の活動参加の影響
子どもの頃に何をしていたか？

　次に、回答者自身が子どもの頃にどのような活動に参加していたかが、その後の意識の形成に影響を与えているかどうかを確認しておこう。子どもの頃から向社会的な資質をもっていた人は、子どもの頃から積極的に様々な活動に携わっていた可能性がある。このため、実際にどのような活動に参加していたかを考慮することで、その人自身の子どもの頃の性格をある程度コントロールすることができ、家族からの影響が変化しないかどうかを確認することができる。また、子どもの頃に参加した活動での経験そのものがその人のソーシャル・キャピタルの形成に影響を及ぼしている可能性もあり、この点を考慮することで、自身の子どもの頃の活動による影響を把握することができる。

　2回目に実施したアンケート調査では、中学生の頃までにどのような活動に積極的に参加していたかを尋ねる質問を設けている。具体的には、「あなたの中学生頃までの経験についてお訊きします。以下の活動に自ら進んで参加していましたか」として「クラブ活動」、「生徒会や委員会活動」、「ボーイスカウトやガールスカウト」、「宗教活動」、「子ども会などの地域活動」の5つの活動について質問している。ここでは、「よくあてはまる」「ややあてはまる」と回答した人を1とするダミー変数を作成して、これを説明変数に追加した。

　表9-6の推定結果をみると、これらの活動経験を考慮したうえでも家庭内経験に関する変数はいずれも有意な結果となっている。つまり、その人が子どもの頃から積極的に様々な活動に参加するような資質をもっていたとしても、互酬性や地域活動に関する家庭内経験がその後のソーシャル・キャピタルの形成に影響を与えており、家庭内経験の重要性を示唆する結果となっている。

第9章　家庭や地域コミュニティが及ぼす影響　213

表9-6　子どもの頃の活動経験を考慮した場合の推定結果

被説明変数	(1) 互酬性の意識	(2) 地域資源の共有意識
中学生頃までの活動		
クラブ活動	0.014　(0.026)	0.052　(0.018)***
生徒会や委員会活動	0.023　(0.029)	0.049　(0.020)**
ボーイスカウトやガールスカウト	0.073　(0.050)	−0.005　(0.034)
宗教活動	0.027　(0.051)	0.040　(0.040)
子ども会などの地域活動	0.111　(0.027)***	0.140　(0.019)***
家庭内経験		
利他性に関する家庭内経験	0.108　(0.014)***	
地域活動に関する家庭内経験		0.104　(0.010)***
定数項	2.193　(0.212)***	2.688　(0.156)***
Adj R^2	0.104	0.225
N	7,234	7,234

注1：(　)内は、グループ内（市区町村）の相関に頑健なクラスタロバスト標準誤差。
　　***、**、*は、それぞれ1％、5％、10％水準で有意であることを示す。
　2：他の説明変数の結果については省略している。

　また、考慮した活動別に結果をみてみると、「子ども会などの地域活動」については、互酬性の意識、地域資源の共有意識の両方に対して有意に正となった。このため、子どもの頃に地域活動に参加することは、大人になってからの互酬性の意識や地域活動への参加の意識を高めることにつながっている可能性もある。また、地域資源の共有意識に対しては、クラブ活動、生徒会や委員会活動も有意に正となっており、子どもの頃からクラブ活動や生徒会活動などに積極的に参加していた人は、地域資源の共有意識が高くなることが分かる。

3.3.　家庭内経験の決定要因
——両親・祖父母のソーシャル・キャピタルの役割

　以上の分析から、家庭内経験は互酬性の意識や地域資源の共有意識の形成に影響を与えることが分かった。そのため、次のステップとして、子どもの頃に家庭内経験をもつ機会を高めるためには何が必要かを考えることが重要

になってくる。

両親・祖父母のソーシャル・キャピタル

　子どもの頃の家庭内経験に関しては、まず、両親・祖父母がどのような人であったかが、その経験の有無に大きな影響を与えると考えられる。例えば、両親・祖父母が地域活動経験に全く関心や興味がないような人であれば、子どもの頃に一緒に活動に参加するような機会もないであろう。逆に、両親・祖父母の中の誰かが地域活動に熱心であれば、そのことが地域活動に参加するきっかけになるかもしれない。

　両親・祖父母の性格や人との関わり方を直接把握することは難しいが、第7章でも紹介したように、アンケート調査では、両親・祖父母がどのような人であったかを尋ねる質問をしている。具体的には第7章表7-2に示したように、他人への信頼、近所とのつきあい、地域活動などへの参加、利他性に関する意識に関する質問である。ここでは、これらの質問の回答を利用して、両親・祖父母のソーシャル・キャピタルに関する指標を作成する。

　他人への信頼に関しては、「あなたの両親や祖父母は、一般的に人を信頼する傾向がある人でしたか」という質問を用いる。この質問も「よくあてはまる」から「全くあてはまらない」の5段階の質問となっており、「よくあてはまる」を5、「全くあてはまらない」を1とする順序変数として用いる[5]。また、近所とのつきあいについては、「互いに相談したり日用品の貸し借りをするなど、生活面で協力し合っていた」、「日常的に立ち話をする程度のつきあいはしていた」、「あいさつ程度の最小限のつきあいしかしていなかった」、「つきあいは全くしていなかった」という4段階の質問となっており、「互いに相談したり日用品の貸し借りをするなど、生活面で協力し合っていた」を4、最もつきあいの程度の低い「つきあいは全くしていなかった」を1とする4段階の変数として用いる。活動への参加については、地域活動、地域外でのボランティア活動、スポーツ・趣味・娯楽活動、その他の団体活動の4つにつ

---

5)　「分からない」という回答については、分析対象とするサンプルから除外している。

いて「積極的に参加していた」を5、「ある程度参加していた」を4、「どちらとも言えない」を3、「あまり参加していなかった」を2、「全く参加していなかった」を1とする5段階の変数として用いる。利他性の意識については、「あなたのご両親や祖父母は、人助けをすることについてどのような考えをもっていたと思いますか」という質問の回答を用い、「積極的に人助けをすべき」を5、「人助けはすべきではない」を1とする順序変数として用いる。

子どもの頃の余暇時間の使い方

　両親・祖父母の人柄や性格のほか、自分自身が子どもの頃どのように時間を使っていたのかも、個人の意識の形成に影響を与えるかもしれない。屋外での活動に積極的ではなかった人は地域活動に触れる機会も少なかったであろうし、他人との交流にも消極的であったかもしれない。逆に、他人との交流に積極的に時間を使っていた人は、地域活動に触れる機会も多かった可能性がある。アンケート調査では、子どもの頃の余暇時間の使い方についても尋ねており、これらの要因についても考慮することとしよう。

　回答者自身の子どもの頃の余暇の使い方については、①テレビ、②ファミコンなどのテレビゲーム、③パソコン・スマホ（インターネット）、④スポーツなど（屋外での活動）、⑤家族との団らん、⑥友人との交流の6つの項目について質問している。これは、第2回目の調査に含まれている設問であり、「多くの時間を費やした」「ある程度の時間を費やした」「どちらとも言えない」「あまり時間を費やさなかった」「時間を費やさなかった」「子どもの頃にはなかった」の6つの選択肢から回答してもらう質問となっている。ここでは、「多くの時間を費やした」「ある程度の時間を費やした」という回答を1、それ以外の回答については0とするダミー変数として考慮する。

両親・祖父母のソーシャル・キャピタルが果たす役割

　表9-7は利他性に関する家庭内経験について、表9-8は地域活動に関する家庭内経験についての推定結果を示したものである。表9-7（1）列は「子どもの頃、親や祖父母が人を助けるのをみて育った」、（2）列は「子どもの頃、

216

表 9-7　利他性に関する家庭内経験の推定結果

被説明変数	(1) 子どもの頃、親や祖父母が人を助けるのをみて育った	(2) 子どもの頃、家庭内で人助けの大切さを学ぶ機会があった
生まれた年代ダミー		
1930 年代生まれ	0.010　(0.159)	0.124　(0.170)
1940 年代生まれ	0.032　(0.065)	0.026　(0.065)
1950 年代生まれ	0.050　(0.053)	0.001　(0.053)
1960 年代生まれ	0.068　(0.051)	0.036　(0.051)
1980 年代生まれ	0.095　(0.054)*	0.079　(0.054)
1990 年代生まれ	0.215　(0.128)*	0.166　(0.129)
3 世代同居ダミー	0.029　(0.047)	0.084　(0.048)*
子どもの頃の余暇の過ごし方		
テレビ	−0.114　(0.038)***	−0.142　(0.038)***
ファミコンなどのテレビゲーム	0.075　(0.050)	0.094　(0.050)*
パソコン・スマホ（インターネット）	−0.057　(0.060)	−0.055　(0.058)
スポーツなど（野外での活動）	0.015　(0.038)	0.060　(0.039)
家族との団らん	0.166　(0.043)***	0.218　(0.043)***
友人との交流	0.046　(0.046)	−0.017　(0.046)
両親・祖父母のソーシャル・キャピタル		
他人への信頼	0.168　(0.021)***	0.168　(0.020)***
近所づきあい	0.115　(0.028)***	0.081　(0.028)***
地域活動への参加	0.198　(0.022)***	0.125　(0.023)***
地域外でのボランティア活動への参加	0.104　(0.020)***	0.128　(0.021)***
スポーツ・趣味・娯楽活動への参加	0.040　(0.021)*	0.047　(0.022)**
その他の団体活動への参加	0.048　(0.018)***	0.053　(0.018)***
利他性の意識	0.283　(0.033)***	0.215　(0.032)***
pseudo R^2	0.134	0.115
N	4,702	4,702

注 1 ：（　）内は、不均一分散に対して頑健な標準誤差。
　　　***、**、*は、それぞれ 1 ％、 5 ％、10％水準で有意であることを示す。
　 2 ：順序プロビットによる推定を行っている。
　 3 ：推定では学歴などの個人属性のほか、両親の学歴や両親との年齢差なども考慮しているが、これらの説明変数の結果については省略している。

第 9 章　家庭や地域コミュニティが及ぼす影響　217

表 9-8　地域活動に関する家庭内経験の推定結果

被説明変数	(1) 子どもの頃、親や祖父母が地域活動に参加する際に一緒に参加して育った	(2) 子どもの頃、親や祖父母が地域活動に参加しているのをみて育った	(3) 子どもの頃、家庭内で地域活動に参加することの大切さを学ぶ機会があった
生まれた年代ダミー			
1930 年代生まれ	−0.207　(0.174)	0.177　(0.172)	0.340　(0.169)**
1940 年代生まれ	−0.138　(0.062)**	−0.095　(0.064)	0.040　(0.064)
1950 年代生まれ	−0.034　(0.053)	−0.005　(0.052)	0.028　(0.053)
1960 年代生まれ	0.012　(0.050)	0.022　(0.050)	0.096　(0.051)*
1980 年代生まれ	0.123　(0.054)**	0.087　(0.055)	0.043　(0.056)
1990 年代生まれ	0.281　(0.123)**	0.181　(0.120)	0.169　(0.131)
3 世代同居ダミー	0.114　(0.048)**	0.093　(0.048)*	0.081　(0.047)*
子どもの頃の余暇の過ごし方			
テレビ	−0.139　(0.038)***	−0.088　(0.038)**	−0.166　(0.038)***
ファミコンなどのテレビゲーム	0.043　(0.051)	0.046　(0.051)	0.071　(0.051)
パソコン・スマホ（インターネット）	−0.033　(0.060)	−0.125　(0.059)**	−0.037　(0.061)
スポーツなど(野外での活動)	0.104　(0.038)***	0.075　(0.038)**	0.093　(0.038)**
家族との団らん	0.162　(0.043)***	0.152　(0.043)***	0.182　(0.043)***
友人との交流	0.033　(0.046)	0.025　(0.046)	−0.027　(0.046)
両親・祖父母のソーシャル・キャピタル			
他人への信頼	0.151　(0.020)***	0.141　(0.021)***	0.163　(0.021)***
近所づきあい	0.088　(0.027)***	0.091　(0.028)***	0.077　(0.028)***
地域活動への参加	0.288　(0.023)***	0.460　(0.024)***	0.261　(0.022)***
地域外でのボランティア活動への参加	0.092　(0.021)***	0.050　(0.021)**	0.160　(0.021)***
スポーツ・趣味・娯楽活動への参加	0.054　(0.022)**	0.065　(0.022)***	0.043　(0.021)**
その他の団体活動への参加	0.030　(0.018)*	0.037　(0.018)**	0.051　(0.018)***
利他性の意識	0.035　(0.030)	0.057　(0.031)*	0.100　(0.032)***
pseudo R^2	0.111	0.151	0.139
N	4,702	4,702	4,702

注 1：（　）内は、不均一分散に対して頑健な標準誤差。
　　***、**、*は、それぞれ 1 ％、5 ％、10％水準で有意であることを示す。
　2：順序プロビットによる推定を行っている。
　3：推定では学歴などの個人属性のほか、両親の学歴や両親との年齢差なども考慮しているが、これらの説明変数の結果については省略している。

家庭内で人助けの大切さを学ぶ機会があった」を被説明変数とした場合の推定結果であり、表9-8では、(1) 列が「子どもの頃、親や祖父母が地域活動に参加する際に一緒に参加して育った」、(2) 列が「子どもの頃、親や祖父母が地域活動に参加しているのをみて育った」、(3) 列が「子どもの頃、家庭内で地域活動に参加することの大切さを学ぶ機会があった」を被説明変数とした場合の推定結果である。

　これらの質問の回答は、前述のとおり5段階となっているので、順序プロビットモデルにより推定を行っている。なお、分析においては、これまでと同様に性別、学歴などのほか、回答者が生まれた年代、子どもの頃に両親・祖父母と同居していたかどうかを考慮する3世代同居ダミーを追加している[6]。生まれた年代は、それによって社会的な家族関係のあり方が異なり、子ども時代に得られる経験に年代的な差が生じている可能性を考慮するためのものである。推定においては1970年代生まれを基準としており、一部の年代において有意な結果になっている。

　家族との同居による影響を考慮するために追加した3世代同居ダミーは、地域活動に関する表9-8 (1) 列においては5％の有意水準で正となっている。また、(2) 列、(3) 列にも10％水準ではあるものの有意な結果となっており、地域資源の共有意識の形成には、3世代での同居が一定の効果をもつことを示している。この理由としては、3世代で同居することによって地域活動に参加する経験を得る機会が高まることが影響していると考えられる。

　子どもの頃の余暇の過ごし方に関しては、「テレビ」は有意に負となり、「スポーツなど (野外での活動)」や「家族との団らん」については有意に正となった[7]。このことは成長期に他人とのつながりをもつこと、特に家族内でのネットワークをもつことの重要性を示している。

　両親・祖父母のソーシャル・キャピタルをみると、他人への信頼や利他性

---

6)　3世代同居ダミーは、アンケート調査での15歳頃までの父母、祖父母それぞれについての同居経験に関する質問を利用して作成している。具体的には、父母、祖父母ともに「ずっと同居していた」もしくは「ほとんどの期間同居していた」と回答している人を1、それ以外の人を0とするダミー変数である。

第9章　家庭や地域コミュニティが及ぼす影響　*219*

の意識は、家庭内経験に有意に正の影響を与えている。また、近所づきあい、地域活動への参加や地域外でのボランティア活動への参加も有意な結果となっており、両親・祖父母のソーシャル・キャピタルの高さは、個人の家庭内経験を得る機会を高めることが分かる。つまり、ソーシャル・キャピタルの高い両親・祖父母は、子や孫にソーシャル・キャピタルの形成に関わるような経験や教育を与え、それが子どもへのソーシャル・キャピタルの継承・形成につながっていると考えられる。

4.　地域コミュニティからの影響

4.1.　分析において考慮する新たな諸要因
——地域のソーシャル・キャピタルなど

　前節では家庭内での影響をみたが、本節では地域コミュニティからの影響を考慮した分析を行う。個人のソーシャル・キャピタルの形成には、家族以外からの影響も考えられ、前述のようにソーシャル・キャピタルに正の外部効果があれば、地域コミュニティのソーシャル・キャピタルをあらわす変数を考慮した場合、その変数の係数は個人のソーシャル・キャピタルに対して有意に正となることが予想される。

地域のソーシャル・キャピタルと地域環境（地域の賑わい）

　居住している地域のソーシャル・キャピタルの状況を考慮するため、表9-9にあるような10項目に関する質問の回答を用いる。この質問には「あてはまる」「どちらとも言えない」「あてはまらない」「分からない」という4つの選択肢があり、ここでは、「あてはまる」と回答した場合には1、それ以外に

7）　Putnam（2000）では、米国における社会的つながりとコミュニティへの関与の衰退の理由の1つとしてテレビによる余暇時間の私事化を挙げている。子どもの頃にテレビを見ることに多くの時間を費やすことが、ソーシャル・キャピタルを継承するために重要な家庭内経験を得る機会を減らすという結果は、こうしたPutnam（2000）の指摘とも整合的である。

表9-9　居住している地域の状況

あなたが居住している地域についてお訊きします。以下の項目にあてはまるかどうかお答えください。
項目1　地元の小学校でのイベント（運動会など）の案内が回ってくる
項目2　地元の自治会や町内会などのイベント（盆踊りなど）の案内が回ってくる
項目3　市役所や役場からの広報やお知らせが回ってくる
項目4　地域での行事や活動に熱心な人がいる、もしくは団体がある
項目5　多様な世代の人が集まる場（公民館や集会所など）があり、実際に多様な世代の人が集まっている
項目6　新しく引っ越してきた人も地域に馴染んでいる
項目7　新しく引っ越してきた人に対しては警戒心をもっている
項目8　地域としての連帯感がある
項目9　古くから行われている地域の祭りや伝統行事がある
項目10　暗くなってからでも安心して一人で出歩くことができる

ついては0とするダミー変数として考慮する。

　また、居住地の周辺環境を考慮するため、第2回調査における近隣の地域環境への不満に対する質問から「活気や賑わいのなさ」「空き地や空き家の多さ」という2項目に関する回答を説明変数に追加している。この質問は、「1：非常に不満」から「5：不満はない」の5段階で回答するものとなっており、数値が大きいほど不満がないことになる。

居住地の移動

　居住地域とのつながりの強さも、個人の意識の形成に影響をもたらす可能性がある。特に、地域資源の共有意識に関しては、その地域に長く住んでいることで地域への愛着が深まり、より強い共有意識をもつようになる可能性がある一方で、生まれ育った地域から離れ、新しい土地で生活を送るようになると居住する地域とのつながりが薄まり、地域資源の共有意識が低下してしまう可能性が考えられる。

　調査においては、現在の居住地が15歳頃までの居住地と同じかどうかを尋ねる質問が含まれており、この質問を用いることで居住地の移動の有無を考慮することができる。具体的には、異なる居住地に住んでいる場合には1、

第9章　家庭や地域コミュニティが及ぼす影響　*221*

表 9-10　子どもの頃の家庭外経験に関する変数

	質問内容
利他性	あなたの子どもの頃の経験についてお訊きします。 　子どもの頃、地域の大人（自分の家族以外）が人を助けるのをみて育った。 　子どもの頃、学校で人助けの大切さを学ぶ機会があった。
地域活動	あなたの子どもの頃の経験についてお訊きします。 　子どもの頃、地域の大人（自分の家族以外）が地域活動に参加しているのをみて育った。 　子どもの頃、近所の商店街や、神社・寺などで行われる祭りや縁日などに行く機会があった。

同じ居住地の場合には0をとるダミー変数を作成し、これにより居住地の移動を考慮する。また、第2回目の調査では現住地での居住年数を尋ねる質問があるため、この質問の回答を用いてその地域への定住性について考慮することとした。具体的には居住年数に応じて「1：1年未満」「2：1年以上3年未満」「3：3年以上5年未満」「4：5年以上10年未満」「5：10年以上20年未満」「6：20年以上」「7：生まれてからずっと同じ居住地に住んでいる」という7段階の変数を用いる。

子どもの頃の家庭外での経験

　第2回調査では子どもの頃の家庭外での利他性や地域活動に関する経験について質問しており、これを用いることで、家庭内経験以外の影響を考慮する。家庭外経験については、表9-10にあるように4つの項目についてあてはまるかどうかを訊いており、地域の大人の利他性（「子どもの頃、地域の大人（自分の家族以外）が人を助けるのをみて育った」）と利他性に関する学校での教育（「子どもの頃、学校で人助けの大切さを学ぶ機会があった」）を互酬性の意識に関する家庭外経験とし、地域の大人の地域活動参加（「子どもの頃、地域の大人（自分の家族以外）が地域活動に参加しているのをみて育った」）と祭りや縁日などへの参加（「子どもの頃、近所の商店街や、神社・寺などで行われる祭りや縁日などに行く機会があった」）を地域活動に関する家庭外経験を反映する指標として用いる。

表 9-11　地域の状況などを考慮した場合の推定結果

被説明変数	(1) 互酬性の意識	(2) 地域資源の共有意識
子どもの頃の家庭内経験		
利他性に関する家庭内経験	0.104　(0.017)***	
地域活動に関する家庭内経験		0.100　(0.013)***
地域の状況		
地元小学校のイベントの案内がくる	−0.038　(0.032)	0.020　(0.023)
地元自治会のイベントの案内がくる	0.047　(0.041)	0.040　(0.028)
役場からの広報がくる	0.028　(0.039)	−0.024　(0.027)
地域活動に熱心な人・団体がいる	−0.025　(0.035)	0.075　(0.024)***
多様な世代が集まる場がある	0.096　(0.033)***	0.094　(0.025)***
引っ越してきた人が地域に馴染んでいる	0.016　(0.035)	0.067　(0.024)***
引っ越してきた人に対する警戒心がある	−0.040　(0.044)	−0.010　(0.034)
地域としての連帯感がある	0.132　(0.035)***	0.154　(0.026)***
古くからの祭りや伝統行事がある	−0.022　(0.032)	0.040　(0.022)*
暗くなってからでも一人で出歩ける	0.035　(0.029)	−0.003　(0.021)
地域環境への不満		
活気や賑わいのなさ	−0.016　(0.018)	−0.030　(0.013)**
空き地や空き家の多さ	0.006　(0.018)	−0.020　(0.012)
居住地の移動		
15歳の頃までと異なる市区町村に居住	−0.056　(0.028)**	−0.085　(0.022)***
現在の居住地での居住年数	−0.010　(0.011)	−0.030　(0.008)***
子どもの頃の家庭外経験		
地域の大人の利他性	0.003　(0.021)	
利他性に関する学校での教育	0.062　(0.021)***	
地域の大人の地域活動参加		−0.023　(0.013)*
祭りや縁日などへの参加		0.052　(0.014)***
定数項	2.573　(0.269)***	3.177　(0.190)***
Adj R²	0.099	0.241
N	5,155	5,155

注1：(　)内はグループ内（市区町村）の相関に頑健なクラスタロバスト標準誤差。
　　***、**、*は、それぞれ1％、5％、10%水準で有意であることを示す。
　2：推定では性別、年齢など表9-5と同様の説明変数を用いているが、これらの説明変数の結果
　　については省略している。

4.2.　ソーシャル・キャピタルの外部効果

　表9-11が推定結果を示したものである。互酬性の意識についての結果を
みると、地域からの影響については、「多様な世代が集まる場がある」「地域

としての連帯感がある」の2つの項目が有意に正となっている。この2つは
どちらも地域コミュニティ内のネットワークの強さを示すものであり、この
結果は、地域のソーシャル・キャピタルに外部効果があることを示唆する。

　居住地の移動に関しては、15歳頃までの居住地と異なるところに住んでい
ることが、互酬性の意識の高さに負の影響を与えるという結果となっており、
家庭外経験に関しては学校での教育が有意に正となっている。このため、学
校教育も互酬性の意識の形成においては重要な役割を果たしていると考えら
れるが、これらの変数を考慮した場合においても、家庭内経験に関する2つ
の変数については有意に正となっていることから、地域コミュニティや家庭
外からの影響を考慮しても、家庭内経験の影響は依然として重要であること
が分かる。

　地域資源の共有意識については、「地域での行事や活動に熱心な人がいる、
もしくは団体がある」「多様な世代の人が集まる場（公民館や集会所など）があ
り、実際に多様な世代の人が集まっている」「新しく引っ越してきた人も地域
に馴染んでいる」「地域としての連帯感がある」「古くからの祭りや伝統行事
がある」については有意に正となっている。「多様な世代が集まる場がある」、
「地域としての連帯感がある」という項目が有意になるのは互酬性の意識とも
同様であるが、「地域での行事や活動に熱心な人がいる、もしくは団体があ
る」「古くからの祭りや伝統行事がある」といった項目は、地域活動の活発さ
と関連する項目と考えられるため、ソーシャル・キャピタルの豊かさに加え
て、地域資源の共有意識に関連するような活動が地域内で活発であることが、
地域資源の共有意識を高める要因となっていると考えられる。

　地域環境への不満については、活気や賑わいのなさが有意に負となってい
る。このことは、居住している地域で活気や賑わいに対する不満が高いと地
域資源の共有意識が高まることを示しており、地域環境への不満が地域への
危機意識にもつながり、地域資源に対する意識を高めることになる可能性を
示唆している[8]。

8）　この点は第4章における分析とも関連する。この結果を踏まえると、まちづくり活動
　が行われやすいのは、商店街の衰退といった課題が顕在化している地域である。

居住地の移動については、15 歳頃までの居住地と異なる場所に住んでいることの係数は有意に負となっており、居住地を移動することで地域資源の共有意識は低くなることが分かる。これは移動することで地域との関わりが薄れ、それが地域活動への参加意識にも影響するためと考えられる。ただし、このような地域の移動を考慮しても、子どもの頃の家庭内経験は有意に正の影響をもっている。つまり、子どもの頃に地域活動経験をもつことは、その地域を離れたとしても、その後の地域資源の共有意識の高さにつながっている。

居住年数の係数は負となっており、同じ地域に長い期間定住することが地域資源の共有意識の高さにつながるわけではない。また、家庭外経験に関しては、地域の大人の地域活動参加については 10％水準で有意に負となっており、予想される符号とは異なる。しかし、祭りや縁日などへの参加については有意に正となっており、子どもの頃に地域の祭りなどに参加したことが、その後の地域資源の共有意識の形成に影響を与えることを示している。

以上の推定結果は、地域コミュニティにおけるソーシャル・キャピタルの豊かさなどの家庭外の要因も、個人のソーシャル・キャピタルの形成に影響することを示しており、ソーシャル・キャピタルの形成においては、地域コミュニティからの外部効果についても配慮すべきであることが分かる。

5．まとめ

本章での分析結果は、ソーシャル・キャピタルの継承において、家庭内での教育や経験が重要な役割を果たしていることを示している。ソーシャル・キャピタルの豊かな両親の子どもは、地域活動への参加などソーシャル・キャピタルの形成に影響を与えるような家庭内での教育や経験を得る機会をより多く得る。このため、ソーシャル・キャピタルの高い両親をもつ子どものソーシャル・キャピタルが高くなりやすい。

しかし、本章の分析結果は、両親のソーシャル・キャピタルが高くなくても、地域コミュニティの各主体がそのような機会を提供することで、将来的

にソーシャル・キャピタルを高めていく余地があることも示している。例えば、子どもの頃に地域の子ども会などの活動に参加することは、ソーシャル・キャピタルの形成につながる。このため、家庭内での教育・経験の重要性を広く認識してもらいつつ、行政やNPOなどが親子や家族ぐるみで地域活動に参加できるような取組みを支援し、子どもが地域活動に触れる機会を提供していくことは、ソーシャル・キャピタルの継承・形成のために有効な取組みと考えられる。

　また、第4節での分析の結果から、ソーシャル・キャピタルの形成には地域コミュニティからの外部効果も重要であることが確認される。ソーシャル・キャピタルの継承・形成を支援することの効果は、個人のソーシャル・キャピタルの継承や形成だけではなく、その地域全体へと波及していく可能性ももっている。さらに、子どもの頃の地域活動経験は、居住地の移動にかかわらず地域資源の共有意識の形成に寄与することから、子どもが地域活動に接する機会を高めることは、その地域での将来的な地域活動への参加というローカルな効果にとどまらず、新たな居住地での地域活動への参加可能性を高めることにもつながっていく。こうしたことを踏まえると、ソーシャル・キャピタルの形成・継承の取組みは、地域や世代を超えて伝播する持続性の高い波及効果をもつ政策と言えるのではないだろうか。

　ソーシャル・キャピタルの継承・形成の支援にはこうした波及的な効果があることも考慮して、今後の政策を考えていく必要がある。

〔補論 4〕　ソーシャル・キャピタルと地域活動

他人への信頼、互酬性の意識、地域資源の共有意識と地域活動への参加

　地域活動への参加は、ソーシャル・キャピタルを測るうえでの重要な指標の 1 つであるが、互酬性の意識や地域資源の共有意識と実際の地域活動への参加とはどのような関係があるのだろうか。

　アンケート調査では、他人に対する信頼について、「一般的に言って、ほとんどの人は信頼できると考えますか、それとも人と接するには用心するに越したことはないと思いますか」という質問に続けて、

　　①　「旅先」や「見知らぬ土地」で出会う人に対してはいかがでしょうか

　　②　あなたがお住まいになっている地域の人に対してはいかがでしょうか

という質問をしている。

　ここでは、これらの他人に対する信頼も含めて、地域活動との関係をみてみよう。表 9-12 は、これらの指標と地域活動との関係をみたものであり、地域活動への参加頻度別に、それぞれの指標の平均値を比較している。例えば、地域活動にほぼ毎週参加していると回答している人の一般的な信頼に関する回答の平均は 6.699 であり、参加していないと回答している人の平均（5.333）に比べて明らかに大きい。この平均の差は、参加頻度が少なくなるにつれて小さくなっていくが、年に数回程度でも参加していると回答している人と参加していない人との間にはやはりある程度の差がある。これは、旅先や見知らぬ土地で出会う人への信頼、自分が居住する地域の人に対する信頼でも同じ傾向がみられ、互酬性の意識、地域資源の共有意識についても同様の傾向が確認できる。

　このように、地域活動に参加している人は、参加していない人に比べて他人への信頼、互酬性の意識、地域資源の共有意識が高い傾向があり、参加頻

表 9-12 地域活動への参加頻度別にみた他人への信頼、互酬性の意識、地域資源の共有意識の平均

	地域活動への参加頻度							全体の平均
	ほぼ毎週	月に2、3日程度	月に1日程度	年に数回程度	参加していない	地域活動を把握	地域活動を知らない	
他人への信頼								
一般	6.699	6.347	6.126	6.047	5.333	5.543	5.281	5.715
旅先や見知らぬ土地	6.395	6.008	5.831	5.721	5.198	5.360	5.158	5.492
地域	7.004	6.642	6.483	6.445	5.570	5.887	5.492	6.016
互酬性の意識	4.066	3.873	3.858	3.724	3.402	3.588	3.357	3.587
地域資源の共有意識	4.471	4.119	3.968	3.705	3.207	3.412	3.157	3.515
N	256	706	1,204	3,256	5,949	1,171	4,778	11,371

度が多い人ほどこれらも高くなる傾向がある[9]。ただし、この比較だけでは、他人を信頼したり、互酬性の意識や地域資源の共有意識が高いから地域活動に積極的に参加しているのか、地域活動に積極的に参加していると他人への信頼、互酬性の意識や地域資源の共有意識が高まるのかまでは分からない。

アンケート調査では、地域活動に参加していない人に、自分の住む地域において地域活動が行われていることを知っているかどうかについても質問している。そこで、この質問の回答を用いて、地域活動の存在を知っている人と知らない人とに分けて、ソーシャル・キャピタルに関する指標の平均値を

---

9) Brown and Ferris（2007）は、米国の調査データ（Social Capital Benchmark Survey）を利用して、ソーシャル・キャピタルをネットワークに基づくものと規範に基づくものとに分けて寄付やボランティア活動との関係を検証し、規範に基づくソーシャル・キャピタルは特にボランティア活動に影響を与えていると結論している。また、Taniguchi（2013）は、わが国における調査データ（日本版総合的社会調査：Japanese General Social Survey）を用いて、一般的な信頼の高さが不定期なボランティア活動への参加に正の影響を与えていることを指摘している。しかし、これらの分析は信頼からボランティア活動などへの一方向の影響を想定したものであり、因果関係までは明確ではない。

比較した。これをみると、地域活動があることを知っていると回答する人のほうが、地域活動の存在を知らないと回答する人に比べて、他人への信頼、互酬性の意識、地域資源の共有意識は高い。つまり、他人への信頼や互酬性の意識、地域資源の共有意識の低い人は、そもそも地域活動があることを知らない可能性がある一方で、他人への信頼や互酬性の意識、地域資源の共有意識の高い人は、地域活動に関するアンテナも高く、そうした活動に興味をもっている可能性が考えられる。

　このことは、地域活動に参加することで互酬性の意識や地域資源の共有意識がより高まる可能性がある一方で、個人がそもそももっている他人への信頼、互酬性の意識、地域資源の共有意識の高さが、その人が地域活動に参加するかどうかを決める要因となっている可能性を示している。つまり、これらの意識が地域活動への参加のトリガーになっている可能性が考えられる[10]。

　また、アンケート調査では、地域活動に参加していると回答した人には活動参加のきっかけを尋ねる質問を設けており、「両親やその他の家族が参加していたから」「近所づきあいや職場づきあいの一環として」「近所の人や地域の人の役に立つことができるから」「活動に参加することで自分を取り巻く生活環境がよくなると思ったから」「その他」という選択肢の中から該当する項目を複数選択できるようにしている。そして、「その他」を選択した場合には、自由記述で具体的な理由を記載できるようにしている。

　この自由記述欄をみると、地域内でのしがらみなどから不本意ながら地域活動に参加していると思われる人もいる。そこで、自由回答の記述内容から、不本意ながら参加していると思われる人（以下「強制参加・いやいや参加」という）を抽出し、こうした人たちの地域資源の共有意識が、自発的に参加している人と異なっているかどうかを比較した。

　地域活動に参加している人のうち、どのような参加理由を選択しているかでサンプルを分けて比較すると、強制参加・いやいや参加の人の地域資源の

---

10)　奥山（2016）は、子どもの頃の地域環境や家庭環境を操作変数に用いて、利他性や互酬性が社会生活行動に与える影響を分析し、内生性を考慮した場合においても互酬性は地域社会関係の活動とボランティア活動に対して有意な影響をもつことを示している。

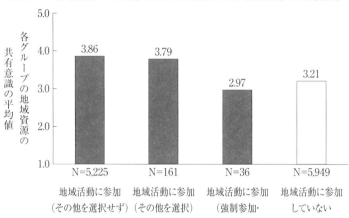

図9-2 地域活動への参加のきっかけ別にみた地域資源の共有意識

共有意識は、地域活動に参加している人の中では非常に低く、地域活動に参加していない人の地域資源の共有意識よりも低いことが分かる（図9-2）。

強制参加・いやいや参加と思われる人のサンプル数は36人と非常に少ないため、この結果の解釈には留意が必要かもしれない。しかし、この傾向を踏まえると、地域活動に参加していても、地域のしがらみや人間関係によって参加せざるをえない人の地域資源の共有意識は、自発的に参加している人よりも低い可能性がある。また、この傾向は、一般的な信頼についても同様であり、強制参加・いやいや参加の人は自発的に参加している人に比べて、他人に対する信頼も低くなる傾向がみられる（図9-3）。

以上の結果は、地域のしがらみや人間関係から、不本意ながらも地域活動に参加している人は、自発的に参加している人と比べてソーシャル・キャピタルは必ずしも高くはなく、地域資源の共有意識ももたない可能性があることを示唆しており、地域活動への参加が、必ずしも地域資源の共有意識を高めるわけではないことを示している。

地域活動参加者の属性分析

この点をさらに詳細に検討するため、アンケート調査のデータを用いて、

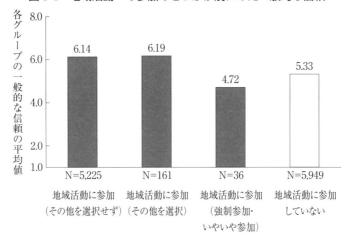

図 9-3 地域活動への参加のきっかけ別にみた一般的な信頼

 どのような属性をもつ人が地域活動に参加するのかを分析したのが、表 9-13 である。地域活動への参加は前述のとおり 5 段階の回答となっているが、ここでは、参加している場合には 1、していなければ 0 という単純な 2 値変数として、プロビットモデルによる推定を行っている。

 説明変数には、性別、年齢、学歴、就業形態、配偶者および子どもの有無、持ち家の有無、世帯年収、世帯金融資産といったその人の基本的な属性のほか、ソーシャル・キャピタルに関する変数として、他人への信頼、互酬性の意識、地域資源の共有意識の 3 つについても考慮している。なお、他人への信頼については、表 9-12 に示した他人への信頼に関する 3 つの質問の回答の単純平均を用いている。

 (1) 列は、他人への信頼、互酬性の意識、地域資源の共有意識のほか、性別と年齢のみを説明変数として考慮した場合の結果であり、(2) 列では、配偶者や子ども、持ち家の有無、学歴、就業形態や世帯収入、世帯金融資産についても考慮している。

 推定結果をみると、他人への信頼、互酬性の意識、地域資源の共有意識はすべて有意な結果となっており、その符号は正である。したがって、これらの意識の高い人ほど地域活動に参加しやすい傾向があることが分かる。また、

第9章　家庭や地域コミュニティが及ぼす影響　*231*

表9-13　推定結果（地域活動参加者の属性分析）

被説明変数	(1) 地域活動への参加	(2) 地域活動への参加
他人への信頼	0.046 (0.008)***	0.038 (0.009)***
互酬性の意識	0.068 (0.015)***	0.066 (0.015)***
地域資源の共有意識	0.728 (0.023)***	0.722 (0.023)***
女性ダミー	−0.136 (0.028)***	−0.145 (0.032)***
年齢	0.020 (0.007)***	−0.009 (0.008)
年齢（二乗）	0.000 (0.000)	0.000 (0.000)
配偶者ダミー		0.436 (0.046)***
離婚ダミー		0.180 (0.071)**
死別ダミー		0.369 (0.108)***
子どもダミー		0.224 (0.038)***
持ち家ダミー		0.423 (0.033)***
学歴ダミー		
高卒未満		0.176 (0.095)*
専門学校卒		−0.128 (0.051)**
短大・高専卒		−0.039 (0.050)
大卒以上		−0.036 (0.033)
就業形態ダミー		
就業なし（学生・主婦・主夫など）		−0.065 (0.034)*
自営業主		0.231 (0.053)***
自由業者		0.021 (0.082)
家族従業者		0.306 (0.138)**
在宅就労・内職		−0.099 (0.121)
委託労働・請負		0.094 (0.120)
世帯年収ダミー		
400万円未満		0.058 (0.036)
600万円以上1,000万円未満		0.010 (0.038)
1,000万円以上		−0.172 (0.051)***
世帯金融資産ダミー		
400万円未満		−0.157 (0.044)***
600万円以上1,000万円未満		0.060 (0.051)
1,000万円以上		−0.033 (0.047)
pseudo R^2	0.172	0.213
N	11,263	11,263

注：（　）内は、不均一分散に対して頑健な標準誤差。
　　***、**、*は、それぞれ1％、5％、10％水準で有意であることを示す。

結婚することや子どもができること、持ち家を所有することは、地域活動に参加する可能性を高めている。学歴については、高卒未満の場合に有意に正、専門学校卒の場合に負となっており、教育水準を高めることが必ずしも地域活動への参加に対して正の効果をもっていない。また、就業形態については、自営業主、家族従業者については有意に正となっている。これらの業種では地域とのつきあいや関わりが他の職業よりも強いため、このような結果につながっていると考えられる。世帯年収については、1,000万円以上の場合に有意に負、世帯金融資産については400万円未満の場合に有意に負となっている。つまり、所得があまりに高いと地域活動には参加しなくなる傾向があるし、資産的な余裕がなくても地域活動には参加しないことが分かる。

ソーシャル・キャピタルが地域活動への参加に与える影響の大きさ

　最後に、この結果を用いて、他人への信頼、互酬性の意識、地域資源の共有意識を高めることの重要性を考えてみたい。プロビットモデルでは、説明変数が変化した場合に、被説明変数が1になる確率がどのくらい変化するか（限界効果）を計算することにより、それぞれの要因の影響の大きさを比較することができる。

　表9-13の結果が示すように、結婚をして配偶者をもつ、子どもをもつといったライフイベントは、地域活動への参加を高めるきっかけとなる。そこで、表9-14のような2つのケースを想定し、それぞれについて、他人への信頼、互酬性の意識、地域資源の共有意識の変化が地域活動への参加に与える影響と、家族構成などの変化による影響とを比較した。ケース1は大学を卒業して企業に勤める一人暮らしの女性を想定している。ソーシャル・キャピタルについては平均よりも若干高い。ケース2は高校卒業後、家業を継いで自営業を営む未婚の男性を想定している。両親と同じ家に住んでいて、ソーシャル・キャピタルについては平均よりも若干低い。この比較から、他人への信頼、互酬性の意識、地域資源の共有意識の影響の大きさを考えてみよう。

　2つのケースそれぞれについて、他人への信頼、互酬性の意識、地域資源の共有意識が変化した場合と、結婚や子どもをもつといった家族構成への変化

第 9 章　家庭や地域コミュニティが及ぼす影響　*233*

表 9-14　限界効果の比較において想定するケース

	ケース 1	ケース 2
性別	女性	男性
年齢	30 歳	40 歳
学歴	大学卒	高校卒
配偶者	なし	なし
子ども	なし	なし
持ち家	なし	あり
職業形態	勤め人	自営業主
世帯年収	400 万円以上 600 万円未満	600 万円以上 1,000 万円未満
世帯金融資産	400 万円未満	600 万円以上 1,000 万円未満
他人への信頼	7	5
互酬性の意識	4	3
地域資源の共有意識	4	3

表 9-15　限界効果の比較

	ケース 1	ケース 2
他人への信頼	0.012 (0.003)***	0.013 (0.003)***
互酬性の意識	0.021 (0.005)***	0.023 (0.005)***
地域資源の共有意識	0.230 (0.012)***	0.250 (0.012)***
結婚	0.139 (0.014)***	0.151 (0.016)***
子ども	0.071 (0.013)***	0.078 (0.014)***

注：（　）内は標準誤差。
　　***、**、*はそれぞれ 1 %、5 %、10%水準で有意であることを示す。

があった場合の地域活動への参加に対する限界効果を比較した結果が表 9-15 に示されている。

　ケース 1 では、他人への信頼の指標を 7→8 に変化させることの限界効果は 0.012 であり、互酬性の意識の指標を 4→5 に変化させることの限界効果は 0.021 である。地域資源の共有意識の限界効果はこれらに比べて大きく、地域資源の共有意識を 4→5 に変化させることの限界効果は 0.230 である。つまり、地域資源の共有意識の指標を 1 変化させることの影響は、互酬性の意識の指標を 1 変化させることの 10 倍以上もの影響がある。この傾向はケース 2 の場合でも同様である。

また、ケース 1 では、結婚することの限界効果は 0.139 であり、子どもを
もつことの限界効果は 0.071 となっている。地域資源の共有意識の指標を高
めることの難しさを評価することは容易ではないが、単純に比較すると、地
域資源の共有意識の指標が 4→5 に高まることの限界効果は 0.230 であり、
結婚して子どもをもつことの限界効果（0.139＋0.071＝0.210）よりも大きい。
ケース 2 も同様であり、地域資源の共有意識の指標が 3→4 に高まることの
限界効果（0.250）は、結婚して子どもをもつことの限界効果（0.151＋0.078＝
0.229）よりも大きくなっている。このため、地域資源の共有意識の指標を高
めることの影響は、かなり大きなものであると考えられる。

　このように、地域資源の共有意識は、結婚や子どもをもつといった地域と
の関わりを深めるきっかけともなるライフイベントとも比較しうるような影
響がある。こうした結果からも、子どもの頃の家庭内教育・経験を通じて、
世代間でのソーシャル・キャピタルの継承を進めることは、地域活動の豊か
さを高めていくうえでも重要な取組みと言えるのではないだろうか。

第*10*章

豊かで持続可能な地域社会に向けて

1. ソーシャル・キャピタルの役割

第1章の冒頭で触れた2つの島の話を思い出してみよう。人口や経済規模、社会インフラなどは同じ水準にあり、唯一、ソーシャル・キャピタルが異なる2つの島の話である。

A島では、住民は互いに信頼し合っており、島外の人のことも基本的に信頼できると考えている。島内での経済活動では、信頼が重要な役割を果たしており、取引に際して相手をしつこくチェックする必要はない。住民同士のネットワークは豊かで、人々は道路や公園、文化施設など公共空間の清掃活動にも参加するし、コミュニティの問題にも自発的に関わってともに解決策を考える。エリアマネジメント活動も活発である。困ったときには知らない人同士でも助け合い、互いに新しいアイディアを交換したりもする。

一方、B島の住民は「人をみたら泥棒と思え」というスタンスで生きている。基本的には他人を信頼していないし、他人と協調的に行動することもめったにない。ビジネスでは、取引相手が信頼のおける人物かどうかを入念にチェックするし、経営者は社員がきちんと働いているかどうかを小まめに監視しなければならない。島内で清掃活動を行う必要があっても、多くの人は自分以外の誰かがやればよいと考えるため、参加者はほとんどいない。街中

に不審者があらわれるようになって、交替で見回りをしようという提案があっても、みんな後ろ向きである。自分が今日参加しても、ほかの人が明日参加するという保証はないからだ。人と人とのネットワークも限られていて、知人には親切にすることはあっても、見知らぬ人には冷淡であり、何かよい知恵があってもそれを人と共有することはない。

　第1章では昔話として紹介したが、この2つの島の歴史が、ソーシャル・キャピタル以外は同じ条件で、今スタートすると考えてみよう。この2つの島の将来を考えたとき、どちらの島がより経済的に豊かになっているだろうか。これが本書で明らかにしようとした1つ目の課題であった。そして、第3章、第4章の分析結果を踏まえると、豊かになっているのはおそらくA島である。また、地域の住環境がより良くなっているのはA島、B島のどちらだろうか。これもきっとA島だろう。では、どちらの島がより暮らしやすくて幸福に生きられる豊かな社会になるだろうか。本書ではそこまで分析できていないが、B島がその答えになることはなさそうだ。

　このように、ソーシャル・キャピタルの有無は、地域の将来に大きな影響を及ぼす可能性をもっている。そして、地域が豊かになるためには、住民のソーシャル・キャピタルを高めることが重要になるのである。

ソーシャル・キャピタルを豊かにするために

　では、ソーシャル・キャピタルを豊かにするためには、具体的に何をすればよいのだろうか。これが本書で明らかにしようとした2つ目の課題であった。第6章から第9章の分析は、この問いに対する答えを探すためのものだ。第6章では、個人のソーシャル・キャピタルがどのような要因によって影響されているかを分析した。個人のソーシャル・キャピタルは年齢や職業、教育といった様々な要因に影響されるが、政策面から考えた場合、特に重要なのは、教育と所得である。教育を通じて個人の人的資本を高め（それによって所得も高め）つつ、人との信頼関係や互酬性の規範、人と人とのネットワークといったものの重要性が広く認識されるようにしていく。これは、個人のソーシャル・キャピタルを高めるための重要な取組みである。

ただし、その効果がすぐにあらわれることはないかもしれない。なぜなら、ソーシャル・キャピタルの形成には親からの継承が影響しており、子どもの頃に家庭内でどのような教育や経験を得て育ったのかに影響されるからである。また、地域全体のソーシャル・キャピタルが低ければ、個人のソーシャル・キャピタルの形成の促進を阻害する可能性がある。ソーシャル・キャピタルには外部効果があるからである。これらは第7章から第9章までの分析で明らかになったことである。

そうなると、ソーシャル・キャピタルを豊かにするには、親から子へ、子から孫へと継承されることを前提に、各世代のソーシャル・キャピタルがより高まっていくような取組みをしなければならない。そして、せっかく継承されてきたものが、ある世代で断絶してしまわないように配慮しなければならない。つまり、地域のソーシャル・キャピタルを豊かにするというのは、何世代も先の将来を見据えて、時間をかけて取り組まなければならないことなのである。

将来世代を考えた意思決定

ここで、B島を取り巻く経済社会の状況について想像してみよう。

B島では、これまでの社会インフラの整備のために借り入れた多額の借金が残っており、その借金を返済しなければならない。さらに、今後、高齢者への社会福祉や年金などのための支出が増えることも分かっている。このため、新たな取組みにお金を使うことにはみんな慎重だ。こうした状況では、みんなから集めた税金の使い道を考える際にも「すぐに効果の出ないものに投資をするなんてナンセンスだ」「貴重な資金を使うなら、すぐに効果があらわれるものを優先すべきだ」という議論が、当然ながら出てくるかもしれない。

では、ソーシャル・キャピタルを豊かにするための投資は無駄なのであろうか。家庭内教育や学校教育への支援、エリアマネジメントなどの住民活動へのサポートなど、将来的にソーシャル・キャピタルを豊かにするための取組みは、経済社会の状況が好転して余裕が出てきてから始めればよいのだろ

うか。それはそれで1つの考え方であり、判断である。しかし、今、行動を起こさなければ、経済社会状況が好転し始めたときにソーシャル・キャピタルが豊かになっていることは、おそらくないだろう。もしかすると、将来はもっと悪化しているかもしれない。

　第7章、第9章で用いたアンケート調査には、「子どもや孫などの将来世代が、現在自分たちが享受している生活水準や公共サービスを維持するためには、多少なりとも自分たちの負担が増えることは仕方がない」という考えに、どのくらい同意するかを尋ねる質問を用意している。この質問に「同意する」もしくは「どちらかと言えば同意する」と回答した人は全体の57.2%（「同意する」15.2% ＋「どちらかと言えば同意する」42.0%）だ。そして、興味深いことに、他人を信頼すると回答した人、互酬性の意識の高い人ほど「同意する」と回答している（表10-1, 表10-2）。つまり、ソーシャル・キャピタルが高い人ほど、将来世代に対して、その負担を減らすために自分の何かを犠牲にしてもよいという意識をもっている。筆者はこの質問を「将来世代への互酬性・利他性の意識」を問う質問と捉えている。ソーシャル・キャピタルの乏しい社会は、将来世代への互酬性・利他性の意識も低い。そして、このことは、ソーシャル・キャピタルの乏しいB島では、「貴重な資金を投資して、将来世代のソーシャル・キャピタルを豊かにしよう」という意思決定が行われにくいことを示唆している。そうなると、B島ではソーシャル・キャピタルが豊かになる可能性は極めて低そうだ。

　このB島の例は極端すぎるかもしれない。わが国ではこのようなことは現実にはない（と筆者は思っている）。おそらく、ほとんどの地域がA島の状況に近いだろう。ただし、A島の状況にどれだけ近いかは地域によって差がありそうだ。もっとも、現状では、その差がどうなっているかを示すデータもないが。

　しかし、何もせずに放っておくと、世代を経るにつれてB島の状況に近づいていく可能性はある。そして、仮にB島のような状況に陥ったとき、そこから抜け出すのは容易ではない。人は子どもの頃に親から「人をみたら泥棒と思え」という家庭内教育を受けており、周囲の人々のソーシャル・キャピ

表 10-1 一般的な信頼と将来世代への互酬性・利他性

問 一般的に言って、ほとんどの人は信頼できると考えますか、それとも人と接するには用心するに越したことはないと思いますか

問		←大半の人は信頼できる				極めて注意深く接する必要がある→					合計
		1	2	3	4	5	6	7	8	9	10	
子どもや孫などの将来世代が、現在自分たちが享受している生活水準や公共サービスを維持するためには、多少なりとも自分たちの負担が増えることは仕方がない	1:同意する	103 (6.0)	133 (7.7)	273 (15.8)	280 (16.2)	372 (21.6)	237 (13.7)	159 (9.2)	104 (6.0)	16 (0.9)	49 (2.8)	1,726 (100.0)
	2:どちらかと言えば同意する	72 (1.5)	206 (4.3)	717 (15.0)	1,101 (23.1)	1,102 (23.1)	648 (13.6)	529 (11.1)	284 (6.0)	62 (1.3)	50 (1.1)	4,771 (100.0)
	3:どちらとも言えない	36 (0.9)	46 (1.2)	231 (5.9)	512 (13.0)	1,191 (30.2)	905 (23.0)	570 (14.5)	288 (7.3)	61 (1.6)	103 (2.6)	3,943 (100.0)
	4:どちらかと言えば同意しない	4 (0.8)	10 (2.0)	26 (5.2)	59 (11.9)	83 (16.7)	69 (13.9)	113 (22.7)	71 (14.3)	25 (5.0)	37 (7.4)	497 (100.0)
	5:同意しない	2 (0.5)	1 (0.2)	11 (2.5)	17 (3.9)	86 (19.8)	59 (13.6)	41 (9.5)	50 (11.5)	39 (9.0)	128 (29.5)	434 (100.0)
	合計	217 (1.9)	396 (3.5)	1,258 (11.1)	1,969 (17.3)	2,834 (24.9)	1,918 (16.9)	1,412 (12.4)	797 (7.0)	203 (1.8)	367 (3.2)	11,371 (100.0)

注：分布割合が最も高いところを■、二番目に高いところを□としている。

タルも低いため、ソーシャル・キャピタルが高まる要因がほとんどないからである。また、将来世代への互酬性・利他性の意識も高まらないため、世代をまたがって負担が及ぶ財政赤字や社会インフラの維持・管理といった長期的な課題は解決されずに積み残されてしまう。将来世代の負担を減らしたり将来世代が享受できるサービス水準を維持したりするために必要となる取組み、特に現在世代にとって何らかの負担を伴う政策は、過半数の賛同を得られにくいためである。そして、そのような社会では、将来世代のソーシャル・キャピタルを高めるための投資についても理解が得られることはないだろう。このような社会に持続可能性はあるだろうか。仮に、経済状況が好転してこれらの問題が解決されることになっても、そのような社会は決して豊かな社会とは言えないのではないだろうか。

表10-2　互酬性の意識と将来世代への互酬性・利他性

問　あなたは、以下のような考えについてどのくらい同意しますか「人を助ければ、今度は自分が困ったときに誰かが助けてくれる」

問　子どもや孫などの将来世代が、現在自分たちが享受している生活水準や公共サービスを維持するためには、多少なりとも自分たちの負担が増えることは仕方がない		1:同意する	2:どちらかと言えば同意する	3:どちらとも言えない	4:どちらかと言えば同意しない	5:同意しない	合計
	1：同意する	1270 (73.6)	261 (15.1)	145 (8.4)	22 (1.3)	28 (1.6)	1,726 (100.0)
	2：どちらかと言えば同意する	455 (9.5)	3,084 (64.6)	987 (20.7)	174 (3.7)	71 (1.5)	4,771 (100.0)
	3：どちらとも言えない	150 (3.8)	856 (21.7)	2,710 (68.7)	151 (3.8)	76 (1.9)	3,943 (100.0)
	4：どちらかと言えば同意しない	33 (6.6)	126 (25.4)	153 (30.8)	150 (30.2)	35 (7.0)	497 (100.0)
	5：同意しない	26 (6.0)	29 (6.7)	50 (11.5)	22 (5.1)	307 (70.7)	434 (100.0)
	合計	1,934 (17.0)	4,356 (38.3)	4,045 (35.6)	519 (4.6)	517 (4.6)	11,371 (100.0)

注：分布割合が最も高いところを■、二番目に高いところを□としている。

　豊かで持続可能な地域社会を目指すには、今、まだ多少なりとも余力のあるうちに、将来を見据えた判断をし、行動に移すことが必要である。自分たちの立ち位置を見極め、将来の豊かさの実現を目標に据えて、長期的な視点からソーシャル・キャピタルを豊かにするための取組みを、着実に進めていくべきではないだろうか。

2.　政策的インプリケーション
——ソーシャル・キャピタルを豊かにするために

　では、ソーシャル・キャピタルを豊かにするために、これから何をすべきであろうか。ここでは、①現在世代への対応、②将来世代への対応、③地域のステークホルダーとの連携、④社会の流動化・多様化という４つの視点から、各章で得られたインプリケーションをもう一度整理してみたい。

現在世代への対応——静学的視点

　第6章では、年齢、教育、所得といったそれぞれの個人属性に関わる要因がその人のソーシャル・キャピタルの形成に影響していることを明らかにした。ただし、ソーシャル・キャピタルの側面によって、それぞれの要因からの影響の受け方は異なっている。例えば、個人的ネットワークや社会的ネットワーク・サポートという側面に対しては、持ち家があることなど、地域とのつながりの強さが影響している。また、市民参加や信頼と協調の規範については、教育が重要な役割を果たしている。一方、地域の経済・社会的要因からの影響も側面ごとに異なっている。都市化の進展は、個人的ネットワークや社会的ネットワーク・サポートといった側面に対しては負の影響を与える。しかし、信頼と協調の規範については、そうした影響が確認されない。

　以上は、ソーシャル・キャピタルのどの側面を伸ばそうとするかによってとるべき政策は異なることを示している。つまり、地域のソーシャル・キャピタルを豊かにするには、まず地域の現状と特徴を適切に把握し、それを踏まえて効果的な政策を選択することが必要なのである。例えば、個人的ネットワークを豊かにするなら、地域への定住性を高めるような政策（持ち家取得の支援など）や都市化の進展の適切なコントロールなどの対応が有効であると考えられる。信頼と協調の規範を高めるのであれば、教育支援の充実（低所得者層への高等教育進学支援など）が有効な政策となるだろう。どのような政策をどう組み合わせるかは、地域の現状によって変わってくるのである。

将来世代への対応——動学的視点

　本書での分析は、以上のような「現在」のソーシャル・キャピタルを豊かにするための政策に加えて、ソーシャル・キャピタルの継承という動学的な視点からの取組みも必要であることを示している。第8章から分かるように、個人のソーシャル・キャピタルは親から継承されており、家族内での継承・共有が、その形成に重要な役割を果たしている。ならば、今を生きている人への働きかけを通じて、将来生まれてくる人のソーシャル・キャピタルを豊かにするという長期的な視点ももたなければならない。

一方で、ソーシャル・キャピタルが親から継承されるという事実は、現在のソーシャル・キャピタルが、過去の経緯によってある程度決まっていることも意味する。したがって、今すぐ現状を劇的に変えることは難しい。ソーシャル・キャピタルの豊かな社会を作り上げるには、今を生きている人のソーシャル・キャピタルを高める取組みと、そのソーシャル・キャピタルを次世代に継承するための取組みのコンビネーションが求められる。

　第9章の結果は、子どもの家庭内での教育・経験が重要であることを示しており、ソーシャル・キャピタルの重要性を子どもの頃から家庭内において学ぶことで、より高いソーシャル・キャピタルが形成される可能性がある。このため、ソーシャル・キャピタルに関する家庭内での教育・経験の重要性を親の側に認識してもらうことは、次世代のソーシャル・キャピタルを高めることに寄与するはずである。これは、親に対するソーシャル・キャピタルの教育であり、間接的に子どもへの効果をもつ取組みと言える。また、親子で地域活動に参加することが、子どもの成長後の地域活動への参加に影響してくる。このため、親子で地域活動に参加するよう促す取組み（親子で参加できるような活動内容やイベントの工夫、親子での参加に対する財政的な支援など）は、次世代が地域活動に参加する機会を高めることにつながる。前述のようなエリアマネジメント活動への支援の中に、このような視点を盛り込めば、地域のソーシャル・キャピタルの形成により大きな効果が期待できるだろう。

　こうした取組みの効果が、今すぐにあらわれることは少ないかもしれない。しかし、次世代のソーシャル・キャピタルを豊かにするためには極めて重要であり、そして、今から行動しなければ決して将来を変えられないのである。

地域のステークホルダーとの連携

　地域の行政機関が以上のような取組みを進めるには、当然ながら地域内での目的の共有と連携が重要になる。子どもが地域活動と関わりをもつ機会を増やすには、地域活動を担う団体との連携が不可欠である。また、本書では十分に分析できていないが、学校など教育機関との連携も有効だろう[1]。このように、動学的な視点からソーシャル・キャピタルの形成・継承を進めて

いくためには、地域の自治会やNPOをはじめとする多様なステークホルダーとの連携が必要であり、地域を挙げての目的の共有と協力が重要となる。

また、第9章の結果が示すように、ソーシャル・キャピタルには外部効果があり、地域コミュニティのソーシャル・キャピタルの豊かさは個人のソーシャル・キャピタルの形成に正の影響をもたらす。このため、第4章で考察したエリアマネジメント活動のような取組みを支援することは、個人のソーシャル・キャピタルの形成にも寄与する可能性がある。エリアマネジメント活動は、住民などを主体とする活動であるため、活動をマネジメントするノウハウの不足、基礎となる活動資金の問題、活動の拠点とする場の確保など人材面・資金面・運営面での様々な課題がある。行政がこうした課題に対して支援することは、地域のソーシャル・キャピタルの形成にも寄与すると考えられる。

社会の流動化・多様化

さらに第9章は、ある地域で得た家庭内教育・経験は、その人が他の地域に移動してもその人のソーシャル・キャピタルの形成に影響することを示唆している。したがって、ある地域で形成・継承されたソーシャル・キャピタルは、人の移動を通じて多地域に波及的な効果をもたらす可能性をもつ。すなわち、交通インフラの整備や価値観の多様化によって人の流動性が高まっている現代社会は、ソーシャル・キャピタルの地域間伝播とも言える効果がより生じやすい状況にある。

一般に、他地域への外部効果をもつ財・サービスの提供を各自治体がそれぞれの自治体への便益のみを考えて判断した場合、全体的な便益を最大にする水準よりも過少となることが知られている。その場合には、国が補助を行い、望ましい水準にまで財・サービスの供給量を引き上げることが望ましい。ソーシャル・キャピタルの形成・継承を促すための各地域での取組みが他地

1） 露口（編）（2016）ではソーシャル・キャピタルの形成における学校の役割やソーシャル・キャピタルの教育に対する効果などに関する様々な実証分析の結果がまとめられている。ソーシャル・キャピタルと教育の関係に関心をもつ読者は参照されたい。

域への波及効果をもつのであれば、各地域での取組みが全体の中で望ましい水準になるよう、国が各自治体を支援することも有効であろう。

また、今後の地域間での人口移動を考えると、従来のような地方から大都市への流入が依然として続く一方で、地方への回帰も活発化する可能性がある。二地域居住のように、複数の地域を拠点として生活するというライフスタイルも一般化していくだろう。さらには、国際化の進展により、海外との人の移動もこれまで以上に活発化すると予想される。このような社会の流動化・多様化の潮流も、ソーシャル・キャピタルの形成・継承を、一自治体の範囲を越えたより広域的な視点で考えることの意義を高めるだろう。

3. さらなるエビデンス・ベースでの議論に向けて
——制度・政策の基盤整備

最後に、政策立案の基盤となる情報インフラの整備についても提言したい。本書で繰り返し主張してきたように、ソーシャル・キャピタルに関する政策についても、エビデンスに基づいて合理的に議論するための情報基盤づくりが重要である。そして、そのためには行政機関・研究機関の連携やエビデンスを提示するための体制・枠組みの構築が求められる。

定量的計測に向けての枠組みづくり——国、地方、研究機関などとの連携

第2章で述べたように、わが国にはソーシャル・キャピタルの把握を目的とする公的な統計はない。しかし、OECDや英国の例にみられるように、ソーシャル・キャピタルを定量的に測定することは、幸福度といったGDPだけでは測れない豊かさを把握することにも関連しており、その取組みを進めることの意義は十分にある。また、ソーシャル・キャピタルを政策的に考えるためには、まず現状を適切に把握することが不可欠であり、政策の効果を適切に評価するためにも、その定量的な計測方法を具体化していくことが必要である。

国レベルで考えた場合、新たにソーシャル・キャピタルを計測するための

公的な統計調査を立ち上げることは、現実的には難しいだろう。しかし、英国のように、既存の統計調査の中から関連する質問項目を抽出し、それをもとに現状を計測することも1つの方法である。もし、既存統計では把握できない側面や要素があれば、関連の深い既存の統計調査の中に必要な質問を追加することも可能だと思われる。

　また、ソーシャル・キャピタルの計測のためのスタンダードな質問例を、政府や公的研究機関などが整理することも重要である。第5章で用いたような質問項目を叩き台として検討を深め、標準的な質問リストを提示する。そして、地方公共団体や民間調査機関などがソーシャル・キャピタルに関するアンケート調査を行う際、それを活用してもらうようにすれば、比較可能なデータが蓄積されることになる。また、その調査データを共有・活用することで、より広範囲な地域を対象としたソーシャル・キャピタルの計測や地域間比較ができるようになるだろう。

　さらに、このようにしてデータが蓄積されれば、ソーシャル・キャピタルを定量化する方法についてもより詳細な分析・検討が行えるようになり、また計測・把握のための枠組みづくりについての議論も深まっていくと期待される。

関連指標の定量化

　第4章で行った地域活動の効果に関する分析は、地域のまちづくり活動に実際に携わっている方々から、「自分たちが取り組んでいることの意義を数値で示すことができないか」「そのために経済学的な手法を用いて何らかの検証をすることができないか」という要望をいただき、それを踏まえて進めたものである。活動の質や活動量の定量化という点ではさらなる検討の余地があるものの、まずは定量化を試みたことで、その効果についての分析が可能となったのであり、数値で「みえる化」できたことの意義は決して小さくはないと思われる。

　このように、計測が難しい、定量化に馴染まないと思われるものでも、何らかの形で定量化を試み、それを計量的な手法を用いて分析することには意

義がある。最初はその精度が十分でなくても、まずはデータをもとにした議論を始めることが重要である。また、そうした取組みを続けていくことでデータが蓄積されていけば、エビデンス・ベースでの政策立案にもつながっていくと期待できる。

ソーシャル・キャピタルに限らず、幸福度や心の豊かさなど近年注目されている指標の多くは、客観的に定量化することが難しい。しかし、そうであるからこそ新しく挑戦する意義があるし、エビデンス・ベースでの議論をこれからの政策立案の中核とするためには、これらを定量化する試みがより重要となるだろう[2]。今後、ソーシャル・キャピタル以外の定量的計測の取組みも踏まえて、そうした指標とソーシャル・キャピタルとの関係についても様々な検証を進めていくことが、さらなるエビデンス・ベースでの議論に向けて有益であると考えられる。

パネル・データ構築の重要性

本書で用いたデータのほとんどは、ある一時点のデータ（クロスセクション・データ）である。ソーシャル・キャピタルを把握するには、その人のもつ価値観や人とのつながりを把握する必要があり、一時点のデータを収集するだけでも相当なコストがかかる。しかし、個人の複数時点のデータを集めたパネル・データがあれば、因果関係の把握もより容易になるし、その個人が生まれながらにもち、時間を通じて変わらないような要因を考慮した分析を行うことも可能になる。また、時系列での比較により、ソーシャル・キャピタルは人生の中で大きく変化するのかどうか、もし変化するならば、いかなる要因でどのように変化するのかを、より精緻に把握・分析することができる。

2） 科学技術振興機構社会技術開発研究センター（JST-RISTEX）の「持続可能な多世代共創社会のデザイン」研究開発領域において進められている研究開発プロジェクト「地域の幸福の多面的側面の測定と持続可能な多世代共創社会に向けての実践的フィードバック」（研究代表者：京都大学こころの未来研究センター准教授　内田由紀子、研究開発期間：平成27年10月〜平成32年3月）では、地域の幸福度を定量的に計測するための手法の検討などが行われている。

このような個人を対象としたパネル・データの構築は、海外では積極的に進められており、わが国でも厚生労働省が2001年より実施している「21世紀出生児縦断調査」、慶應義塾大学が進めている「日本家計パネル調査（JHPS）」、独立行政法人経済産業研究所と一橋大学、東京大学が協力して実施している「くらしと健康の調査（JSTAR）」などがある[3]。しかし、ソーシャル・キャピタルを把握するという点では必ずしも多様な質問項目が盛り込まれているわけではない。また、世代間でのソーシャル・キャピタルの継承を考えた場合、より質の高い分析を行うには、親と子の両方を対象としたパネル・データが必要になる。

　もちろん、個人を対象とし、長期にわたってその人を追跡する調査を大規模に行うには多大な費用と労力がかかり、追跡される個人の側の協力も必要となるため、こうした調査の実施は容易ではない。それでも、エビデンス・ベースでの議論を深めるためには、ソーシャル・キャピタルの計測や分析を念頭に置いたパネル・データを構築し、その分析を進めていくことが求められるのである。

政策効果の測定

　データの整備・蓄積に続くステップとして、単にデータを活用するだけでなく、施策の効果をより正確に把握することが必要となる。

　そして、そのための有効な分析手法として注目されているのが、ランダム化比較試験（Randomized Controlled Trial）と呼ばれる方法である（家子ほか2016）。これは自然科学の分野でよく用いられる手法であり、新薬の効果測定において、新薬を投与する処置群（Treatment Group）と効果のない偽薬を投与する対照群（Control Group）とにランダムに被験者を分け、両グループの差を調べるものである。この方法は、職業訓練や特別の教育プログラムの効果の検証など政策的な分野にも活用することができるが、現在のところ、わが

3）　海外や国内においてどのようなパネル調査が行われているかについては、内閣府2011年度調査『日本におけるパネルデータの整備に関する調査報告書』において詳しく紹介されている。

国の政策的な分野で、ランダム化比較試験の手法を用いた事例は少ない。

　今後、こうした手法を活用することが政策の企画・立案において1つの潮流になってくるであろう。それはソーシャル・キャピタルを政策的に考える場合にも同様である。例えば、家族での地域参加を支援するという施策の効果をより正確に把握するには、対象となる世帯（親子）をランダムに選んで施策を実施し、処置群と対照群それぞれのグループで、子どものソーシャル・キャピタルに将来どのような違いが出るかを比較するといったアプローチも考えうる。また、エリアマネジメント活動に対する政策的支援も、数多くのエリアマネジメント活動からランダムに対象を選び、処置群と対照群に分けて比較するということも政策効果を正確に把握するための1つの方法かもしれない。現実には、このような実験を行うことは簡単ではないが、エビデンスに基づいたソーシャル・キャピタル政策のためには、こうした分析方法の活用も含め、より質の高い分析方法を活用していくことが重要になると考えられる。

　以上のように、ソーシャル・キャピタルをエビデンス・ベースで議論するためには、引き続き挑戦していくべき課題も残されている。また、ソーシャル・キャピタルの形成は一朝一夕になしうるものではなく、そのための取組みはすぐに効果のあらわれるものでもない。しかし、だからといって何の対応もしなければ、ソーシャル・キャピタルの豊かな地域社会を構築することはできず、こうした努力を続けるかどうかは着実に将来世代の豊かさに影響を与えるはずである。

　豊かで持続可能な地域社会の実現のためには、今、ソーシャル・キャピタルを政策的に考えて、その形成に取り組んでいかなければならない。これが本書のメッセージである。

参考文献

Adriani, F., and Sonderegger, S. (2009). Why Do Parents Socialize their Children to Behave Pro-socially? An Information-based Theory. *Journal of Public Economics*, 93 (11), 1119-1124.

Akçomak, İ. S., and ter Weel, B. (2009). Social Capital, Innovation and Growth: Evidence from Europe. *European Economic Review*, 53 (5), 544-567.

Alesina, A., and La Ferrara, E. (2002). Who Trusts Others? *Journal of Public Economics*, 85 (2), 207-234.

Algan, Y., and Cahuc, P. (2010). Inherited Trust and Growth. *The American Economic Review*, 100 (5), 2060-2092.

Arrow, K. J. (1999). Observation on Social Capital. In: Dasgupta, P. and Serageldin, P. (eds.) *Social Capital: A Multifaceted Perspective*, Washington, D. C.: World Bank.

Barro, R. J. (1991). Economic Growth in a Cross Section of Countries. *The Quarterly Journal of Economics*. 106 (2), 407-443.

Barro, R. J., and Sala-i-Martin, X. (1995). *Economic Growth*. New York; Tokyo: McGraw-Hill. (大住圭介訳『内生の経済成長論』九州大学出版会，1997，1998)

Benjamin, D. J., Cesarini, D., van der Loos, M. J. H. M., Dawes, C. T., Koellinger, P. D., Magnusson, P. K. E., Chabris, C. F., Conley, D., Laibson, D., Johannesson, M., and Visscher, P. M. (2012). The Genetic Architecture of Economic and Political Preferences. *Proceedings of the National Academy of Sciences of the United States of America*, 109 (21), 8026-8031.

Beugelsdijk, S., and Smulders, S. (2003). Bridging and Bonding Social Capital: Which Type is Good for Economic Growth? In: Arts, W., Hagenaars, J. and Halman, L. (eds.) *The Cultural Diversity of European Unity: Findings, Explanations and Reflections from the European Values Study*, Leiden: Brill, 275-310.

Beugelsdijk, S., and van Schaik, T. (2005). Social Capital and Growth in European Regions: An Empirical Test. *European Journal of Political Economy*, 21 (2), 301-324.

Bisin, A., and Verdier, T. (2000). Beyond the Melting Pot: Cultural Transmission, Marriage, and the Evolution of Ethnic and Religious Traits. *The Quarterly Journal of Economics*, 115 (3), 955-988.

Bisin, A., and Verdier, T. (2010). The Economics of Cultural Transmission and Socialization. In: Benhabib, J., Bisin, A., and Matthew, O. J. (eds.) *Handbook of Social Economics*, Vol.1A, Amsterdam; Tokyo: North-Holland.

Bjørnskov, C. (2006). Determinants of Generalized Trust: A Cross-country Comparison. *Public Choice*, 130, 1-21.

Boggs, C. (2001). Social Capital and Political Fantasy: Robert Putnam's Bowling Alone. *Theory and Society*, 30 (2), 281-297.

Bourdieu, P. (1980). Le Capital Social: Notes Provisoires. *Actes de la recherche en sciences sociales*, 31, pp. 2-3.（福井憲彦訳「「社会資本」とは何か―暫定ノート」福井憲彦・山本哲士編『actes』No. 1, 日本エディタースクール出版部, 1986）

Brown, E., and Ferris, J. M. (2007). Social Capital and Philanthropy: An Analysis of the Impact of Social Capital on Individual Giving and Volunteering. *Nonprofit and Voluntary Sector Quarterly*, 36 (1), 85-99.

Coleman, J. (1990). *Foundations of Social Theory*, Cambridge, Mass.: Belknap Press of Harvard University Press.（久慈利武訳『社会理論の基礎　上、下』青木書店, 2004, 2006）

Decancq, K., and Lugo, M. A. (2013). Weights in Multidimensional Indices of Wellbeing: An Overview. *Econometric Reviews*, 32 (1), 7-34.

Dincer, O. C., and Uslaner, E. M. (2010). Trust and Growth. *Public Choice*, 142 (1/2), 59-67.

DiPasquale, D., and Glaeser, E. L. (1999). Incentives and Social Capital: Are Homeowners Better Citizens? *Journal of Urban Economics*, 45 (2), 354-384.

Dohmen, T., Falk, A., Huffman, D., and Sunde, U. (2012). The Intergenerational Transmission of Risk and Trust Attitudes. *The Review of Economic Studies*, 79 (2), 645-677.

Dreber, A., Apicella, C. L., Eisenberg, D. T. A., Garcia, J. R., Zamore, R. S., Lum, J. K., and Campbell, B. (2009). The 7R Polymorphism in the Dopamine Receptor D_4 Gene (DRD4) is Associated with Financial Risk Taking in Men. *Evolution and Human Behavior*, 30 (2), 85-92.

Elgar, F. J., Davis, C. G., Wohl, M. J., Trites, S. J., Zelenski, J. M., and Martin, M. S. (2011). Social Capital, Health and Life Satisfaction in 50 Countries. *Health and Place*, 17 (5), 1044-1053.

Ferragina, E. (2012). *Social Capital in Europe: A Comparative Regional Analysis*, Cheltenham: Edward Elgar.

Fukuyama, F. (1995). *Trust: The Social Virtues and the Creation of Prosperity*, New York: Free Press.（加藤寛訳『「信」無くば立たず―「歴史の終わり」後、何が繁栄の鍵を握るのか』三笠書房, 1996）

Glaeser, E. L., Laibson, D., and Sacerdote, B. (2002). An Economic Approach to Social Capital. *The Economic Journal*, 112 (483), F437-F458.

Glaeser, E. L., Liabson, D., Scheinkman, J. A., and Soutter, C. L. (2000). Measuring Trust. *The Quarterly Journal of Economics*, 115, 811-846.

Growiec, K., and Growiec, J. (2016). Bridging Social Capital and Individual Earnings: Evidence for an Inverted U. *Social Indicators Research*, 127 (2), 601-631.

Guiso, L., Zingales, L., and Sapienza, P. (2008). Alfred Marshall Lecture: Social Capital as Good Culture. *Journal of the European Economic Association*, 6 (2/3), 295-320.

Hanifan, L. J.（1916）. The Rural School Community Center. *The Annals of the American Academy of Political and Social Science*, 67（1）, 130-138.

Helliwell, J. F.（2003）. How's Life?: Combining Individual and National Variables to Explain Subjective Well-being. *Economic Modelling*, 20（2）, 331-360.

Helliwell, J. F.（2006）. Well-being, Social Capital and Public Policy: What's New? *The Economic Journal*, 116（510）, C34-C45.

Helliwell, J. F., and Putnam, R. D.（1995）. Economic Growth and Social Capital in Italy. *Eastern Economic Journal*, 21（3）, 295-307.

Helliwell, J. F., and Putnam, R. D.（2004）. The Social Context of Well-Being. *Philosophical Transactions of the Royal Society of London. Series B: Biological Sciences*, 359（1449）, 1435-1446.

Helliwell, J. F., and Putnam, R. D.（2007）. Education and Social Capital. *Eastern Economic Journal*, 33（1）, 1-19.

Helliwell, J. F., and Wang, S.（2010）. Trust and Well-being. NBER Working Paper no. 15911.

Hirschman, A.（1958）. *The Strategy of Economic Development*, New Haven: Yale University Press.（麻田四郎訳『経済発展の戦略』巌松堂出版, 1961）

Holt-Lunstad, J., Smith, T. B., Baker, M., Harris, T., and Stephenson, D.（2015）. Loneliness and Social Isolation as Risk Factors for Mortality: A Meta-analytic Review. *Perspectives on Psychological Science*, 10（2）, 227-237.

Inaba, Y.（2008）. Social Capital and Income-Wealth Gap: An Empirical Analysis on Japan. 『ノンプロフィット・レビュー』, 日本 NPO 学会機関誌／日本 NPO 学会編集委員会 編, 8（1）, 1-12.

Inaba, Y., Wada, Y., Ichida, Y., and Nishikawa, M.（2015）. Which Part of Community Social Capital is Related to Life Satisfaction and Self-rated Health? A Multilevel Analysis Based on a Nationwide Mail Survey in Japan. *Social Science & Medicine*, 142, 169-182.

Israel, S., Lerer, E., Shalev, I., Uzefovsky, F., Riebold, M., Laiba, E., Bachner-Melman, R., Maril, A., Bornstein, G., Knafo, A., and Ebstein, R. P.（2009）. The Oxytocin Receptor（OXTR）Contributes to Prosocial Fund Allocations in the Dictator Game and the Social Value Orientations Task. *Plos One*, 4（5）, e5535.

Iyer, S., Kitson, M., and Toh, B.（2005）. Social Capital, Economic Growth and Regional Development. *Regional Studies*, 39（8）, 1015-1040.

Jacobs, J.（1961）. *The Death and Life of Great American Cities*, New York: Random House.（山形浩生訳『アメリカ大都市の死と生』鹿島出版会, 2010）

Jolliffe, I. T.（2002）. *Principal Component Analysis, Second Edition*, New York: Tokyo: Springer.

Kaasa, A., and Parts, E.（2008）. Individual-level Determinants of Social Capital in Europe. *Acta Sociologica*, 51（2）, 145-168.

Kawachi, I., Kennedy, B. P., Lochner, K., and Prothrow-Stith, D.（1997）. Social Capital,

Income Inequality, and Mortality. *American Journal of Public Health*, 87 (9), 1491-1498.

Knack, S., and Keefer, P. (1997). Does Social Capital have an Economic Payoff? A Cross-Country Investigation. *The Quarterly Journal of Economics*, 112: 4, 1251-1288.

Kuhnen, C. M., and Chiao, J. Y. (2009). Genetic Determinants of Financial Risk Taking. *Plos One*, 4 (2), e4362.

La Porta, R., Lopez-de-Silanes, F., Shleifer, A., and Vishny, R. W. (1997). Trust in Large Organizations. *The American Economic Review*, 87 (2), 333-338.

Legatum Institute (2017). *The Legatum Prosperity Index 2017*. (http://prosperitysite.s3-accelerate.amazonaws.com/3515/1187/1128/Legatum_Prosperity_Index_2017.pdf 最終閲覧 2018 年 7 月 6 日)

Lin, N. (2001). *Social Capital: Theory of Social Structure and Action*, Cambridge: Cambridge University Press. (筒井淳也・石田光規・桜井政成・三輪哲・土岐智賀子訳『ソーシャル・キャピタル―社会構造と行為の理論』ミネルヴァ書房, 2008)

Milgrom, P., and Roberts, J. (1992). *Economics, Organization and Management*, Englewood Cliffs, N. J.: Prentice-Hall. (奥野正寛・伊藤秀史・今井晴雄・西村理・八木甫訳『組織の経済学』NTT 出版, 2001)

Nakagawa. M., Saito. M., and Yamaga. H. (2009). Earthquake Risks and Land Prices: Evidence from the Tokyo Metropolitan Area. *Japanese Economic Review*, 60 (2), 208-222.

Narayan, D., and Pritchett, L. (1999). Cents and Sociability: Household Income and Social Capital in Rural Tanzania. *Economic Development and Cultural Change*, 47 (4), 871-897.

Neira, I., Vázquez, E., and Portela, M. (2009). An Empirical Analysis of Social Capital and Economic Growth in Europe (1980-2000). *Social Indicators Research*, 92 (1), 111-129.

Nunn, N., and Wantchekon, L. (2011). The Slave Trade and the Origins of Mistrust in Africa. *The American Economic Review*, 101 (7), 3221-3252.

Nyqvist, F., Victor, C., Forsman, A., and Cattan, M. (2016). The Association between Social Capital and Loneliness in Different Age Groups: A Population-based Study in Western Finland." *BMC Public Health*, 16 (1), 1-8.

OECD (2015). *How's Life? 2015*. (西村美由起訳『OECD 幸福度白書 3』明石書店, 2016)

Ostrom, E., and Ahn, T. K. (2009). The Meaning of Social Capital and its Link to Collective Action. In: Svendsen, G. T. and Svendsen, G. L. H. (eds.) *Handbook of Social Capital: The Troika of Sociology, Political Science and Economics*, Cheltenham: Edward Elgar.

Putnam, R. (1993). *Making Democracy Work*. Princeton, N. J.: Princeton University Press. (河田潤一訳『哲学する民主主義―伝統と改革の市民的構造』NTT 出版, 2001)

Putnam, R. (2000). *Bowling Alone: The Collapse and Revival of American Community*,

New York, N. Y.: Simon & Schuster.（柴内康文訳『孤独なボウリング—米国コミュニティの崩壊と再生』柏書房，2006）

Sala-i-Martin, X.（1997）. I Just Run Four Million Regressions. NBER Working Paper. No. w6252.

Scrivens, K., and Smith, C.（2013）. Four Interpretations of Social Capital: An Agenda for Measurement. OECD Statistics Working Papers, 2013/06, OECD Publishing.

Shioji, E.（2001）. Public Capital and Economic Growth: A Convergence Approach. *Journal of Economic Growth*, 6（3）, 205-227.

Siegler, V.（2014a）. Measuring Social Capital. Office for National Statistics.（http://www.ons.gov.uk/ons/dcp171766_371693.pdf　最終閲覧 2018 年 7 月 6 日）

Siegler, V.（2014b）. Measuring Social Capital Consultation Response. Office for National Statistics.（http://www.ons.gov.uk/ons/about-ons/get-involved/consultations-and-user-surveys/consultations/measuring-national-well-being--measuring-social-capital-consultation-response/index.html　最終閲覧 2018 年 7 月 6 日）

Siegler, V.（2015）. Measuring National Well-Being: An Analysis of Social Capital in the UK. Office for National Statistics.（https://www.ons.gov.uk/peoplepopulationand community/wellbeing/articles/measuringnationalwellbeing/2015-01-29　最終閲覧 2018 年 7 月 6 日）

Solow, R. M.（1999）. Notes on Social Capital and Economic Performance. In: Dasgupta, P. and Serageldin, P.（eds.）*Social Capital: A Multifaceted Perspective*, Washington, D. C.: World Bank.

Stiglitz, J. E., Sen, A., and Fitoussi, J. P.（2010）. *Mismeasuring Our Lives: Why GDP Doesn't Add up: The Report by the Commission on the Measurement of Economic Performance and Social Progress*, New York: New Press.（福島清彦訳『暮らしの質を測る—経済成長率を超える幸福度指標の提案』一般社団法人金融財政事情研究会，2012）

Stolle, D.（1998）. Bowling Together, Bowling Alone: The Development of Generalized Trust in Voluntary Associations. *Political Psychology*, 19（3）, 497-525.

Tabellini, G.（2008a）. Institutions and Culture. *Journal of the European Economic Association*, 6（2-3）, 255-294.

Tabellini, G.（2008b）. The Scope of Cooperation: Values and Incentives. *The Quarterly Journal of Economics*, 123（3）, 905-950.

Taniguchi, H.（2013）. The Influence of Generalized Trust on Volunteering in Japan. *Nonprofit and Voluntary Sector Quarterly*, 42（1）, 127-147.

Uslaner, E. M.（2002）. *The Moral Foundations of Trust*, Cambridge: Cambridge University Press.

Uslaner, E. M.（2008）. Where You Stand Depends upon Where Your Grandparents Sat: The Inheritability of Generalized Trust. *Public Opinion Quarterly*, 72（4）, 725-740.

Whiteley, P.（1999）. The Origins of Social Capital. In: van Deth, J. W., Maraffi, M. Newton,

K., and Whiteley, P. F. (eds.) *Social Capital and European Democracy*, London; New York: Routledge.

Whiteley, P. F. (2000). Economic Growth and Social Capital. *Political Studies*, 48 (3), 443-466.

Yamagishi, T., and Yamagishi, M. (1994). Trust and Commitment in the United States and Japan. *Motivation and Emotion*, 18 (2), 129-166.

Yano, M. (2009). The Foundation of Market Quality Economics. *The Japanese Economic Review*, 60 (1), 1-32.

Yano, M. (2010). The 2008 World Financial Crisis and Market Quality Theory. *Asian Economic Papers*, 9 (3), 172-192.

Yano, M. (2018). From General Equilibrium Theory to Market Quality Economics. mimeo, delivered at the Conference on Institutions, Markets, and Market Quality, March 8-9, 2018, held at Kyoto University.

Yano, M., Hirota, S., Yodo, M., Kojima, D., Tabara, Y., Yamada, R., Minato, N., and Matsuda, F. (2018). Genetic Influence on the Formation of a Society. mimeo.

Zak, P. J., and Knack, S. (2001). Trust and Growth. *The Economic Journal*, 111 (470), 295-321.

Zhang, S., Anderson, S. G., and Zhan, M. (2011). The Differentiated Impact of Bridging and Bonding Social Capital on Economic Well-being: An Individual Level Perspective. *Journal of Sociology and Social Welfare*, 38 (1), 119-142.

家子直幸・小林庸平・松岡夏子・西尾真治 (2016)「エビデンスで変わる政策形成―イギリスにおける「エビデンスに基づく政策」の動向、ランダム化比較試験による実証、及び日本への示唆」三菱 UFJ リサーチ＆コンサルティング政策研究レポート.

石川達哉 (2000)「都道府県別に見た生産と民間資本および社会資本の長期的推移―純資本ストック系列による β Convergence の検証」『ニッセイ基礎研究所報』vol. 15.

和泉洋人 (1998)「地区計画策定による土地資産価値増大効果の計測」『都市住宅学』, 1998 (23), 211-220.

市田行信 (2007)「ソーシャル・キャピタル―地域の視点から」近藤克則編著『検証「健康格差社会」』第 14 章, 医学書院.

稲葉陽二 (2007)『ソーシャル・キャピタル―「信頼の絆」で解く現代経済社会の諸課題』生産性出版.

稲葉陽二 (2011a)「暮らしの安心・信頼・社会参加に関するアンケート調査 2010 年社会関係資本全国調査の概要」『政経研究』, 48 (1), 107-130.

稲葉陽二 (2011b)『ソーシャル・キャピタル入門―孤独から絆へ』中公新書.

稲葉陽二 (2014)「日本の社会関係資本は毀損したか―2013 年全国調査と 2003 年全国調査からみた社会関係資本の変化」『政経研究』, 51 (1), 1-30.

稲葉陽二 (2016)「定義をめぐる議論」稲葉陽二・吉野諒三『ソーシャル・キャピタルの世界―学術的有効性・政策的含意と統計・解析手法の検証』ミネルヴァ書房, 第 2 章.

宇沢弘文（2000）『社会的共通資本』岩波新書.

内田治（2013）『主成分分析の基本と活用』日科技連出版社.

大守隆（2004）「ソーシャル・キャピタルの経済的影響」宮川公男・大守隆編『ソーシャル・キャピタル—現代経済社会のガバナンスの基礎』東洋経済新報社，第3章.

奥山尚子（2016）「利他性・互酬性と社会生活動向に関する計量分析」『国民経済雑誌』213(3)，79-89.

小塩隆士（2016）「ソーシャル・キャピタルと幸福度—理解をさらに深めるために」『ソーシャル・ウェルビーイング研究論集』，2，19-33.

金本良嗣（1992）「ヘドニック・アプローチによる便益評価の理論的基礎」『土木学会論文集』，449，47-56.

河田潤一（2015）「ソーシャル・キャピタルの理論的系譜」坪郷實編『ソーシャル・キャピタル』ミネルヴァ書房，第1章.

杏澤隆司・山鹿久木・水谷徳子・大竹文雄（2007）「犯罪発生の地域的要因と地価への影響に関する分析」『日本経済研究』，56，70-91.

高暁路・浅見泰司（2000）「戸建住宅地におけるミクロな住環境要素の外部効果」『住宅土地経済』，38，28-35.

国土交通省都市・地域整備局（2007）「景観形成の経済的価値分析に関する検討報告書」（http://www.mlit.go.jp/toshi/townscape/crd_townscape_tk_000010.html　最終閲覧2018年6月20日）.

国土交通省土地・水資源局（2008）「エリアマネジメント推進マニュアル」，国土交通省土地情報ライブラリー（http://www.mlit.go.jp/kisha/kisha08/03/030425/02.pdf　最終閲覧2018年7月6日）.

小林重敬（2005）『エリマネジメント—地区組織による計画と管理運営』学芸出版社.

小林重敬・森記念財団（編）（2018）『まちの価値を高めるエリアマネジメント』学芸出版社.

小林庸平（2009）「地域環境とソーシャル・キャピタルの形成—個票データを用いた実証分析」『経済政策ジャーナル』日本経済政策学会編，6（62），15-31.

塩路悦朗（2000）「日本の地域所得の収束と社会資本」吉川洋・大瀧雅之編『循環と成長のマクロ経済学』東京大学出版会，第8章.

塩路悦朗（2001）「クロス・カントリー・データによる経済成長の分析—サーベイ」『フィナンシャル・レビュー』，第54号，財務省財務総合政策研究所.

清水裕士（2014）『個人と集団のマルチレベル分析』ナカニシヤ出版.

角谷嘉則（2009）『株式会社黒壁の起源とまちづくりの精神』創成社.

竹内和啓（2017）「日本の田舎をステキに変えるサテライトオフィス」『地域づくり』2017年12月号.

中小企業庁（2015）『地域活性化100』（http://www.chusho.meti.go.jp/pamflet/hakusyo/H27/PDF/150617jirei1.pdf　最終閲覧2018年7月6日）.

土屋宰貴（2009）「わが国の「都市化率」に関する事実整理と考察—地域経済の視点から」日本銀行ワーキングペーパーシリーズ.

露口健司（編）（2016）『ソーシャル・キャピタルと教育—「つながり」づくりにおける学校の役割』ミネルヴァ書房.

内閣府（2003）『ソーシャル・キャピタル—豊かな人間関係と市民活動の好循環を求めて』.

内閣府（2005）『コミュニティ機能再生とソーシャル・キャピタルに関する研究調査報告書』.

内閣府経済社会総合研究所（2016）『ソーシャル・キャピタルの豊かさを生かした地域活性化—滋賀大学・内閣府経済社会総合研究所　共同研究　地域活動のメカニズムと活性化に関する研究会報告書』.

中里透（1999）「公共投資と地域経済成長」『日本経済研究』，39，97-115.

西出優子（2005）「ソーシャル・キャピタル—海外での取組状況」『NIRA 政策研究』18（6），33-40.

日本総合研究所（2008）『日本のソーシャル・キャピタルと政策—日本総研 2007 年全国アンケート調査結果報告書』

埴淵知哉・中谷友樹・花岡和聖・村中亮夫（2012）「都市化・郊外化の度合いと社会関係資本の関連性に関するマルチレベル分析」『地理科学』，67（2），71-84.

肥田野登（1997）『環境と社会資本の経済評価—ヘドニック・アプローチの理論と実際』勁草書房.

平山一樹・要藤正任・御手洗潤（2015）「エリアマネジメントによる地価への影響の定量分析」日本不動産学会学術講演会論文集，31，13-20.

保利真吾・片山健介・大西隆（2008）「特定街区制度を活用した容積移転による歴史的環境保全の効果に関する研究—東京都心部を対象としたヘドニック法による外部効果の推計を中心に」『都市計画論文集』，43-3，235-240.

みずほ総合研究所（2006）「滋賀県の地域政策事例—「黒壁」から学ぶ街づくりと長浜市の現状」『みずほ地域経済インサイト』（https://www.mizuho-ri.co.jp/publication/research/pdf/region-insight/EEI060125.pdf　最終閲覧 2018 年 7 月 19 日）.

文部科学省（2011）「平成 22 年度　教育改革の推進のための総合的調査研究—教育投資が社会関係資本に与える影響に関する調査研究—報告書」

矢野誠・中澤正彦（2015）「よい市場をつくろう」矢野誠・中澤正彦編『なぜ科学が豊かさにつながらないのか？』慶應義塾大学出版会.

山内直人（2003）「市民活動インデックスによる地域差測定の試み」『ESP：economy, society, policy』経済企画協会（編）（456），40-44.

山鹿久木・中川雅之・斉藤誠（2002）「地震危険度と地価形成—東京都の事例」『応用地域学研究』，7，51-62.

山岸俊男（1998）『信頼の構造—こころと社会の進化ゲーム』東京大学出版会.

山岸俊男（1999）『安心社会から信頼社会へ』中公新書.

山崎幸治（2004）「ソーシャル・キャピタルへの経済学的アプローチ」宮川公男・大守隆編『ソーシャル・キャピタル—現代経済社会のガバナンスの基礎』東洋経済新報社，第 6 章.

山田浩之（2016）「新しい共同性を構築する場としての祭り—祇園祭にみる祭縁の実態」山田浩之編『都市祭礼文化の継承と変容を考える—ソーシャル・キャピタルと文化資

本』ミネルヴァ書房.

吉野諒三（2016）「「主観的階層帰属意識」「満足感」と「信頼感」の解析」稲葉陽二・吉野諒三『ソーシャル・キャピタルの世界――学術的有効性・政策的含意と統計・解析手法の検証』ミネルヴァ書房，第9章.

初出一覧

　下記の既出論文につき、本書への掲載をご承諾くださった共同執筆者および各学会・機関に厚くお礼を申し上げます。

第1章　書き下ろし

第2章　書き下ろし

第3章は次の論文に加筆修正したものである。
　　要藤正任（2005）「ソーシャル・キャピタルは地域の経済成長を高めるか──都道府県データによる実証研究」『国土交通政策研究』第61号.

第4章は次の論文に加筆修正したものである。
　　平山一樹・要藤正任・御手洗潤（2015）「エリアマネジメントによる地価への影響の定量分析」『日本不動産学会2015年度秋季全国大会（第31回）学術講演会論文集』.

第5章は次の論文の一部をもとに加筆修正したものである。
　　Yodo, Masato and Makoto Yano（2017）"Household Income and OECD's Four Types of Social Capital", RIETI Discussion Paper Series, 17-E-119.

第6章は次の論文の一部をもとに加筆修正したものである。
　　Yodo, Masato and Makoto Yano（2017）"Household Income and OECD's Four Types of Social Capital", RIETI Discussion Paper Series, 17-E-119.

第7章は以下の報告書の一部を改稿したものである。
　　国立研究開発法人科学技術振興機構戦略的創造研究推進事業（社会技術研究開発）「持続可能な多世代共創社会のデザイン」研究開発領域「ソーシャル・キャピタルの世代間継承メカニズムの検討」研究開発プロジェクト　研究開発実施終了報告書

第8章　書き下ろし

第9章は以下の報告書の一部を改稿したものである。
　　国立研究開発法人科学技術振興機構戦略的創造研究推進事業（社会技術研究開発）「持続可能な多世代共創社会のデザイン」研究開発領域「ソーシャル・キャピタルの世代間継承メカニズムの検討」研究開発プロジェクト　研究開発実施終了報告書

第10章　書き下ろし

人名索引

アイヤー（Sriya Iyer）　*125, 126, 134, 137*

アスレイナー（Eric M. Uslaner）　*49, 125, 135, 148, 171, 177, 186*

稲葉陽二　*91, 92, 95, 138, 187*

イングルハート（Ronald Inglehart）　*28*

ウィリアムソン（Oliver E. Williamson）　*45*

大守隆　*14*

オストロム（Elinor Ostrom）　*9*

カワチ（Ichiro Kawachi）　*17*

グレイザー（Edward Glaeser）　*28, 124, 125, 127, 134, 136, 137*

キーファー（Philip Keefer）　*14, 29, 45, 47, 48, 51, 53, 65*

グイソ（Luigi Guiso）　*149, 150, 152*

コース（Ronald H. Coase）　*45*

コールマン（James Coleman）　*12*

サルコジ（Nicolas Sarközy）　*32*

ジェイコブズ（Jane Jacobs）　*11*

スティグリッツ（Joseph E. Stiglitz）　*32*

セン（Amartya Sen）　*32*

ドーメン（Thomas Dohmen）　*150, 152, 190, 191, 194*

ナック（Stephen Knack）　*14, 29, 45, 47-49, 51, 53, 65*

ハーシュマン（Albert O. Hirschman）　*10*

パットナム（Robert Putnam）　*7-10, 13, 14, 21, 29, 34, 35, 43, 49, 65, 93, 123, 125, 137, 148, 187, 219*

ハニファン（Lyda. J. Hanifan）　*10*

ヒューム（David Hume）　*9*

フィトシ（Jean-Paul Fitoussi）　*32*

フクヤマ（Francis Fukuyama）　*10, 148*

ブルデュー（Pierre Bourdieu）　*11, 35*

ブレア（Tony Blair）　*27, 31*

ヘリウェル（John F. Helliwell）　*7, 49, 125, 187*

メイ（Theresa M. May）　*18*

矢野誠　*15, 16, 165, 201*

山内直人　*94, 96*

山岸俊男　*14, 168*

リン（Nan Lin）　*11, 30, 35, 141*

事項索引

Alphabet

Barro Regression → 成長回帰

Cronbach の α　*168*

DID → 人口集中地区

Distance to Frontier アプローチ　*6, 26*

EBPM（Evidence-Based Policy Making）→ エビデンス・ベースト・ポリシー

GDP　*4, 7, 23, 32, 49, 57, 59, 61, 62, 66, 68, 244*

NPO　*16, 20, 43, 44, 94-96, 99, 100, 102, 106, 112, 113, 168, 225, 243*

OECD　*7, 23, 28, 32-35, 39, 41, 44, 52-54, 91, 92, 96, 97, 101, 102, 121, 126, 203, 244*
　　——幸福度白書　*32, 39*

TFP（Total Factor Productivity）→ 全要素生産性

Wu-Hausman 検定　*142, 145, 188, 190, 196, 198*

あ行

新しい公共　*20*

新しい公　*20*

安心社会　*14*

安全・安心　*4, 5, 7, 15, 25, 72, 187, 195*

遺伝子経済学（Genoeconomics）　*201*

稲葉調査（暮らしの安心・信頼・社会参加に関する調査）　*91, 92, 94, 95, 97, 101, 128, 130, 131, 141*

イノベーション　*20, 25, 46, 48, 63*

因子分析　*102*

エビデンス・ベースト・ポリシー（Evidence-Based Policy）　*22, 27, 244, 246, 248*

エリアマネジメント　*20, 21, 23, 69-78, 80-90, 235, 237, 242, 243, 248*

欧州社会調査　*36, 38*

親子間の継承　*149-153, 163, 177, 186*

か行

外生変数　*141, 142, 190, 198*

外部効果（外部性）　*34, 89, 163, 202, 219, 223-225, 237, 243*

学歴　*50, 66, 128, 135, 155, 171, 173-178, 180, 182, 184, 188, 207, 209, 211, 218, 230-233*

過剰識別制約検定　*187, 188, 190, 196, 198*

家庭外経験　*221-224*

家庭内教育・経験　*150, 151, 153, 154, 163, 167, 201, 202, 205-207, 210, 212, 213, 215, 219, 222-224, 234, 237, 238, 242, 243*

家庭（家族）内継承　*165, 166, 190, 241*

完全失業率　*55, 57, 58, 93*

記述統計　*76, 105, 106, 114, 128, 129, 168, 169, 172, 173, 209, 210*

規範　*iii, iv, 1, 2, 8, 9, 12, 13, 21, 35, 38, 45, 47, 48, 52-54, 93, 101, 102, 135, 152, 167, 203, 227, 236*
　　社会的——　*12, 26, 34*
　　信頼と協調の——　*33, 34, 38-41, 52, 53, 91, 101, 106, 111-121, 131, 132, 134-137, 139, 142-144, 166-168, 203, 241*

寄付　*26, 30, 34, 37, 85, 86, 94, 95, 100-102, 105-107, 110, 113, 227*

ギャラップ世論調査　*25, 26, 37, 38, 41*

教育　*5, 7, 11, 15, 25, 48, 51, 125, 128, 129, 133, 135, 136, 138, 139, 142-144, 151, 178-180, 223, 232, 236, 241*

共有地（コモンズ）の悲劇　*9, 45*

暮らしの質　*32*

クラブ活動　*37, 187, 212, 213*

クラブ財　*12, 35*

黒壁銀行　*17, 70*

クロスセクション・データ　*82-84, 246*

経済資本　　21, 22, 32, 147

経済成長　　3, 23, 30, 46-51, 57-63, 65, 69, 87, 90, 149

限界効果　　232-234

健康　　3, 5, 7, 15, 17, 19, 25, 30, 141

公共財　　12, 35, 135, 136

幸福　　19, 32

　　——度（Well-Being）　　7, 23, 32, 39, 150, 153, 244, 246

高齢者比率　　127, 129, 130, 133, 137, 143, 145, 207, 209, 211

国勢調査　　66, 76, 130

国土形成計画　　20

国民生活に関する世論調査　　3

心の豊かさ　　3, 18, 19, 246

互酬性　　8, 9, 12, 13, 34, 35, 38, 43, 52-54, 88, 101, 155, 159, 160, 202-213, 221-223, 226-228, 230-233, 236, 238-240

個人的ネットワーク　　33, 34, 39, 40, 44, 52, 54-62, 64, 65, 67, 91, 97, 98, 106, 108, 111-121, 131, 132, 134-138, 142-144, 166, 241

孤独　　18, 40

子ども会　　100, 212, 213, 225

コネクション　　11, 33, 141

固有値　　104, 105, 111-113

さ行

最小二乗法　　51, 75, 119, 127, 142, 143, 172, 186, 210

産業集積　　46

時間選好　　207-211

市場インフラ　　15, 16

市場の質　　13, 15, 16, 19

自然の資本　　32

市民参加　　26, 29, 33, 34, 37, 39, 40, 44, 52, 54-60, 64, 65, 67, 91, 99, 100, 106, 107, 110-121, 125, 126, 131, 132, 134-139, 142-144, 203, 241

社会参加　　31, 52-54, 57, 93, 95, 96, 102, 137

社会資本　　iii, iv, 9, 10, 61, 62, 67, 71

社会生活基本調査　　52-55, 67

社会的共通資本　　10

社会的ネットワーク・サポート　　33, 34, 37, 39, 40, 52, 91, 98, 99, 106, 107, 109, 111-121, 131, 132, 134-138, 142-144, 166, 241

弱相関　　142, 198

集合行為問題　　8, 9, 13, 46, 135

囚人のジレンマ　　9, 14, 45, 48

住宅地　　76-84

主成分分析　　92, 102, 103, 105, 111, 112, 121

商業地　　76-84

所得格差　　17, 127-130, 133, 137, 138, 143, 145

人口集中地区（Densely Inhabited District：DID）　　58, 61-63, 118, 130, 207, 209, 211

人口流動性　　127, 129, 130, 133, 137, 145

新古典派経済成長モデル　　49

人的資本　　12, 17, 21, 22, 33, 48, 50, 59, 64, 147, 236

信頼　　iii, iv, 1, 2, 8, 9, 12-18, 20, 21, 26, 28, 31, 34-36, 38-41, 45, 47, 48, 52-54, 86, 88, 93, 95, 96, 98, 99, 101, 105-107, 109, 111-113, 125, 126, 135, 137, 139, 141, 148-150, 156-159, 167, 168, 176, 179, 186, 190, 191, 194, 201, 214, 226, 227, 235, 236, 239

　　一般的な——　　38, 39, 48, 52-54, 93, 95, 101, 106, 107, 111-113, 125, 135, 150, 157, 171, 186, 226, 227, 229, 230, 239

　　公的な組織・機関への——　　168-170, 172, 175-180, 183-185, 188-199

　　社会的——　　52, 53, 125, 126, 148

　　——ゲーム　　149

　　——社会　　14

　　組織や制度への——　　168

　　他人（他者）への——　　38, 41, 148, 150, 153, 155-160, 167-170, 172, 174, 176-180, 183, 184, 186-188, 190-192, 194-196, 198, 199, 208, 214, 216-218, 226-233, 235, 238

低——　*18, 150*
　低——社会　*148*
スクリー・プロット（Scree Plot）　*105, 113*
スピルオーバー効果　*62*
生活の質に関する調査　*24, 153-155, 163, 165-168, 171, 172, 180, 186, 187, 190, 195, 198*
成長回帰（Barro Regression）　*23, 47-50, 60*
世界価値観調査（World Values Survey）　*28, 29, 36, 38, 48, 150*
世界銀行　*25, 32, 47*
世代間継承　*24, 140, 147, 148, 151, 152, 154, 157, 163, 165, 167, 199, 234, 247*
説明変数　*48-51, 57, 59, 62, 63, 75, 82, 119, 126, 128, 129, 141, 142, 169, 171, 173, 178, 180, 182, 183, 192, 207, 210, 212, 213, 216, 217, 220, 222, 230, 232*
　被——　*49, 51, 57, 58, 61, 62, 78, 119, 120, 132, 141, 144, 169, 181-184, 188, 192, 196, 205, 207, 210, 211, 213, 216-218, 222, 231, 232*
全国県民意識調査　*52-55, 67*
全国消費実態調査　*94, 130*
全要素生産性（TFP）　*63-65*
相関係数　*15, 64, 104, 114, 169, 195*
　級内——　*184, 186*
総合的社会調査（General Social Survey）　*28, 29, 31, 36, 37, 227*
操作変数法　*51, 141, 142, 187, 188, 195, 198*
創造的過疎　*17*
ソーシャル・キャピタル　*2, 5, 7-13, 48, 52*
　結束型——　*43*
　——の暗黒面　*21*
　——の教育　*242, 243*
　——の継承　*147-149, 152, 162, 166, 169, 171, 177, 181, 186, 201-203, 212, 224, 225, 244*
　——の形成　*123, 125, 139, 143, 148, 151, 163, 172, 179, 180, 186, 199, 201-*
203, 212, 224, 225, 237, 241-244, 248
　——の計測（測定）　*28, 30-33, 39, 41, 42, 91, 92, 94, 97, 121, 244, 245*
　——の指標化　*31, 33, 48, 54, 92, 97, 102, 165*
　——の地域差　*92, 121, 123, 130, 131, 148*
　——の役割　*17-19, 45*
　——への投資　*124, 125, 127, 134*
　橋渡し型——　*43*

た行

地域　*16, 46, 54, 106, 107, 115, 123, 126, 131, 242*
　——活性化　*17*
　——活動　*37, 69, 88, 89, 124, 136, 147, 155, 157, 160-163, 203-206, 209-219, 221-234, 242, 245*
　——環境　*219, 220, 222, 223, 228*
　——間伝播　*243*
　——経済　*iii, iv, 23, 45, 63-65, 69, 71, 87, 89*
　——コミュニティ　*iv, 19, 24, 126, 127, 154, 163, 199, 201, 202, 219, 223-225, 243*
　——再生基本方針　*20*
　——再生法　*20*
　——資源　*155*
　——資源の共有意識　*202-207, 209-211, 213, 218, 220, 222-234*
　——づくり　*17, 20, 46, 65, 69, 87*
地位想起法　*30*
地縁な活動　*43, 44, 93, 95, 96, 99, 100, 102, 106, 107, 110, 112, 113*
地価　*23, 70-72, 74-78, 82, 84, 86, 87*
　——公示　*74*
　都道府県——調査　*74*
地方再生法　*42*
地方創生　*21, 70*
つきあい　*30, 31, 43, 44, 52-54, 93, 95, 96, 105-108, 111, 112, 134, 136, 141, 157, 214, 216, 217, 219, 228, 232*
伝統行事　*155, 163*

ドイツ社会経済調査（German Socio Eco-
　　nomic Panel）　　150
同類婚（Assortative mating）　　150, 195
都市化　　63, 124, 125, 127, 129, 130, 133,
　　137, 139, 143, 145, 148, 151, 207, 241
都市再生整備計画　　73-75
都市再生特別措置法　　73
取引費用（取引コスト）　　14, 45, 46, 63,
　　90

な行

内生性　　51, 141-144, 150, 186, 228
内生変数　　51, 141, 142
名前想起法　　30
ネットワーク　　iv,1, 2, 7, 8, 11, 13, 16, 21,
　　29, 30, 33-36, 40, 46, 47, 52, 53, 63, 88,
　　93, 118, 126, 127, 218, 223, 227, 235, 236

は行

パネル・データ　　48, 82, 84, 246, 247
繁栄指数（Prosperity Index）　　4-7, 15,
　　21, 25, 26
犯罪認知件数　　55, 57, 58
標準化　　55, 67, 102, 103
プロビットモデル　　230, 232
　　順序——　　210, 218
分散　　55, 102, 103, 183, 184
平均　　48, 55, 67, 102, 103, 105, 115, 182,

183, 203, 205, 206, 226
　　——余命　　55, 57, 58, 93
ヘドニック・アプローチ　　71, 72
ボランティア活動　　19, 26, 29, 30, 34, 37,
　　39, 40, 44, 53, 55, 93, 95, 96, 99, 100,
　　102, 106, 112, 113, 115, 124, 157, 214,
　　216, 217, 219, 227, 228

ま行

まちづくり　　11, 17, 20, 21, 69-73, 87,
　　100, 155, 223, 245
祭り　　53, 55, 147, 155, 162, 163, 220-224
マルチレベル分析　　180-184
持ち家　　127-129, 133, 136, 138, 139, 143,
　　145, 171, 173-175, 182, 184, 188, 209,
　　211, 230-233, 241

や・ら行

余暇　　37, 215-219
楽観性　　135, 171, 173-175, 177, 178, 180,
　　183, 184, 188, 207, 209-211
ランダム化比較試験（Randomized Contro-
　　lled Trial, RCT）　　247, 248
リスク態度　　207-211
利他性　　157, 159, 160, 205, 206, 209, 211,
　　213, 215-218, 221, 222, 228, 238-240
レガタム研究所（Legatum Institute）
　　4, 5, 15, 25

要藤　正任（ようどう　まさとう）

1995 年東京大学経済学部卒業、同年建設省（現：国土交通省）入省、2002 年東京大学大学院経済学研究科修士課程修了（経済学修士）、2012 年英国ヨーク大学大学院修士課程修了（MSc in Economic and Social Policy Analysis）。国土交通省総合政策局政策課政策調査室長、京都大学経済研究所先端政策分析研究センター特定准教授などを経て、現在、国土交通省国土交通政策研究所総括主任研究官。
主要業績に『インフラを科学する──波及効果のエビデンス』（分担執筆、柳川範之編著、中央経済社、2018 年）、「ソーシャル・キャピタルは地域の経済成長を高めるか──都道府県データによる実証分析」（『国土交通政策研究』第 61 号、2005 年）、「道路整備は周辺地域に何をもたらすのか？」（『季刊政策分析』第 5 巻（1・2）、2010 年）、「PFI 事業における VFM と事業方式に関する実証分析──日本の PFI 事業のデータを用いて」（共著、『経済分析』第 192 号、2017 年）、「政府の要請は企業行動を変えるか──「下請取引等実態調査」を用いた建設企業の賃金引き上げの実証分析」（共著、『日本経済研究』、近刊）ほか。

ソーシャル・キャピタルの経済分析
──「つながり」は地域を再生させるか？

2018 年 12 月 25 日　初版第 1 刷発行

著　者────要藤正任
発行者────古屋正博
発行所────慶應義塾大学出版会株式会社
　　　　　　〒 108-8346　東京都港区三田 2-19-30
　　　　　　TEL 〔編集部〕03-3451-0931
　　　　　　　　〔営業部〕03-3451-3584〈ご注文〉
　　　　　　　　　〃　　　03-3451-6926
　　　　　　FAX 〔営業部〕03-3451-3122
　　　　　　振替　00190-8-155497
　　　　　　http://www.keio-up.co.jp/
装　丁────後藤トシノブ
印刷・製本──三協美術印刷株式会社
カバー印刷──株式会社太平印刷社

ⓒ 2018 Masato Yodo
Printed in Japan　ISBN 978-4-7664-2564-2